野尻泰弘＋渡辺尚志◉編

幕府・藩役人の動向と藩地域

信濃国松代藩地域の研究Ⅷ

岩田書院

幕府・藩役人の動向と藩地域 目次

序章

はじめに

野尻泰弘

本書は松代藩地域を対象とする共同研究の八冊目の論集である（以下、松代論集と表記し、巻数はローマ数字で示す）。藩地域とは「一つの藩を対象として、藩領域の内外にわたって展開する、武士―百姓関係や、都市―農村関係、諸身分集団間の相互関係、身分集団内の階層関係など多様な諸関係の総体を、政治・経済・社会・文化・思想・意識などの各領域にわたって具体的かつ理論的に把握するために設けた概念[1]」である。この概念を用いつつ、藩領域で生起する諸問題を総合的に扱い、近世社会のトータルな把握を目指し、共同研究を積み重ねてきた。これまでの研究と成果については、松代論集Ⅶである渡辺尚志『藩地域論の可能性』（岩田書院、二〇二三年）が詳細に解説しているので参照していただきたい。

松代論集は、個々人の研究関心を尊重しながら核心的テーマを設定し、近世社会における普遍的な問題を扱うように心がけてきた。一方で、豊富に残る藩や家臣の文書、村方文書を用いて、在地性の強い研究を行う点が特徴である。今回の共同研究でも従来の方法を踏まえつつ、近年の藩研究の動向に配慮し、本書における核心的テーマを設定した。

以下、説明しておこう。

一　藩研究の動向

二〇〇〇年代以降、岡山藩研究会編『藩世界の意識と関係』(岩田書院、二〇〇〇年)を嚆矢として藩研究が盛んになり、ごく最近の複数の執筆者による論文集だけみても、熊本藩・尾張藩・加賀藩などで精力的な研究が続いている[2]。藩の規模や位置づけも異なり、分析や視点、課題もさまざまであるため、それぞれに特徴があるが、藩研究は近世史研究の一翼を担っているといえよう。

そのなかにあって、熊本藩を対象とする共同研究グループ(以下、熊本藩研究と記す)は現状を、『熊本藩からみた日本近世』において次のように分析・批判する[3]。二〇〇〇年代から始まった「藩共同研究の起点には、特定の藩を単位として分野別研究を進め、それを集約・総合化する分野横断型研究」を目標とする意識があったにもかかわらず、現在でも「特定の藩における分野別研究の相互関連性の追究および総合化という課題」が依然未解決である。つまり、藩研究の個別分散化を指摘する。そしてその要因として、①藩研究の相互の対話が不十分[4]、②「特定の藩研究において手の付けやすい分野の研究」や、「分野別の深掘りのみ」の進行、を指摘する。このような藩研究の現状では、「個々の藩研究から日本近世社会論全体へと議論を発展させること」は困難であると厳しく批判する。そのうえで藩を研究対象とする目的として、(i)「日本近世の政治権力が、なぜ世界史的にも稀な二〇〇年以上の国内平和維持や長期間の安定的支配を実現できたのか」、(ii)「近世を通じた藩(幕府)による統治と地域社会の自治が日本の近代に何をもたらしたのか」という問いを設定している。

後段の研究目的(i)(ii)は、近世的支配の特質、あるいは近世の村や地域のあり方に対する問いであり、これまでの松代論集のなかでも追究してきた事柄である。ただし、(ii)の近代との関連でいえば、これまでの松代論集では必ずしも十分に取り上げてこなかった点であり、反省点でもある。目的という点では、熊本藩研究と通底するところもあり、その力強い主張に学ぶことも多い。

一方で、前段の藩研究への批判と課題①②については首肯できる点と異論がある。

①は熊本藩研究の主張通りかと思う。藩の固有性が対話を難しくしている面は否めない。そこでたとえば、中間支配機構論に目配りしながら、藩の支配機構自体を再考してみてはどうだろうか。松代藩は大庄屋制を採っていない。とすれば、藩と在地とのやりとりで重要になるのは代官と庄屋である。一九九〇年代以降、大庄屋などの中間支配機構論が精緻に行われたならば、それが存在しない藩における支配のありよう―藩の機構（さらにいえば武士の統治のありよう）を追究することで、より近世社会一般に向けた普遍的な研究になるのではないだろうか。

②には多少異なる感覚を持つ。手の付けやすい分野とは、たとえば史料が豊富に残る分野などであり、松代藩でいえば、訴訟関連の分野ということになるだろうか。これは史料の残り方も含めて藩の個性といえるものである。そのような個性が形成されたのは、複数の他領と領域を接し、河川・用水や山など争論が発生しやすく、大庄屋制も存在せず、江戸とさほど遠距離でもない、ということが影響しているとは考えられないか。これまでの松代論集における訴訟関連の研究では、訴訟に対する藩の関与の濃淡、在地の強情者の動向など、一藩や一村に限定されない広がりのある成果を示してきた。史料の残存状況や藩の個性を踏まえるならば、手の付けやすい分野から研究を進展させることはそれほど問題ではないだろう。特定の分野を深めながら近世的支配の特質といった大きな問題の諸側面を明らかにしていく手法もあり得ると思う。史料の残存状況は一様でないのだから、焦点のあて方にも自ずと差異が生じるこ

とになる。

このようなことを述べると総合化への道筋について懸念されるかもしれない。『熊本藩からみた日本近世』の「序章」（註四）では、マルク・ブロックの「分析は、はじめから総合を視野に入れ、かつ総合に役立つように配慮するのでなければ、総合には役立たないのである」という言葉を引用しながら、総合化へ向けての意思を示している。これは戦略をもって藩研究をするという明確な意思表明と理解できるし、それはそれで良いと思う。だが、別の道もあるだろう。

私たちがフィールドとする信州には、大切に保存・整理されてきた藩や村の古文書が多数ある。加えて『信濃』をはじめとする地域に根差した学術雑誌が数多く刊行されており、そこには先駆的で示唆に富む優れた研究がいくつもある。これらは最初から総合化に寄与することを念頭においてなされた研究や分析ではないかもしれないが、後進のものたちがそれを引き継ぎ、新たな研究史整理や研究視角とともにさらに高次元へと研究を昇華させることになるだろう。その道のひとつに総合化があるとはいえまいか。そして、このようなことは程度の差はあれ、全国各地でみられるのではないか。何度もフィールドに出向き、史料をみて研究をすることは、地を這うような研究の恩恵を真摯に受け止めることでもあると思う。特に個別の研究を軽視する意図はないのだろうが、研究を総合化に役立つものと、そうでないものとに、はじめから弁別するかのような眼差しには違和感を覚える。

二　核心的テーマの設定について

本書では、核心的テーマとして「幕府・藩役人の動向と藩地域」を提示し、検討を進めた。核心的テーマの設定について説明をしたい。

一九八〇年代、組合村や惣代庄屋といった中間支配機構の分析が注目され、地域の自主的な運営、民衆による地域形成の研究が展開した。この研究では、領主支配を相対化する民衆の政治的力量や村役人層の行政的な力量を高く評価した。これに対し、一九九〇年代から二〇〇〇年代にかけて、身分制社会特有の地域運営原理に目配りしつつ、中間支配機構の存在形態や政治の関わり方を、地域内部の構造と関連させて検討することが主張された[5]。以降、これら一連の研究は地域史研究を大きく前進させている。

しかし、領地を支配する領主の動向という点については、なお課題を残している。その要因のひとつとして、地域や中間支配機構の分析は領主・領民双方を複眼的にとらえることが可能であるものの、先述した研究史の潮流に規定されて、どうしても在地側の動向が分析の主体になりがちな点があげられる。換言すれば、領主・領民、あるいは支配・被支配の相克を描こうとしても、主語は在地と中間支配機構になり、幕府・藩役人の動向への注目は後景に退く傾向が強くなるのである。だが、領主による地域支配を追究することは、近世社会を考える最重要事項のひとつである。また在地の運営能力ばかりを重視すると、領主が二百数十年にわたり存在し続けた理由や、身分制社会のあり方自体を考えることも茫漠としていく。藩や在地のありようはそれぞれに特徴があり、当然一様ではないが、在地の有力者に領主支配の機能の多くを一任し、領主の統治への関与や機能が希薄であるかのようなイメージが独り歩きすることは、近世社会の実態を描くうえで適切とはいえないだろう。このような点から、本書では「幕府・藩役人の動向と藩地域」を核心的テーマとして設定した。

これまでの松代論集ではさまざまな中核的テーマを設定し、研究視角と論点の提示を行ってきた[6]。そのなかでも、「訴訟にみる領主（武士）―百姓関係」、「松代藩領と隣接諸領との関係」、「藩政当局と地域をつなぐもの」といった論点は、今回の「幕府・藩役人の動向と藩地域」というテーマの基礎になっている。これらを踏まえ、①訴訟、②領主支配、という切り口から、より自覚的に幕府・藩の役人と地域の関係を検討する。

①訴訟では、内済における藩役人の動向などがすでに指摘されているが、さらに歩を進め、支配違いの争論を解決（内済や裁許）に導く幕府役人―評定所留役や検使役人の実態を追究する。近世の争論においては内済が勧奨されていたが、それは在地にすべての交渉を委託したということではない。争論の解決過程では役人たちが微細に関与する場合もあったのである。近世の訴訟・裁判制度の構造的な問題、幕藩領主の権威、村や百姓たちの主張が複雑に交差している様子をとらえる試みである。

②領主支配について、これまでも大庄屋制が存在しない松代藩の特徴が述べられてきた[7]。たとえば、村が提出する訴状に対して藩の代官が指導をすることなどである。この点をさらに深め、代官や郡奉行といった藩の地方支配役人が、地域といかに関わり、藩内でどのような動きをしたのかを詳細に明らかにする。幕府・藩の役人は地域秩序の安定を考えて職務にあたり、政策を実行した。一方で、村や百姓たちは必ずしも領主の言いなりにはならず、頑強な抵抗をすることもあり、それが藩役人の追及などにつながることもあった。武士―百姓の関係を通じて近世的な領主支配を分析する視角を提示する。

本書の対象フィールドには、松代藩の文書、他藩の文書、松代藩士の文書、訴訟当事者双方および関係近隣村の文書が伝来している。このような恵まれた史料を使用し、武士と村・百姓の動向を活写していることが特徴のひとつである。それはこれまでの松代論集や松代藩に関わる研究でも行われてきたが[8]、ここでは先述した研究史に対する課題を意識して追究する。

三　各章の紹介

本書は、「幕府・藩役人の動向と藩地域」を核心的テーマとして掲げ、それに関わる論文（第一章～第六章）を用意した。そして核心的テーマ以外で藩研究に関わる二本の論文を特論として配した。簡単に各章の紹介をしておこう。

第一章「近世後期における山論の江戸出訴と内済」（野尻泰弘）は、旗本松平氏塩崎知行所今井村が松代藩領小松原村を訴えた山論（郷内山一件）を事例に、幕府役人である評定所留役の内済への関与と、内済における当事者間の有利・不利の不均衡を追究する。留役の様子や、訴訟当事者内でも強引な行動をとる者が結果を有利に導く場合があったことを描き出している。そして、近世の内済の構造的矛盾を中世の中人制と比較しつつ、それが領主―領民関係の相克と時代の変遷を描き出す場合にも有効であると主張する。

第二章「支配違いの山論にみる松代藩の訴訟対応―天保期の飯縄山一件を事例に―」（黒滝香奈）は、寛文・明和・天保期に、戸隠神領と松代藩領葛山地域及び飯縄神社との間で争われた飯縄山一件を素材として、代官手代の現地見分である地改について訴訟に関わった領主層の動向などを検討する。身分が低い代官手代による地改だが、それは裁許結果を左右する重要な行為であったと先行研究は指摘している。本章はこれを深め、当時の百姓や領主層も地改の重要性を認識し、労力や金銭を投下していた様子を詳細に解明した。さらに、長期間で三度争われた本争論では、最終的に幕府裁許が覆っており、その理由として幕府評定所裁判における寺社縁起の取り扱い原則や、関係する藩および訴訟当事者の動向などにまで言及しており、示唆に富む。

第三章「論所地改と藩・地域社会―龍洞院・稲荷山村争論の展開と結末―」（斎藤一）は、松代藩領桑原村にある龍洞院が、上田藩領稲荷山村を訴えた事例を検討する。これは稲荷山村が龍洞院の朱印寺領の林野から木を伐採したことによる争いである。訴訟を有利に導くため藩や訴訟当事者は論所見分を行う代官手代の行動を注視していたこと、代官手代の身分は低いが、見分に際しては一時的にその権威が上昇することなどを指摘する。

第四章「一九世紀の新田開発にみる村と領主―瀧本新田割地一件を事例として―」（渡辺尚志）は、一九世紀における瀧本新田の開発から、林野の開発をめぐる開発請負人・入百姓（入植者）・藩役人それぞれの相互関係を検討する。瀧本新田では、開発世話人は世間師的なネットワークで入百姓を集める携わり方であったため、外在的な存在であり、村人と対立したこと、割地一件では、訴答双方が藩側にアピールしやすい、あるいは藩側が否定しづらい点を根拠に戦略的な自己主張がなされていたこと、それにより藩役人の左遷といった藩内部の問題につながったことを明らかにした。本章では一件に対する藩内部局間の考えの違いも解明されており、村と藩役人の両方を有機的に見通す研究である。

第五章「幕末期松代藩における代官支配の構造と特質―代官野本力太郎を事例に―」（鈴木直樹）は、藩政の変動が大きい幕末期を対象に、松代藩の代官を務めた野本力太郎に注目し、その実態に迫ったものである。これまでも松代藩においては、代官による管下村々への指導や調整の様子が述べられてきたが、本章では代官と藩上層部との資金調達・人員削減をめぐるせめぎあいの側面も指摘されている。

第六章「松代城下の河原新田の性格とその管理」（原田和彦）は、松代城下の河原新田について検討し、城下町内部の土地の管理や開発について論じている。河川の流路跡に成立した河原新田には、耕作地として武士層が所有し小作人に耕作させるもの、拝領屋敷の代替地とするもの、という二種類の用途があったこと。耕作地として利用する場合は代官が管理し、拝領屋敷に用地変更されると水道奉行が管理すること。また、武士身分やそれ以外の身分の者の所持も確認されることなどが指摘されている。

特論では、流通と明治期の問題を取り扱っている。

特論1「近世中後期の北信濃から東信濃への木綿の流通形成―北信濃の綿売り商人と上田城下町方との確執―」（藤原正克）は、宝暦～文化期における北信濃（松代藩領を中心とする生産地）の綿売り商人と東信濃（上田藩領を中心とする消費地）の上田城下町方両商人間の取引における確執の過程を検討する。木綿の流通について、北信濃の領主違いをこえて連携した組仲間が、東信濃の消費地である上田藩領の市場経済などの諸動向の変化に対応して販路を開拓したと指摘する。商品の生産・流通・消費は、古くからある各藩共通のテーマであり、藩政や民衆運動などとあわせて追究していく必要があろう。

特論2「旧松代藩領の近代と旧藩社会」（宮間純一）は、明治四年（一八七一）の廃藩以降にみられる旧藩関係者とその子孫らによる社会的結合―旧藩社会を検討する。真田家と旧領地の関係を中心に旧松代藩の旧藩社会を分析し、旧領地からの請願・要望に対して、真田家では公共性が強い事業か否か、真田家との歴史的関係の深浅、旧藩士・旧領民の家の存続などを判断材料として決断を下していたこと、旧領地からの要望に応えつづけることで真田家は大名華族としての役割を果たしていると評価され、「殿様」として振る舞うことができたこと、などが述べられている。そして、大名華族に行政の補完が求められていたという構造も明らかにした。藩地域論と旧藩社会論を橋渡しする取り組みであり、従来の松代論集では手薄であった近世・近代を架橋する重要な研究である。

以上、各章の内容を簡単に紹介した。本書「あとがき」にも解説があるのでご参照いただきたい。なお、鈴木直樹・渡辺尚志編『藩地域の環境と藩政』（岩田書院、二〇二〇年。松代論集Ⅵ）には、①松代論集Ⅰ～Ⅵ所収論文時代別一覧（松代藩主の在職時期と対応）、②松代論集Ⅰ～Ⅵ総索引（論集に登場した地名・人名の索引）、③松代藩関係文献目録・続（二〇〇五年～二〇一九年。これ以前は松代論集Ⅰに収録）、④藩研究書評目録（各藩を取り扱った論文集の書評一覧）を収録している。また先述したように、松代論集Ⅶにはこれまでの松代論集の軌跡と成果が解説されている。あわせてご参照いただきたい。

註

（1）渡辺尚志編『藩地域の構造と変容』（岩田書院、二〇〇五年。松代論集Ⅰ）「あとがき」。

（2）今村直樹・小関悠一郎編『熊本藩からみた日本近世』（吉川弘文館、二〇二一年）、岸野俊彦編『尾張藩社会の総合研究《第八篇》』（清文堂出版、二〇二二年）、木越隆三編『加賀藩研究を切り拓くⅡ』（桂書房、二〇二二年）。

（3）前掲註（2）『熊本藩からみた日本近世』「序章」参照。

（4）前掲註（2）『熊本藩からみた日本近世』三頁では、藩研究の相互対話を困難にする技術的要因として「専門用語・研究条件・課題設定など」を挙げている。当然の指摘かと思う。たとえば、大庄屋制などの中間支配機構は各地でみられるが、十数万石の大藩と一万石の小藩とでは藩領の広さや人口も異なり、大庄屋に就任するような人物の数にも差がある。そして、藩の規模は、藩役人と村役人の人間関係上の距離や、村役人同士の面識の濃淡にも関わる。よって一言で大庄屋制といってもその存在形態や職務内容にも差異が存在する。藩役人と村役人の密着度あるいは領主・領民の密着度という視点は、拙稿「一九世紀、播磨国林田藩における村役人の序列と特権―史料の紹介と翻刻―」（『駿台史学』一七五、二〇二二年）で見通しを述べた。

研究条件ということでいえば、史料の公開状況、分限帳など基礎的な史料集の有無、先行研究の多寡など、研究環境も地域によって異なる点に注意したい（拙稿「史料集の効用」『福井県文書館資料叢書一五号 福井藩士履歴 七巻 子弟輩』福井県文書館、二〇一九年参照）。

（5） 以上の研究史については、拙稿「近世地域史研究の潮流」（『歴史評論』七三一、二〇一一年）。

（6） 渡辺尚志「松代藩地域研究が提示した論点」（松代論集Ⅶ）参照。

（7） 志村洋「近世大庄屋研究の現状と課題」（渡辺尚志編『近世地域社会論』岩田書院、一九九九年）の「表一 大庄屋設置が確認された藩の数」によれば、時期の違いなどを捨象し大雑把に概観すると藩領大庄屋は一二二藩で設置された。仮に藩の総数を二六二とした場合（拙著『近世日本の支配構造と藩地域』吉川弘文館、二〇一四年。「序章」参照）、半数以上の藩では大庄屋が設置されていないことになる。中間支配機構が存在しない藩では、どのようにして支配を貫徹させたのか。近世的支配の特質、武士や百姓のあり方を考える重要な問題である。
なお念のため述べておくが、ここで強調したいのは、大庄屋制の有無で地域を二分することではなく、領主支配における地域との接点として幕府・藩の役人を重視するという視角である。

また、松代藩で検出できた事例を他藩でそのまま適用できるとは考えていない。藩の規模や歴史性など、藩の個性が支配体制に影響するからである。ただし、領主—領民関係、武士—百姓関係を考えるひとつの座標軸を提示することは意義があると考える。

（8） 松代藩の代官などに関する研究の一部を挙げる。種村威史「松代藩代官の職制と文書行政」（福澤徹三・渡辺尚志編『藩地域の農政と学問・金融』岩田書院、二〇一四年。松代論集Ⅳ）、同「松代藩代官文書の管理と伝来について」（国文学研究資料館編『近世大名のアーカイブズ資源研究』思文閣出版、二〇一六年）。原田和彦「松代藩における地方支配と文書の管理」（『信濃』六五—五、二〇一三年）、同「松代藩における代官と百姓」（松代論集Ⅳ）、同「松代藩・国元における行政組織とその場」（前掲『近世大名のアーカイブズ資源研究』）。福澤徹三「文化・文政期の松代藩の在地支配構造」（荒武賢一朗・渡辺尚志編『近世後期大名家の領政機構』岩田書院、二〇一一年。松代論集Ⅲ）、同「官僚制機構の末端としての村」（前掲『近世大名のアーカイブズ資源研究』）。宮澤崇士「資料紹介　松代藩諸役職についての職掌・沿革関連文書」（『松代』二六、二〇一三年）。

第一章　近世後期における山論の江戸出訴と内済

野尻　泰弘

はじめに

筆者はこれまで、いくつかの支配違い争論から藩・藩関係を分析し、主に国元における村々の関係、村と藩との関係を追究してきた。支配違いの争論は、江戸に出訴し裁許や内済になることが多い。近世の裁判は内済が勧奨されるので、内済は、訴訟当事者間の話し合い、あるいは在地の慣習に依存し、領主がそれを追認するという点が重視され、紛争解決に対する幕府役人などの関与を消極的とする向きもある。しかし、内済に至るまでの過程では、幕府役人らが訴訟当事者に何度も尋問したり指示を出したりしており、在地や当事者に解決を一任しているわけではない。また、内済には領主の在地実情の不十分な把握、在地における事実の隠蔽や虚偽の陳述などの構造的矛盾があり、この矛盾を恣意的に利用する動向もあった。

これらの先行研究を踏まえて、本章では支配違いの山論を事例に、①江戸で訴訟を吟味する幕府役人の動向、②内済における当事者間の有利・不利の偏在に注目する。①は従来訴訟への関与が消極的と評されてきた幕府役人について、訴訟で当事者に尋問する評定所留役の実態を描く。②は当事者同士の利害対立の解消を目指す内済であっても、実際は特定の村に有利な規定が設定され、そのため新たな紛争の火種になり、内済後もその規定が変更されるといった点を明らかにする。訴訟や裁判は領主支配の根本に関わる重要な問題である。本事例から領主—領民関係や地域における矛盾の一端に迫ってみたい。

検討対象は、文化三年(一八〇六)、旗本松平氏塩崎知行所今井村が松代藩領小松原村を訴えた山論(郷内山一件)[6]である。今井村・小松原村は、松代藩領山布施村の郷内山を採草地(秣場)としていたが、秣場の利用範囲をめぐって今井村が江戸出訴し、文化五年の内済まで三年を費やした。本一件を扱った研究には、内済過程における絵図作成の意義に注目した舘林弘毅氏の論考がある[7]。そこでは一件の概要や関連史料にも言及しており、筆者も多くを学んでいる。本章で使用する郷内山一件の関連史料は、長野県立歴史館、長野市立博物館、長野市公文書館などに所蔵されている[8]。

郷内山一件に関わる村と人物は表にまとめた。後述するように、本一件は文化二年に村山村と今井村が郷内山の利用をめぐって争い、内済したことに端を発する。文化三年の郷内山一件でも文化二年の内済(議定)に関わった者は参考人になっているので、表1に概略を記した。

関係村と郷内山の位置を概観する(地図)。犀川の南に中尾山がある。中尾山の東に小松原村があり、その南東に今井村がある。中尾山の西に山布施村があり、その北に村山村がある。郷内山は中尾山西側である。

一　郷内山一件勃発から江戸出訴

1　今井村と村山村らとの争論と内済(文化二年)

郷内山一件の前提となる争いから検討しよう。文化元年(一八〇四)十月、今井村は、山布施村分郷・枝村である村

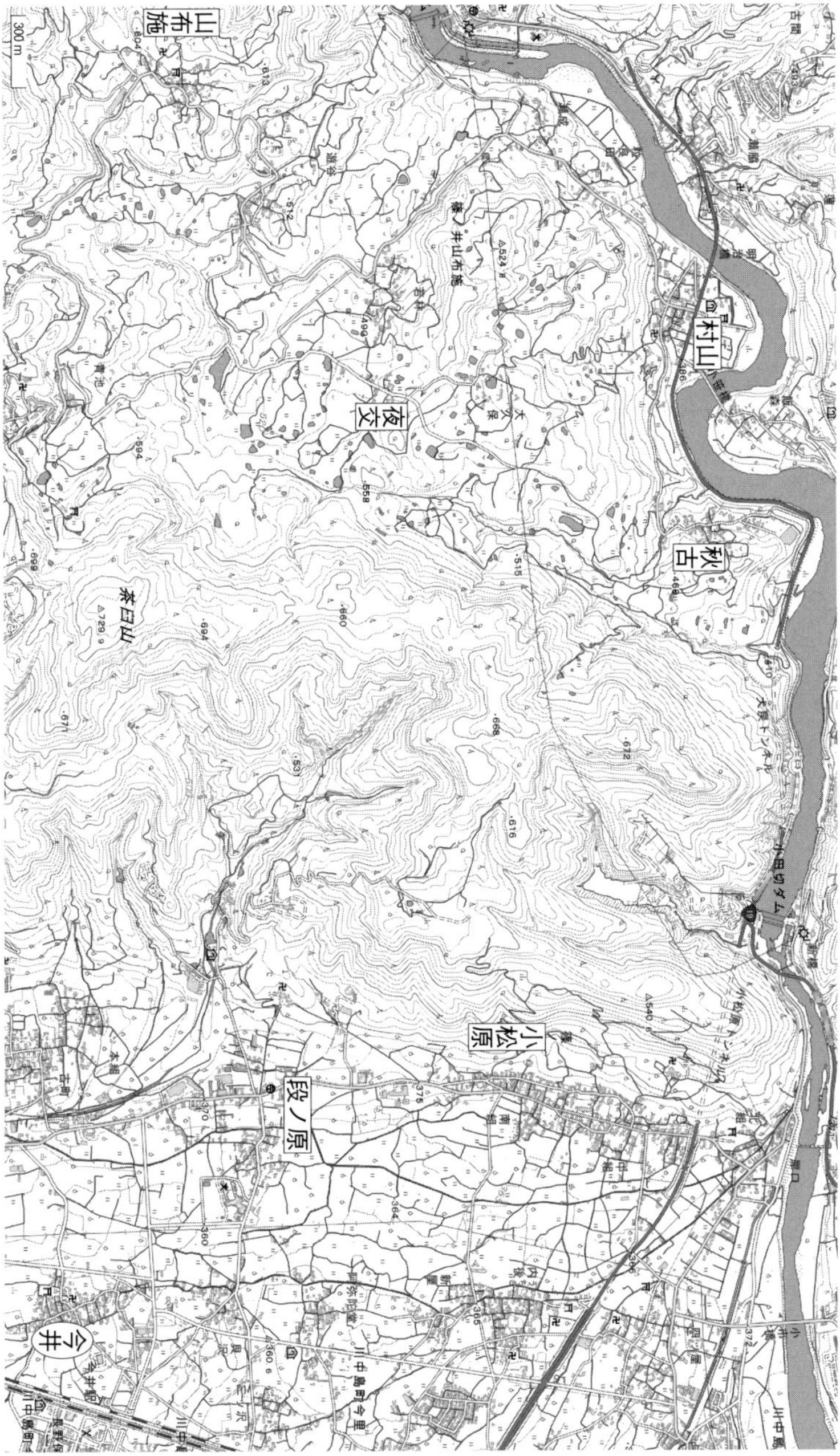

今井村・小松原村・山布施村・村山村位置図　村名は塩崎知行所、村名は松代藩を示す。

国土地理院ウェブサイト「地理院地図」（2万5千分1相当）を加工して作成。

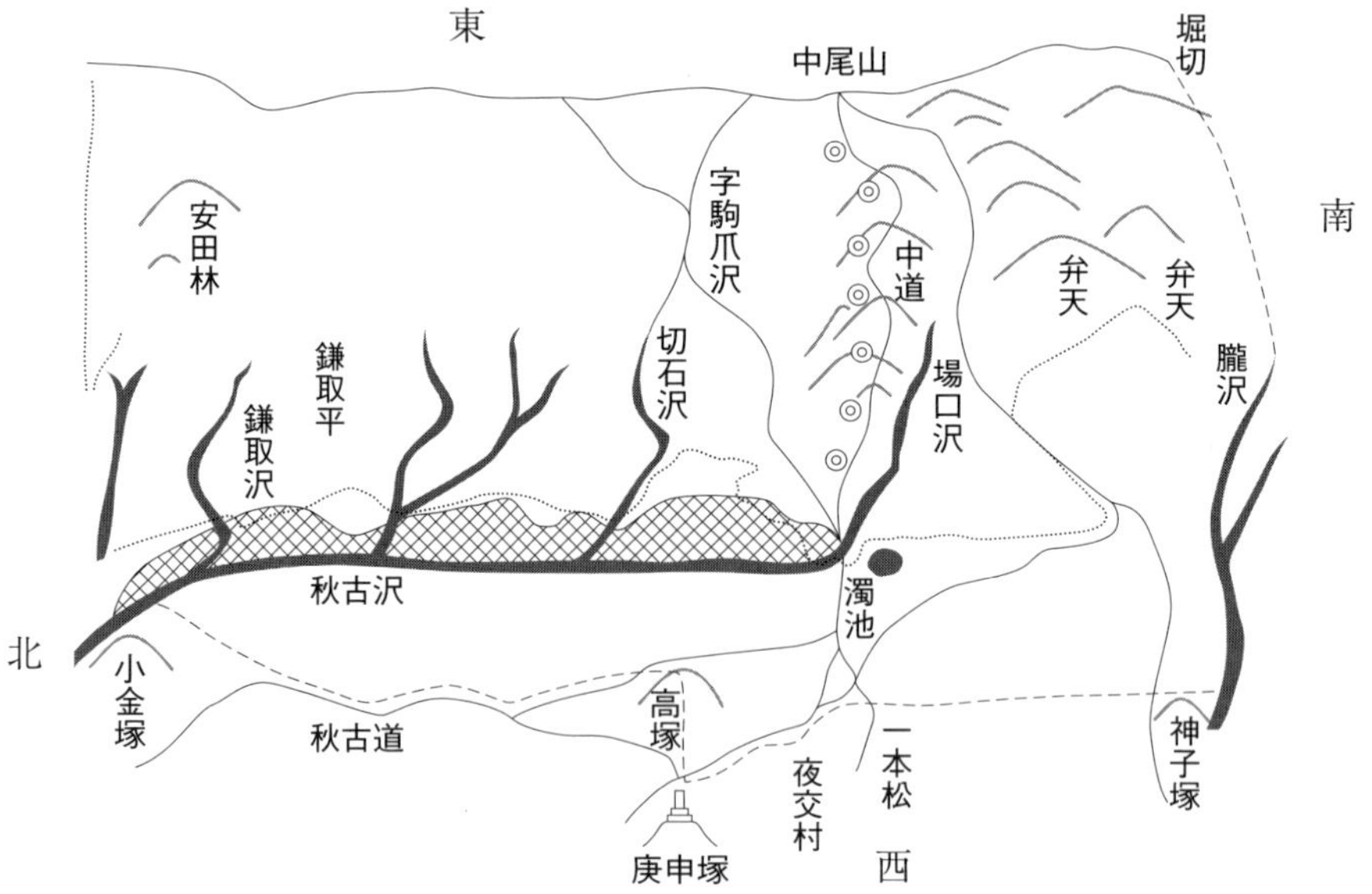

―― 道　……… 文化２年議定　新小境　[斜格子] 替地
■■ 水　- - - - 今井村の主張する大境　◎　文化２年　小松原村が築いた塚

小林家（文化5.5）（今井・小松原村秣場出入絵図）C24、同（文化5）（山布施郷内山絵図）C25、同（文化2.6）（入会山替地図）C32を合成・簡略化して作成。

山布施・村山・今井・小松原村秣場出入概念図

山村（山村山村）・秋古村・夜交村が採草地（郷内山）を伐り荒らしているなどとして、山元の山布施村に境界の確認を依頼した。だが、立会日に今井村と村山村らは口論となり、境界は確定しなかった。その後、近隣の松代藩領有旅村が仲裁したが不調で、文化二年三月、今井村は松代藩役所へ出訴した。六月、塩崎村渋谷平太夫、南原村伊藤文五郎、松代町宿中村屋惣九郎が扱人となり、十月に内済が成立した（以下この内済を文化二年の内済、あるいは史料中の表記を用いて単に議定と記す）。

文化二年の内済に至る経緯を確認する（概念図参照）。当初、今井村が主張した境（大境）は「今井村より今般願出候境筋者、朧沢通神子塚ゟ一本松江見通し、夫ゟ庚申塚高塚、夫ゟ秋古道通り小金塚江見通し、北者鎌取沢通り峯迄境」[9]で、山布施村枝村らの田畑を含んでいた。そこで扱人を立てて話し合い、文化二年六月、

表1　郷内山一件の主要な関係村・人物一覧

村名	支配	村高	人物	備考
今井村	塩崎知行所	1141 石余	庄屋堀内新右衛門、組頭勝五郎、組頭杢左衛門、組頭平七、組頭新八、長百姓嘉伝治、百姓代治郎吉	
小松原村	松代藩	907 石余	名主団蔵、団蔵悴太左衛門	
山布施村	松代藩	1124 石余	名主吉左衛門、組頭喜清治、山主礒右衛門、山主久米右衛門	
村山村	松代藩		名主儀左衛門、名主儀兵衛、組頭茂左衛門	山布施村分地。
段之原村	松代藩			小松原村支郷。
南原村	松代藩	849 石余	文化二年議定扱人伊藤文五郎	原村ともいう。今井村の南に位置する。
塩崎村	塩崎知行所	3001 石余	文化二年議定扱人渋谷平太夫	今井村の南西にあり、稲荷山村の北に位置する。
松代町	松代藩		文化二年議定扱人中村屋惣九郎	今井村から南東にあり、直線約6 km。

出典：小林家（文化 2.6）（入会山替地絵図）C32。小林家（文化 5）（山布施郷内山絵図）C25。「信濃国郷帳」（天保郷帳）（請求番号 176－0281。国立公文書館デジタルアーカイブ）。『日本歴史地名大系 20 長野県の地名』（平凡社、1979 年）。

注）史料により人名表記に若干の差異があり、時期により村方三役名等の肩書に変動があるが詳細は略した。村高の石以下は省略した。松代町は埴科郡、その他は更級郡である。

南原村・塩崎村・松代町は本章掲載の地図外に位置するため明示していない。

境目が「北者鎌取沢限り秋古沢落合小金塚境より此度新小境相立秋古沢通、南者中尾山ゟ中道添場口沢裾迄、秋古沢より東ハ今井村秣場、西者山布施村之内山村山村分地ニ而新小境沢ニ而相分チ、右中道より南之方者今般取扱候今井村草場ニ古田切添有之候」とされた。北は鎌取沢、南は中道沿い場口沢裾・秋古沢を境に、東は今井村秣場とし、西は村山村分地とする。そして中道より南も今井村草場とするものである。

だが、これでは秋古沢の東沿いにある村山村の田畑が今井村の秣場になるので、村山村らは安田林（二俵地）を今井村に渡し、秋古沢東沿いの田畑を手に入れる替地を願った。しかし、今井村は秣場と替地対象は不相応として拒否した。そこで安田林での採草は村山村が行う、今井村には村山村が毎年籾三俵を納める、と条件が変更され、今井村がこれを了承し、秋古沢沿いの田畑は村山村の所持になった。この替地により今井村が利用する秣場は、西限は秋古沢沿い田畑の東側に新小境を定め、北限は鎌取沢、南限は朧沢、東限は中尾山の嶺とする取り決めになった。

2 今井村と小松原村の郷内山一件（文化三年四月〜五月）

文化二年の内済で話し合われた郷内山の範囲では、小松原村も草を刈っていた。今井・村山両村の内済が模索されるなか、郷内山を利用する小松原村には説明がなかったため、文化二年八月、これに反発した小松原村の百姓百四、五十名が採草地を伐り荒らした。[10] 文化二年十二月三日、小松原村組頭利左衛門が今井村庄屋を訪ね、「字中尾山道筋より北字鎌取沢迄」[11] は小松原村の秣場であるとし、境立ての立会いを求めた。だが、今井村はこれに応じなかったため、小松原村の百姓百数十名が中道筋境に土塚七か所を築き、昔からある今井村の山神塚を破壊し、秣場を伐り荒らした。今井村は松代藩役所へ願い、話し合ったが不調に終わった。破壊された山神塚は文化二年の今井・村山両村の内済絵図にも目印として記載があるため放置できず、文化三年四月、今井村は江戸評定所に出訴した。

文化三年五月から寺社奉行大久保安芸守の管轄で吟味が行われた。今井村は議定をもって中道より南北を自村の秣場と主張したが、五月二日、小松原村は「当村（小松原村―引用者註。以下同じ）ニ而も壱ヶ年籾壱俵三斗宛、山布施村地主藤吉・久蔵・喜兵衛右三人方江小作年貢差出、従往古字郷内山中道を境ニ相守、右中道ゟ南者今井村秣場、北之方ハ当村秣場」[12] と反論した。小松原村の主張は、①小松原村も年一俵三斗の小作年貢（山年貢）を山布施村の地主たちに納めている、②以前から郷内山中道を境とし、北は小松原村秣場、南は今井村秣場である。このほか小松原村によれば、今井村は小松原村の秣場に新たに山神と名付けた塚を築いたので、小松原村は山布施村・今井村に断り、その塚を撤去したという。

小松原村は「一躰私共(小松原村)村方秣場奪取へき巧を以テ、山布施村役人共ト今井村役人共馴合仕候哉、出入等取繕江内済儀定証文等取拵候義と奉存候」と、今井村・山布施村は馴れ合い、小松原村の秣場を奪うため議定を作成したと非難した。小松原村は従来の秣場の利用範囲と利用料納入などの実績をたてに、議定を不当と主張した。

3　江戸での吟味開始(文化三年六月〜十二月)

文化三年六月十日、評定所留役吉田源次郎[13]によって山布施・今井・小松原・村山各村の吟味が行われた[14]。その内容は多岐にわたるが[15]、とくに重要なのは、議定以前の郷内山利用のあり方と議定の正当性である。

吉田は議定以前の郷内山の利用状況を尋問した。山布施村は、従来は中道を境として北は小松原村、南は今井村の秣場であり、今後も小松原・今井両村に秣場を利用させる意思があると返答した。今井村は、議定の絵図の通り中道の南北一円が今井村秣場、小松原村の秣場は安田林の北との認識を述べた。小松原村は、安田林の北は自村の内山と述べた。以上から、山布施村は実態認識と異なる議定を結んだことが判明し、議定締結時に小松原村に連絡していないことも問題になった。山布施村は、議定は村山村耕地などに関わることであり、小松原村は無関係と思い連絡しなかったと述べた。尋問を経て吉田は、今井村が山布施村を見掠《みかす》め、扱人も加わって、議定を押し付けたと認識したようである。吉田は議定に正当性がないと判断したのである。

吉田は、村山村が安田林を今井村に渡し、秋古沢沿い東側の耕地を得る替地をした理由を尋ねた。村山村は、秋古沢沿い東側の耕地は自村の高請地で交換不可と説明したが、扱人は替地に応じなければ破談し今井村が公訴に及ぶこと、今井村は、「公事馴候もの共」なので訴訟になると困窮することを理由に説得されたと答えた。

七月二日、吉田は関係村と扱人に議定締結の経緯などを尋問した。扱人塩崎村平太夫は、小松原村秣場の存在を知らなかったと述べた。山布施村吉左衛門は、境確定にあたり小松原村に連絡したが、扱人が小松原村を帰村させたため、山布施・村山・今井の三村で立会ったと述べた。吉田は山布施村に対し、議定締結の時は今井村に同服し、今は小松原村と馴れ合っていると叱責した。

吉田は「山布施村壱人ニ而、是程之大勢之者被召出候而農業相止其上入用等相懸り候事、此咎ハ山布施村へ相懸り」と、山布施村の行動が周囲を訴訟に巻き込んだと責め、今後どのような裁定になるか吉田自身もわからない(「此上之御仕置如何相成候哉、自分ハ難斗」)と脅した。さらに「今更内股膏薬ニ而命ヲ投出シ、右様ニ申候てハ」と、山布施村の無節操な態度を非難し、議定を今後の吟味に用いることはできないと述べた。吉田は山布施村の行動に問題があると判断したのである。

このほか吉田は、山布施村に山主の名前を尋ね、中道から南は礒右衛門・粂右衛門両人持山、北は藤吉・久蔵・喜兵衛持山であることを確認し、山主にも一円今井村秣場か否かについて事情を聴くと述べた。また吉田は絵図をみて、今井村に対し、作付けの場所まで奪い秣場にすると申しかけたなどとして叱責した。小松原村にも、今回の秣場利用についての争いは、小松原村が願い出るべきところを等閑にし、議定証文・絵図を調べず、今井・山布施両村と交渉しなかったなどと叱責した。吉田は関係村それぞれの行動も問題視したのである。

八月五日、吉田は山主の山布施村藤吉・礒右衛門を尋問し、郷内山の境は中道であること、礒右衛門は今井村から年三俵の山手籾を受け取っていること、藤吉は中道より北を小松原村に刈らせ、山手籾を年一俵三斗受け取っていることを確認した。そして、文化二年に今井・山布施両村立会いで境塚を築造し、当時山主がそれに気づかなかったのは持山に対する注意怠慢と叱責した。一連の尋問によって、吉田は今井村の申し立てを却下し、文化二年の内済は愚昧の者を見掠めた企みとして、現在係争中の訴訟では議定を根拠として採用しないと言い渡した。

十月十三日、吉田の追及は厳しくなり、山布施村と今井村の金銭授受による馴れ合いを疑ったり、関係村の言い分の齟齬に苛立ったりし、暴力によってでも関係村から自白を取ると脅した。

十一月、吉田は白洲から畳の上に村山村組頭茂左衛門と山布施村吉左衛門を呼び、絵図を用いて替地の理由や内容を再び尋問し、議定の境を確認した。そして、天下の田地を私的に筋引したこと、議定に印形したことなど、扱人の不手際を叱責した。今井村長百姓嘉伝治、山布施村吉左衛門、村山村茂左衛門、南原村文五郎、塩崎村平太夫が手鎖・宿預となった。吉田は、替地で村山村からの山年貢三俵を今井村が受け取り、それを山布施村に渡すと今井村は実質無年貢での山利用となり、泥棒同然と述べた。また「領所役人」（松代藩役人ヵ）は現地に不案内であり、文化二年の内済に関与した地元村の取り決めが不埒とも述べた。

十二月頃、吉田は文化二年の内済における新小境取り決めに関して、小松原村立会いの有無などを尋問した。尋問を繰り返すなか、扱人文五郎は言いよどんだり返答しなかったりしたため、吉田は「訴答村申口者壱人宛ニ而相分り候、其方共両人（扱人文五郎・平太夫ヵ）と地元村馬鹿名主申口一向不相分」と、今井・小松原両村の主張はわかったが、扱人と山布施村名主の話は理解できないとし、議定に関する山布施村と扱人の返答に疑念を募らせた。その後も関係村や扱人を尋問したが、明確な回答を得られなかった。議定について繰り返し尋問し、吟味に議定を採用しないと述べていることからみて、吉田は当初から今回の紛争の根本的な原因は議定にあると考えていたのだろう。

吉田は、関係村に対して文化四年二月中に立会絵図を提出するように申し渡した。立会絵図を作成することで関係村同士の協議を促し、内済を成立させようとしたのである(16)。

二　立会絵図の作成難航から内済へ

1 立会絵図作成をめぐる争い（文化四年三月～四月）[17]

文化四年（一八〇七）三月二十一日、関係村は絵図提出の日延べを願った。絵図が用意できない理由として、今井村組頭平七と百姓代治郎吉は、今井村は大境筋での立会いを望んだが、山布施村はそこが古田畑なので拒否したなどと述べた。役人（留役吉田ヵ）は絵図の作成を宿屋に仰せ付けた。三月二十四日、筋替町三河屋（水茶屋）で話し合ったがまとまらなかった。村山村茂左衛門は、いずれは今井・山布施両村立会連印の絵図を提出しなければならず、作成延引は関係村が迷惑であると述べ、山形がみえる所に双方絵師を立会わせる案をもって説得した。上総屋長蔵（今井村の公事宿ヵ）もこれに同意している[18]。しかし、山布施村は今井村が絵師の立会いを拒んだと述べ、今井村は山布施村が立会いもなく絵図を作成したと反論し、非難の応酬となった。茂左衛門・長蔵は困惑し、二十六日に再び話し合ったが破談した。

三月二十七日、宿屋は訴所で役人にうかがったうえで関係村を説得し、山布施村作成の絵図に今井村も一枚絵図を作成し、小松原村はかぶせ絵図を提出するように内談して取り決めた。二十八日、一件関係者は呼び出されたが、今井村嘉伝治らは病気として出頭せず、命じた絵図も出来ず、立会拒否もあり、留役吉田は立腹した。この後、赤坂近江屋（茶屋）、通三丁目茶屋で関係村の話し合いがあった。

四月七日、留役吉田は関係村に絵図を作成しない理由を尋ねた。先日と同じく今井村平七は大境筋での立会いを望み、山布施村吉左衛門は田畑の中であるため立会いを拒否したと述べた。平七は、江戸で絵図師を頼み、麁絵図を作成・提出すると述べたが、吉田は江戸で絵図を作成しては役に立たないと述べた。吉田は平七に絵図のどこが気に入らないかを尋ねたが、平七は「ちと不承知」と述べ、さらに吉田が「どこか不承知」と追及しても返答しなかったため、吉田は「夫か我意タ、夫故絵図面出来せぬ」と叱責した。その後も吉田は関係村を追及したが、言い訳が繰り返された。吉田も叱責を繰り返し、立会絵図作成を約束させた。吉田は今井村・山布施村の態度に怒りつつも慈悲により入牢ではなく、今井村平七・治郎吉、山布施村喜清治を手鎖とした（十五日手鎖御免となり村預）。

四月十二日、関係村は赤坂の茶屋で議定証取り交わしと帰村後の絵図作成を相談したが、この議定の文言で不調となった。十四日、吉田は関係村を白洲に呼び出し、立会絵図の作成を強く命じた。山布施村吉左衛門は先日作成した絵図を吉田にみせたいと述べたが、吉田は立会いなく作成した絵図は認めないとし、吉左衛門に手鎖をかけた。吉田の怒りは収まらず、「其様ナ不届キナ事お申《(ママ)》、己カ其様ナあほふ物故絵図面出来せぬ、悪キ奴」と叱責した。十五日、今井・山布施・村山・小松原村は連名で、五月十日までに立会絵図を作成して出府する旨の請書を寺社奉行所に提出した。

吉田は公事宿に絵図作成の段取りを命じ、公事宿も関係村の説得に努めている。吉田自身も、関係村の現地立会いを強く指示し、絵図作成の合意に至らない理由を尋問するなどしている。当事者が納得する内済を早期に成立させるべく、吉田は腐心していたのである。

2 今井村による議定の再主張（文化四年五月〜七月）⑲

五月十一日、関係村は立会絵図と誓詞二通などを寺社奉行に提出した。一同は論外絵図を継ぎ足すと述べたが、論外まで一枚絵図面にするよう指示したはずと役人（吉田ヵ）が述べると、今井村は時間がかかるので論外絵図面は山布施村が作成すると答えた。山布施村は今井村が不承知なので仕方なく絵図を作成したと返答した。双方の言い分が異なるので役人は叱責した。十二日、関係村は扱人の病気を理由に数日の猶予を願った。一同は神田中町三河屋で論外絵図を継ぎ足したが、扱人平太夫が不参のため封印した。二十一日、上総屋吉兵衛方（今井村公事宿ヵ）に一同が集合し、平太夫も絵図面に継印をし、奉行所へ絵図などを提出した。

五月二十七日、留役吉田は絵図と議定について関係村を吟味した。吉田は絵図をもとに、山布施村にはほかに郷内山がないことを確認し、今井村には相手方（小松原村）の秣場はどこかと尋ねた。小松原村が支払った秣場利用料の受取証があるので秣場は存在するとの指摘であり、絵図には小松原村の秣場の記載がなかったようである。今井村は知らないと返答し叱責された。次いで山布施村には、この議定の替地により山年貢三俵を今井村に渡せば、今井村は無年貢で秣場を利用するのではないかと尋ねた。山布施村吉左衛門は、絵図と議定は今井村が作成したと返答した。吉田は、今井村の作成であっても不承知なものに印形するのは筋が通らない、「己首を秣ニ致せと申候得者首を差出ス歟」と叱責した。吉田は今井村と山布施村の議定を不審視し、議定を用いないと述べた。

これを経て、宿屋たちは相談して日延べ願いを出すことを提案し、関係村は五月三十日までの日延べを願った。三十日、神田中町三河屋で一同は相談した。小松原村は、中道より北、鎌取沢までを秣場として受け取り、さらに今井・山布施・村山の各村から誤証文を取って内済とする旨を主張した。村山村は双方とも内済したら安田林を取り返すと述べた。各村の主張により破談となった。

六月一日、一同が内済破談を報告すると留役吉田はその理由を尋ねた。小松原村は中道より北の鎌取沢までの秣場と誤証文を取ること、今井村は朧沢から鎌取沢までの三分の一を小松原村に渡すこと、山布施村は内済するつもりと述べた。吉田は今井村に対し、中道より北には山主がおり、それを分割するのは不届とした。小松原村には、小松原村自身も不埒であるのに誤証文を取るとは不届とした。同日暮れ方、一同は白洲に呼び出され、「御前」（寺社奉行ヵ）は今井村に文化二年の議定を持ち出す理由がわからないと述べた。すると今井村は議定を破棄し、これまで通りの秣場利用を願った。また、小松原村も先規通りの秣場利用を願い、山布施村役人や扱人文五郎もそれらに納得した。一同の言い分を聞いた御前は、「夫ニ而者出入之訳何ニ而茂無之、又候後而彼是申争有之候而ハ奉行所ヲ何致ス道理、今此所ニ而可申子細有之ハ申候様」と、争論の理由はなくなったが、今後争いが再燃すればそれは奉行所を蔑ろにしたことになるとして、関係村の意見を聞いた。ところが今井村は、南は朧沢から北は鎌取沢までの秣場利用を主張した。御前は今井村に、先ほど破棄するとした議定を再び申し立てた理由を問うたが、今井村は返答しなかった。御前は今井村勝五郎と山布施村吉左衛門に吟味中入牢を申し付けた。

　六月四日、関係村が白洲に呼ばれた。留役吉田は、今井村勝五郎は地方出入ではなく議定が不相当だから入牢させたと述べ、山布施村との事情を有躰に述べれば出牢させるとした。勝五郎は何の事情もなく、南は朧沢から北は鎌取沢まで以前から今井村の秣場であると返答した。吉田は、中道より北は小松原村の秣場として証拠（山主の山年貢受取証など）があるので今井村にも証拠の提出を迫ったが、今井村勝五郎は証拠はないと返答し叱責された。吉田は山布施村吉左衛門に「己レいかにあほふニ而茂如何之義ニ而議定致候哉、夫故今井之者共議定証拠ニして我意ヲ言募」ると述べて、山布施村が議定を締結したため、今井村がそれを根拠に我意を言い募っていると責めた。この後も小松原・山布施・今井村は尋問されたが、今井村は「去々年（文化二年）松代表ニ而御吟味中扱人立入議定仕候処相違無御座候得者、御情ニ何卒御吟味被成下置候得者、相訳（分）り候義と存候」と議定の正当性を主張した。六月七日・十一日、関係村や扱人は白洲で議定の経緯などについて吟味を受けたが、話は堂々巡りとなり、十一日に一同は寺社奉行所に日延べ願を提出した。

六月十三日、関係村の宿屋が通三丁目の茶屋で相談をし、山布施村が今井村に二俵山を替地として内済する案を示したが、今井村は拒否した。十四日の神田三河屋での話し合いも破談となった。この破談は十七日に白洲で説明され、吉田は今井村に不承知の理由を尋ねた。今井村は今回の替地場所が遠方(今井村から二里半)かつ狭小(一町四方で郷内山の二〇分の一にも満たない)であるためと返答した。今井村勝五郎は、議定は双方熟談し扱人の立会いで取り決めたと、再びその正当性を主張した。十八日、寺社奉行は塩崎知行所の役人に小松原村による塚引き崩しに関する書類の提示を求めたため、塩崎知行所役人は信州から十二、三日かけて書類を取り寄せた。[20]

七月二日、白洲で吉田は、扱人惣九郎に議定の事情を尋ねた。惣九郎は今井村が松代に出訴した時の宿屋であるが、山や議定はよく知らないと述べたので、絵図・議定に印形しておきながらそれでは済まないと叱責した。この後、吉田は議定の経緯を尋ね、惣九郎は中道より北を今井村の秣場として扱い、山布施村も同様の認識だったと述べた。

七月四日、今井村平七は病気の老母のため一時帰村を願った。同十六日、先月から入牢していた今井村勝五郎が病気のため帰村を願い、翌日出牢・宿預となったが食事もできないほどの重病で、同十八日に勝五郎(四四歳)は病死した。遺体は検視を受け、病死であることが寺社奉行所役人に報告された。

3 破談から内済へ[21]

八月十七日、今井村の者が滞在する宿屋に来た扱人文五郎・惣九郎は、長い争論は迷惑なので双方熟談するように促した。翌十八日、宿屋吉兵衛(上総屋、今井村公事宿ヵ)も熟談すべきだと述べた。二十二日、糀町松本屋で宿屋四人、扱人文五郎・惣九郎が内談し、皆が少しずつ譲歩して内済すべき旨が話し合われた。宿屋だけで内評議し、関係村に内済を要請することになった。九月十日、今井村治郎吉らは宿屋吉兵衛に内済の意向を示しつつも、議定をもって絵図通りに取り計らってほしいと述べた。十五日、扱人文五郎・惣九郎は、内済は「山一躰」(中道南北の秣場を一括することか)を秣場とし、今井村は年貢籾三俵、小松原村は年貢籾八斗の利用料とする案を示したが、今井村は拒否した。

九月二十四日、関係村は白洲に呼ばれた。留役吉田は、議定は不相当なので取り上げないこと、今井村が議定を用立物と思うのは心得違いであることを述べ、今回の紛争は議定を端緒としており、深慮するように叱責した。小松原村には、文化二年の議定締結時に小松原村が山布施村に掛け合い、訴訟を起こすべきであり、心得違いと叱った。山布施村には議定の様子を尋問したが、山布施村吉左衛門は、今井村が公訴するというので仕方なく印形したと以前の返答を繰り返した。吉田は従来の返答ではなく「有躰」に述べよと追及し、以前提出された絵図をみながら、個々が区々に絵図を作成するのではなく、一枚絵図を作成するように命じた。

九月二十七日、一同は糀町松本屋で皆の絵図をみながら熟談し下絵図を作成したが、今井村は承諾せず、張紙一四、五か所の修正を求めた。十月一日、糀町松本屋で一同が絵図師による本絵図をみて、双方が話し合うべき箇所には下札をして熟談した。立会絵図を作成し、今井村が預かった。二日、一同は絵図面を寺社奉行所に提出した。

十月三日、白洲で吉田は絵図をみて替地の場所の色分けが不分明であると述べた。また、北境は安田林かと尋ねたところ、今井村は、安田林は去丑年(文化二年)十月二十四日に新小境として立会って立てたが小松原村は来なかったなどと議定の内容を語り、丑年十月二十七日に山布施・村山・小松原村と扱人三人が杭を打ち、扱人三人が今井村に山を請け取るようにいってきたと述べた。これに対し扱人惣九郎・文五郎は、そもそも小松原村の者を知らないと述べ、山布施村も今井村の言い分を知らないと述べ、小松原村も村役人は現地に行かず、枝村の百姓が出向いたと述べた。結局吉田はそれらの発言をよく理解できず、絵図の再作成・再提出を命じた。

十月四日、赤木下埼玉屋で関係村は宿屋とともに話し合い、絵図を再調整して今井村が預かり、五日に提出した。それから今井村新八や山布施村吉左衛門が吟味を受けた。十二月四日、一同は相談して二月上旬まで一旦帰村を願った。文化五年二月三日、関係村は国元で熟談内済したいと三月中旬まで日延べを願った。さらに四月中旬まで、五月二日までと、日延べ願いは繰り返された。

文化五年四月二十三日、一件に関わる宿屋とみられる埼玉屋嘉助、埼玉屋喜左衛門下代八十八、相模屋源右衛門は、神田三河屋に集まり次のように述べた。このたび国元で熟談が調ったので絵図を一枚仕立てなければならない。相手小松原村にも絵図と済口証文が必要である。今井村は国元で為取替証文を作成し、議定と異なるかぶせ絵図も熟談して済んだ。内済の準備ができたということであろう。ところが二十六日、糀町松本屋で出会うと、小松原村は為取替証文の文言に異を唱え連印を拒否した。二十七日、今井村と宿屋は内談したが、今井村も小松原村の言い分を拒んだ。扱人平太夫は、山布施村喜清次持山を差出す案を提示し、山布施村も同意したが、今井村は承知しなかった。結局破談となり、二十九日に為取替証文を村々に返却し焼き捨て、破談届を作成した。

五月九日、留役山中弁吉(22)は破談の理由を尋ねた。今井村は、国元では字切石沢から北の安田林を小松原村へ渡し、この替地として旭山に応じた場所を山布施村から今井村が受けるという内容での内済だった。だが小松原村はこれを拒否したと述べた。役人が山布施村に旭山の説明を求めると、旭山は喜清次持山で二俵地の場所であると述べた。役人は絵図を広げ、今井村新八に座敷に上がって差竿で説明するように指示し、続けて山布施村吉左衛門・村山村儀兵衛も座敷に上げて絵図をもとに詳しく説明を求めた。役人は古絵図・古証文は採用しないと述べたうえで内済を指示した。一同は五月十五日までの日延べを願った。五月十一日、糀町松本屋で掛合がなされ、宿屋吉兵衛が済口証文を認めたが折り合いはつかず、十二日も松本屋で話し合い、埼玉屋喜左衛門下代八十八が済口を認めたが今井村は承知しなかった。

しかし、詳細は不明だが内済は成立した。五月十三・十四日は手紙で相談し、十五日は直接相談が行われ、済口が決した。五月十六日に済口証文が提出され、追って沙汰があると仰せ付けられた。

文化五年六月二日付の済口証文から関係村の内済の規定をみてみよう。[23]

〔史料1〕

（前略）山布施村役人幷地主共ゟ今井村江申談、①字駒爪沢より朧沢迄幷山布施村地内字旭山内喜清次持山共今井村進退秣場ニ相極申候、尤右山分年貢共籾三俵宛是迄之通地元山布施村山主方江差出、且又右秣場与村山村田畑境之義者脂田弁天脇北原坂口同所駒爪沢迄今般相改候境筋相守候筈、安田林之儀者村山村江相返、猶又地元山布施村幷地主共ゟ小松原村江申談候ハ、㋐右中道より駒爪沢迄之為替地村山村分地安田林者右山続最寄ニ付、山布施村ゟ村山村江申談別紙為取替置、小松原村江為替地差出引替いたし、②駒爪沢ゟ竈沢迄幷安田林共小松原村秣場ニ相極、勿論右替地分共山年貢籾壱俵三斗与相極、是迄之通地元山布施村山主方江年々差出候筈、（後略）

①今井村の秣場は字駒爪沢から朧沢迄とする。山布施村地内の旭山のうち喜清次持山も秣場とする。山年貢は年籾三俵とし山布施村山主に納める。村山村の田畑との境は脂田弁天脇から北原坂口さらに駒爪沢までとする。安田林は村山村に返す。②小松原村の秣場は字駒爪沢から竈沢（鎌取沢カ）迄とする。安田林も秣場とする。替地（安田林）分も含め山年貢は年籾一俵三斗とし山布施村山主に納める。

この規定では、これまでの中道に代わって字駒爪沢が秣場の南北の境となっている。字駒爪沢は中道より北にあるため、その分だけ小松原村の秣場が減少するが、減少分は駒爪沢に接続する安田林を村山村から替地として得ることで補塡する㋐。だが、小松原村に安田林を渡すと村山村の秣場が減少する。そこで「右山（安田林）小松原村江為替地相渡申度御談申候処御承知ニ付、以来案田林為年貢年々籾子弐俵ツヽ、其村方（村山村）江当村（山布施村）ゟ相納可申候」と決められた。これは山布施村の提案で、村山村の「案田林弐俵地之山」（安田林）を小松原村に渡す代わりに、山布施村が村山村に山年貢を年籾二俵納める約束である。山布施村は村山村の減少分を補填するというのである。[24]

以上、文化五年の内済における関係村の規定をまとめておく。

Ⓐ今井村：従来の中道より南の秣場確保。中道より北（字駒爪沢まで）の秣場と旭山の秣場獲得。

Ⓑ小松原村：従来の中道より北の秣場は一部減少。この減少分（中道より字駒爪沢まで）は安田林を得て補塡。

Ⓒ村山村：安田林を喪失。喪失分は山布施村から山年貢（年籾二俵）を得て補塡。

Ⓓ山布施村：今井村山年貢（年籾三俵）、小松原村山年貢（年籾一俵三斗）を従来通り受け取る。村山村への山年貢籾二俵（＝安田林分）納入が新規の支出。

文化二年以前の状況や文化二年の議定からみると、関係村は少しずつ「譲歩」したといえるかもしれない。しかし、今井村は文化二年以前より広い秣場を確保し、一方で山布施村は村山村に納める新たな山年貢が発生した。実質的に、今井村は新たな秣場を獲得し、小松原村・村山村は従来の秣場利用に変更を迫られ、山布施村は新たな負担を被ったのであり、関係村は必ずしも「公平」にはならず、村々のなかで有利・不利が偏在した。

三　内済のその後

文化五年（一八〇八）六月の内済から約二か月後の同年八月、内済の規定を変更するやり取りがあった。[25]

〔史料2〕

差出申一札之事

一山布施村地内字郷内山秣場出入ニ付、去ル文化二丑年村山村ゟ右秣場為替地請取候安田林幷添籾壱俵共、今般内済和談ニ而村山村江相渡申候ニ付、貴殿方御取斗ニ而金三拾五両当村江被相渡慥ニ請取申処実正ニ御座候、然上者右安田林幷添籾壱俵共後来申分無之何ニ而茂於当村構子細無御座候、為後証一札差出申処仍而如件

文化五年辰八月

今井村組頭
新八㊞
同　杢左衛門㊞
長百姓
町田嘉伝次㊞

南原村
伊藤文五郎殿
塩崎村
平太夫殿
村山村
御役人中

今井村は文化二年の議定で「安田林幷添籾壱俵」を得たが、文化五年六月の内済でそれを村山村に渡すことになった。そこでは安田林などの譲渡について金銭の記述はないが（史料1①）、史料2から、今井村は安田林などを渡して金三五両を得たことがわかる。他の史料によるとこの金三五両は小松原村が出したようである（後述）。史料2には

「貴殿方御取斗」とあるので、宛所の南原村伊藤文五郎・塩崎村平太夫と村山村役人が金銭授受の仲介をしたとみられる。さらに次の史料をみよう。

今井村は山布施村に、文化五年六月の内済で獲得した秣場(旭山)を渡した。(26)

〔史料3〕

差出申一札之事

一山布施村地内字郷内山秣場出入之儀今般内済和談ニ而、山布施村地内字朝日山秣場当村江請取進退場所ニ相定候処、右旭山者山布施村之最寄ニ付双方勝手を以已来山布施村秣場ニ相談相極メ候上、御取斗ニ而右山為秣料ト金拾五両当村へ御渡慥ニ請取申処実正ニ御座候、然上者後来朝日山秣場ニ付於当村ニ何ニ而茂少も構子細無御座候、永山布施村進退場所ニ相定候上者聊申分無御座候、為後証一札仍而如件

今井村

組頭　新八㊞

同　李左衛門㊞

長百姓

町田嘉伝次㊞

文化五年辰八月

南原村

伊藤文五郎殿

塩崎村

平太夫殿

（脱落付箋カ）
「幷為樽代金三拾五両也　此分ハ扱人頼ニ付書入不申候」

今井村は文化五年の内済で山布施村地内の「朝日山」（旭山）を得たが、そこは山布施村に近い（今井村から遠い）ので、旭山は山布施村秣場とする。そして今井村は旭山を山布施村に渡して秣料金一五両を得たのである。他の史料によると、この金一五両も小松原村が出したと思われる（後述）。史料3の宛所である南原村伊藤文五郎・塩崎村平太夫が金銭授受の仲介をしたとみられる。また本史料には付箋があり、今井村は他に樽代として金三五両を得たが、これは扱人の頼みにより記述しなかったとある。続けて次の史料[27]をみてみよう。

〔史料4〕

覚

一金三拾五両也

右者当村秣場出入内済ニ付、山布施村ゟ為替地字旭山一平請取置候処、和談之上右旭山之儀別紙証文之通山布施村秣場ニ相定候ニ付、為樽代書面之金子慥ニ請取申処実正ニ御座候、為後日仍而如件

文化五年
辰八月

今井村
組頭　新八㊞
同　杢左衛門㊞
長百姓　町田嘉伝次㊞

南原村
伊藤文五郎殿
塩崎村
平太夫殿

史料によると、樽代とは、今井村が文化五年の内済で得た旭山を山布施村に渡して受け取った金銭である。これも小松原村が出したとみられる（後述）。史料2～4から、今井村は安田林と旭山を渡し、合計金八五両を得たことがわかる。

この金八五両について検討しよう。

金銭の出所について。年未詳だが、今井村の夫銭とその内訳に疑義を呈する史料には、「山論之義ニ付小松原村ゟ金八十五両請取」とある[28]。史料2～4で今井村が得たのは合計金八五両であり、山論という点も合致する。よって金八五両は小松原村が出したといえる。他に郷内山一件に関する文化五年十二月の金銭出納帳簿にも、「右者山論済口中済人ゟ為山代金五拾両外樽代金三拾五両〆金八拾五両請取」[29]とある。小松原村が出した山代金と樽代を扱人である南原村伊藤文五郎・塩崎村平太夫から受け取ったということであろう。今井村は、内済で規定された安田林と内済で獲得した旭山の譲渡で合わせて金五〇両を受け取っており、内済に同意して山代金五〇両を得たのである。また、今井村は文化五年の内済で、文化二年以前より広い秣場（中道より北の字駒爪沢迄）を獲得した。以上、今井村は文化五年の内済で関係村のなかでも有利な規定や金銭を獲得したといえよう。

樽代について。今井村は安田林・旭山の譲渡で受け取った合計金五〇両を山代金と述べるが、これとは別に旭山譲渡に関する金三五両を樽代と認識している。ここでいう樽代とは、「祝儀などに酒を贈るかわりに酒代として包む金。

謝礼・挨拶（あいさつ）のかわりに包む金」[30]の類いであろう。これは今井村が旭山の譲渡を承知したことへの謝礼の可能性もあるが、山代金一五両を超える謝礼は不自然である。また、付箋（史料3）には証文に樽代を記さないように扱人から頼まれたとあり、山を渡す対価とは別の目的の金銭のようにみえる。つまり、小松原村は山代金五〇両に加えて、さらに金三五両を渡したのであろう。

その理由を史料から明らかにすることはできないが、文化二年の内済の際に扱人は、今井村は公事に馴れている村なので破談すれば公訴になる可能性があると述べていた。また、江戸の白洲において、今井村は評定所留役に強情な応答を繰り返し、「御前」（奉行）にも議定破棄について支離滅裂な返答をした。そして、文化五年六月に郷内山一件は内済となったが、その後も内済内容が変更されている。これらを踏まえると、金三五両は今井村にこれ以上の訴訟を起こさせないための示談金・手切れ金の類いと推察する。[31]訴訟を回避するための金銭であることを公にしないため、樽代という名称を付し、山代金の証文とは別の証文を作成したと考えておきたい。

断片的だが訴訟費用について述べておく。文化二年から五年までの今井村の諸費用合計は金三六四両余である。[32]山布施村の諸費用合計は不明であるが、文化五年十二月、山布施村は本一件の江戸諸入用に差し支えたため、勘定所拝借掛から金一五三両二分を一五年賦で借用している。[33]訴訟関係費用の負担は、程度の差はあれ、出府した小松原村、村山村、扱人、山主など、関係者全員にのしかかったはずである。江戸出訴は関係者全員にとって過重な負担だったのである。なお、今井村は文化五年の内済で有利な規定や金銭を得たことは確かだが、多額の訴訟費用が生じたこと、小松原村から得た金八五両が陣屋の建設費に使用されたことを勘案すると、訴訟で巨利を得たわけではない。また、獄死に近い死者を出したので人的犠牲による損失もあった。秣場利用だけに注目すると有利にみえる今井村だが、訴訟による村としての負担は小さくなかったのである。

おわりに

本章での行論を踏まえ、はじめにで示した①②についてまとめておこう。

①の幕府役人の動向について。評定所留役は、文化二年(一八〇五)までの山の利用状況や議定締結の過程、立会絵図作成が難航する理由、一度提出された立会絵図の内容などを何度も尋問し、白洲において一件関係者を座敷に上げて絵図の不明点を問い質した。それらは実態や証拠を詳細に明らかにし、合理的な説明を求めるものである。また、内済における扱人の動向を注視し、公事宿に命じて関係村に立会絵図を作成させようとするなど、幕府役人だけではなく、民間や在地の者たちの力も用いていた。内済は当事者同士の合意によってなされるものだが、当事者にすべてを委ねるわけではない。留役は審問をし、訴訟当事者に近い者たちを活用することで合意形成に関与したのである。

以上から、幕府役人の紛争解決への関与は必ずしも希薄・消極的とはいえない。筆者は以前、松代藩の役人が裁判を有利に進めるために在地の状況を把握する動向を指摘したことがあるが[34]、本章の事例も同様で、幕府役人は紛争の発生原因や協議の過程を把握しようとしている。これは裁判体系を維持し、領主支配を貫徹させるうえで不可欠な行為だったといえる。

②の当事者間の問題について。郷内山一件の発端は文化二年に結ばれた議定であった。これは当時の山の利用状況を踏まえない、今井村に有利な内容であり、そのため小松原村との紛争が勃発した。議定が今井村に有利に偏った理由は、今井村が公事に馴れた村として近隣村から警戒されたためである。確かに郷内山一件において今井村の行動は強引である。そもそも文化三年から始まった訴訟は、今井村が秣場獲得を目論んで仕掛けたものといえるし、江戸の

白洲における審問でも今井村の強硬な態度は顕著であった。おそらくそのような振る舞いが文化五年の内済やその後の内済内容の変更に影響を与えたのであろう。当事者同士が合意を形成し紛争を解決する内済といっても、村の個性（地域における立ち位置。この場合は公事に馴れた村）によって、そこには有利・不利の偏在が生じる。そして、それは紛争の火種として存在し続けることになった。

最後に、近世の内済の構造的矛盾について、中世の中人制との比較から述べておく[35]。

中人制[36]は、紛争当事者と生活の場を同じくする有力者が中人として紛争を調停し、和解に導くものである。調停に従わないことは、生活の場で秩序を乱すものとして共同体規制をうけた。調停は具体的折半の場合もあるが、当事者双方を満足させることが一般的であり、欺瞞的操作もあったと指摘されている。

近世の内済も在地の事情を知る有力者が扱人になることが多いので、中世以来の慣習を継いでいるといえる。だが、中世の場合、法廷への訴訟、私闘・私戦など、多様な紛争解決手段が社会的に容認されており、中人制もその手段のひとつであった。それが近世の場合、たとえ内済であっても、最終的に紛争解決は幕府が判断するという建前である。換言すれば、最終的な裁定者を誘導できれば、紛争を有利に落着させることが可能となる。ここに内済の構造的矛盾と、それをめぐる領主―領民関係が生じる。つまり、百姓たちは自分たちの主張を正当化するため、既存の制度に拠りながら虚偽の陳述や扱人を利用するなどの巧みな行動をする。

一方、幕藩領主は裁判体系を維持するため、在地の状況把握や訴訟・内済について合理的な説明を求めるといった、在地への介入を強めるのである。江戸幕府は、中世の自力救済を封じ近世の裁判体系に組み込み、在地の動向を規制した[37]。しかし、在地には慣習や新しい制度を歪曲し利用する志向が常にあった[38]。このようにみると、内済の構造的矛盾は時代に即したかたちで存在したといえる。内済の構造的矛盾という視点は、領主―領民関係の相克と時代の変遷を描き出す場合にも有効と考える。

註

（1）筆者の支配違い争論に関する一連の研究については、渡辺尚志『藩地域論の可能性』（岩田書院、二〇二三年）四一～四五頁で簡潔にまとめられている。

（2）村落間争論における裁許・内済など訴訟に関わる制度的な研究については、小早川欣吾『増補 近世民事訴訟制度の研究』（名著普及会、一九八八年）によった。

（3）大国正美「近世境界争論における絵図と絵師」（朝尾直弘教授退官記念会編『日本社会の史的構造 近世・近代』思文閣出版、一九九五年、五四頁）は、紛争当事者が立会で作成する立会絵図について、「双方が納得できる絵図を作成するものであり、公儀の関与は稀薄だが公図性を持っていた」と述べる。宮原一郎「近世前期の争論絵図と裁許」（『徳川林政史研究所研究紀要』三七、二〇〇三年、五七頁）は、幕府が立会絵図を作る困難さを確認しつつも村に立会絵図作成を命じることから、幕府の「紛争解決に対する「消極的」な姿勢が見受けられる」とする。

（4）内済の構造的矛盾については、拙稿「近世後期における領主支配と裁判」（渡辺尚志編『藩地域の構造と変容』岩田書院、二〇〇五年）参照。

（5）評定所留役については、神保文夫「評定所留役小考」（同『近世法実務の研究』下、汲古書院、二〇二一年、初出二〇一九年）、同「江戸の法曹・評定所留役」（同前書、初出二〇〇四年）、杉本史子『近世政治空間論』（東京大学出版会、二〇一八年）「第三章「公儀」の裁きとは何か」など参照。

（6）後述する堀内家文書や塩入家文書を一瞥すると、郷内山をめぐる争いは近世期を通じて何度も繰り返されているが、本章では立ち入らない。

（7）舘林弘毅「文化期信州更級郡における秣場出入りと絵図の作成」（『長野県立歴史館研究紀要』五、一九九九年）。

（8）長野県立歴史館ウェブサイト「長野県立歴史館（文献史料）収蔵品データベース」の「堀内家文書（塩崎知行所庄屋文書）」および「更級郡山布施村塩入家文書」。これらの史料については「堀内家（文化三年十一月）「御訴訟日記【入会郷内山一件】」一〇-一二／村と町五／七四」のように文書群名、資料名、請求番号を記す。堀内家文書は今井村の庄屋文書等であり、塩入家文書は山布施村の名主文書等である。

『長野市立博物館収蔵資料目録　歴史一　小林家文書目録（一）』（長野市立博物館、一九九二年）。同史料については「小林家（文化五）（山布施郷内山絵図）C二五」のように文書群名、表題、番号を記す。小林家も今井村の庄屋などを勤めた家である。

長野市公文書館・複製史料目録・近世「山布施共有文書」。同史料については「山布施共有（文化五）「差上申済口証文之事（今井村・小松原村秣場出入済口証文）」四一八・〇〇七」のように、採訪先、資料名、資料番号を記す。

ほかに国文学研究資料館収蔵歴史アーカイブズデータベース「信濃国松代真田家文書」には文化二年乙丑六月「松平主税助様御知行所真田領山布施村境論所和議絵図　山布施村分」などがある（史料目録　第八七集『信濃国松代真田家文書』（その八）、国文学研究資料館、二〇〇八年も参照）。また村山村（山村山村）の史料として「更級郡　長野市篠ノ井山布施　酒井家文書」（『長野市立博物館収蔵資料目録　歴史四　諸家文書目録（二）』長野市立博物館、二〇〇〇年）があるが、本一件に関わる史料を見出せなかった。

（9）堀内家（文化二年丑十月）「今井村入山郷内山論一件内済諸書附写」一〇-一二／林野七／九。

（10）堀内家（文化二年五月）「口上覚【今井村入会郷内山一件口上書】」一〇-一二／林野七／三-六。

（11）堀内家（文化三年四月）「乍恐以書付御訴訟奉申上候【今井村　小松原村秣場出入訴状】」一〇-一二／林野七／六-一二。史料中の「中尾山道筋」とは他の史料からみて「中道」のことであろう。

（12）堀内家（文化三年五月）「乍恐以返答書を奉申上候【小松原村今井村郷内山秣場出入小松原村返答書】」一〇-一二／林野七／三-一一。

（13）吉田源次郎時興は、寛政九年（一七九七）十月十二日に評定所留役助となった（小川恭一編『寛政譜以降　旗本家百科事典』第五巻、東洋書林、一九九八年）。

中田薫「徳川時代の民事裁判実録」（同『法制史論集』第三巻下、岩波書店、一九七一年。初版一九四三年）では、評定所留役が審問で威嚇など峻烈な言動をしていることが紹介されており、それは留役が訴答双方を熟談に応じさせるためと指摘する。郷内山一件を担当した留役吉田も百姓に高圧的な言動をし、百姓の返答に毎回のように「不埒」「不届」などと叱責している。これは吉田の身分と立場が、吟味を受ける百姓より上位であることに起因する威圧・傲慢さであろう。だが、白洲における百姓たちの言動も影響していると思われる。吉田の尋問に対し百姓たちは、前言を翻したり、同じことを何度も返答したりしている。さらに論理的でない説明や、尋ねを無視して返答しないといった態度もみせる。それら百姓の態度に吉田が大いに苛立っている印象も受ける。審問の現場では、留役と百姓の緊張関係が看取できるのである。

白洲の様子は、尾脇秀和『お白洲から見る江戸時代』（NHK出版、二〇二二年）参照。

（14）文化三年六月から十一月までの記述は、塩入家（文化三年六月）「文化三年寅六月　信州更級郡山布施村今井村小松原村村山村一件御答書（山論写）」七-四四-八六七によった。十一月を重複し、以降十二月までの記述は、堀内家（文化三年十一月）「御訴訟日記【入会郷内山一件】」一〇-一二／村と町五／七四によった。

(15)　留役の吟味では、議定について扱人の依頼主や境に立会った者の素性などを調べ、山布施村・村山村の字名を確認するため両村に水帳の取り寄せなどを命じている。また後述するように塩崎知行所役人にも関係書類の提出を求めている。

(16)　舘林前掲註(7)論文四四頁では、文化四年五月や同九月に提出された立会絵図がその後の吟味で決定的な役割を果たしていないと指摘する。そして、立会絵図の作成を命じることで当事者同士が話し合い、「結果的に内済が成立する機会を増やすことを促進した」と論じている。

(17)　堀内家(文化四年三月)「御吟味日記【入会郷内山一件】」一〇-一二/村と町五/七六。

(18)　江戸の宿屋については、保谷七緒美「江戸の宿仲間の基礎的研究」(『論集きんせい』一三、一九九一年)、青木美智男『大系日本の歴史⑪　近代の予兆』(小学館、一九九三年、初出一九八九年)一五八〜一六一頁参照。公事宿のほか内済や掛合が行われた茶屋については、茎田佳寿子「内済と公事宿」(朝尾直弘ほか編『日本の社会史』第五巻、岩波書店、一九八七年)参照。

(19)　堀内家(文化四年五月十一日)「御吟味日記【入会郷内山一件】」一〇-一二/村と町五/七七。文化四年六月については、塩入家(文化四年六月一日)「(山論写「乍恐以書付奉申上候(信州更科郡今井村一件之者一同申上奉候私共出入熟談内済仕度昨晦日迄御吟味御日延奉願上双方及懸合候得共熟談難出来候間破断無是非仕候)「乍恐以書付奉申上候(破断御届申上候処御呼込御吟味始末左ニ申上候)」)」七-四四-八六八にも記述がある。

(20)　この寺社奉行と塩崎知行所役人のやりとりは今井村にも内々に伝えられた。郷内山一件について、今井村から塩崎知行所役人には審問の様子や各種願書などが報告されていたようだが、役人から今井村に対する詳細な指示などは管見の限り確認できない。

(21)　堀内家(文化四年七月)「御訴訟日記【入会郷内山一件】」一〇-一二/村と町五/七八。

(22) 山中弁吉盛征は、寛政七年(一七九五)六月五日に評定所留役となった(小川編前掲註(13)『寛政譜以降 旗本家百科事典』第五巻)。本一件を担当する留役は吉田から山中に交代したと考える。

(23) 山布施共有(文化五)「差上申済口証文之事(今井村・小松原村秣場出入済口証文)」四一八・〇〇七。史料中の番号・記号・傍線は筆者による。本史料の写しが長野市公文書館・複製資料目録・近世・馬場仲文書(文化五)「差上申済口証文之事(更級郡今井村・小松原村秣場出入済口証文)」三七〇・〇〇四にあり、下書きと思われるものが堀内家(年次不詳)「差上申済口証文事【今井村・小松原村秣場出入済口証文】」一〇-一二/林野七/四-一二にある。

(24) 山布施共有(文化五)「差出申一札之事(村山村宛山布施村山年貢納付一札)」四一九・〇〇一。本史料は文化五年五月、差出は山布施村名主吉左衛門ほか六名、宛所は村山村役人中である。同内容・同年月日で村山村から山布施村宛の史料もある(山布施共有〈文化五〉「差出申一札之事(山布施村宛村山村山年貢請取につき分地差し出し一札)」四一八・〇〇六)。

(25) 堀内家(文化五年八月)「差出申一札之事【今井村郷内山出入内済につき一札】」一〇-一二/林野七/三-一六。

(26) 堀内家(文化五年八月)「差出申一札之事【今井村郷内山出入り内済につき一札】」一〇-一二/林野七/三-一五。

(27) 堀内家(文化五年八月)「覚【今井村郷内山出入内済につき金子請取証文】」一〇-一二/林野七/三-一四。

(28) 堀内家(年月不詳)「【村夫銭山論夫銭等不明瞭ニ付御尋書】(同上)」一〇-一二/村と町五/二四-五二。

(29) 堀内家(文化五年十二月十五日)「山論一件夫銭帳」一〇-一二/林野七/一四。本史料の後略部分には「右金子御陣屋御入用ニ立替置申候、追而村方割合可差出候而申談置候」と続いており、山代金・樽代は塩崎知行所入用に立替えられていた。また前掲註(28)の史料にも「山論之義ニ付小松原村ゟ金八十五両請取、右金子ニ而御陣屋相建候得共、左迄之普請ト者不奉存趣奉申上候所、此度右入用帳見候処八十五両余相掛り候処相分り申候」とある。今井村が小松原村から得た金八五両は領主の陣屋建設に充当されたが、高額な金の使途に関して村内で疑念が生じていた。

(30)『日本国語大辞典』第二版（小学館、二〇〇一年）。

(31)なにかを贈るという行為には、相手との関係構築と返礼への期待が付属する（桜井英治『贈与の歴史学』中央公論新社、二〇一一年参照）。ここでは訴訟の相手である小松原村が今井村に対し、現在および今後の紛争の停止、「円満」な地域秩序の創出と維持を望んだと考える。

(32)堀内家（文化二年十二月）「山論諸掛割符覚帳」一〇-一二／林野七／一〇、同（文化三年正月）「寅山論夫銭帳」一〇-一二／林野七／一一、同（文化四年正月）「卯山論夫銭帳」一〇-一二／林野七／一二、同（文化五年十二月十五日）「山論一件夫銭帳」一〇-一二／林野七／一四。

(33)山布施共有（文化五）「（今井村・小松原村秣場出入一件山布施村引合出府諸入料拜借金年賦証文）」四一八・〇〇九。差出は山布施村名主善左衛門ほか一三人、宛所は御勘定所拝借御懸御役所である。本史料は、拝借金の年賦額と差出の連印が消された反古である。

郷内山一件において山布施村は参考人であり、厳密には訴訟当事者ではない。よって訴訟による利益の獲得は見込めない。それどころか村山村への補塡として山年貢年籾二俵が発生した。山布施村は郷内山一件で負担が増加したのである。

(34)拙稿前掲註（4）参照。

(35)山本英二氏は拙稿前掲註（4）に対し、内済を問題にするのであれば、中人制や近代の勧解との関連から日本人の権利意識や歴史的規定性への言及が必要と述べた（同「書評　渡辺尚志編『藩地域の構造と変容』」『歴史評論』六八一、二〇〇七年）。ここでは中人制を検討するが、勧解については今後の課題としたい。なお、勧解に関しては、林真貴子『近代日本における勧解・調停』(大阪大学出版会、二〇二二年)がある。

(36) 中人制については勝俣鎮夫「戦国法」(同『戦国法成立史論』東京大学出版会、一九七九年、二三四〜二三七頁)に依拠した。

(37) 江戸幕府の訴訟裁許の歴史的展開・変容については、山本英二「論所裁許の数量的考察」(『徳川林政史研究所研究紀要』二七、一九九三年)、同「幕藩制後期論所裁許と政治主義」(『徳川林政史研究所研究紀要』二八、一九九四年)参照。

(38) 近世初期における訴訟や中世的慣習とその利用については、拙稿「近世初期、支配違いの山論における乱闘事件」(『福井県文書館研究紀要』二一、二〇二四年)参照。

謝辞　本稿作成にあたり、舘林弘毅氏には史料や対象地域について多くの御教示を賜りました。厚く御礼申し上げます。

第二章　支配違いの山論にみる松代藩の訴訟対応

―天保期の飯縄山一件を事例に―

黒滝　香奈

はじめに

支配違いで生じた論所裁判（山論や水論）は、国許では解決困難であることが多く、江戸出訴となることが多かった。江戸での吟味過程において、訴訟方・相手方が提出した証拠物のみで判断不可能な場合には、幕府は現地に役人を派遣し地改を行った。地改は、元禄期（一六八八～一七〇四）頃には代官手代主体で行われるようになっていた[1]。地改の結果が裁許内容に影響することも多く、地改は代官手代という身分の者が担当するには不相応なほど、評定所裁判のなかで重要な位置を占めていたことが指摘されている[2]。一方、このように重要な地改を、訴訟当事者がどのように認識し、対応していたかについては検討の余地がある。この点について、本章ではとりわけ訴訟に関わった領主層の動向から追うこととしたい。

また、支配違いで生じた争論に対する領主の対応については、松代藩地域史研究においても検討が積み重ねられてきた。個別領主の在地争論への関与について、個別領主が自領を支援した場合[3]、個別領主が自領村々の利害だけではなく、他領村々の利益をも保護した場合[4]、地域の利害関係の複雑さゆえに領主は敢えて傍観を選んだ場合など[5]、多様な様相が明らかになっている。本章でも、江戸や国許における領主の動向を追い、この点について検討を試みたい。

本章で対象とする飯縄《いいづな》山一件は、寛文（一六六一～七三）・明和（一七六四～七二）・天保期（一八三〇～四四）の三度にわたって、戸隠神領と、松代藩領葛山《かつらやま》地域及び飯縄神社との間で争われた。これについては、大石慎三郎氏がとりわけ寛文と天保期の争論について、戸隠側の史料を用いて検討を行った。[6] その際、寛文の出入では戸隠側が勝訴したものの、天保の出入では一転敗訴した要因について、松代藩主真田幸貫が老中となったことや、戸隠神社が提出した寺社縁起の不採用という審査技術の進歩があったことを指摘した。ただし、氏は、天保の出入において、松代藩側からの支援があったことを類推するが、真田家文書を用いておらず、その具体的実態に関する検討には課題が残る。この点も含め本章では、天保期に飯縄・松代側が一転勝訴となった要因について、再考を試みたい。

以上から、真田家文書を用いて、天保期の飯縄山一件について再検討を行う。天保の争論では、国許と江戸それぞれに史料が残されている。国許に残された史料は、「御郡方」が天保六年から弘化元年（一八四四）まで記した「飯縄山論一件」[7]である。江戸に残された史料は、天保七年から同十三年に「御留守居方」によって作成され、三冊に分冊されている。[8] ただし、どちらの史料にも、天保十一～十二年の記録はみられない。なお、これらを典拠史料として用いる際には、それぞれ「郡方日記」「留守居方日記」と本文中に示すこととする。

本論に入る前に、対象地域である戸隠神領と飯縄神領について、概略を述べておく。[9] 戸隠神領は慶長十七年（一六一二）の徳川家康の朱印状によって一〇〇〇石が寄進されたことで成立し、その際、守護不入の地とされた。そのうちの約八割は山麓にある上野村が占めていた。飯縄神社については、武芸の神としての性格もあったため、武田・上杉なども寄進したという。慶長九年には、大久保長安が家康の意向をうけて一〇〇石の神領を寄進した。慶安二年（一六四九）には、三代将軍家光の朱印状によって、神領一〇〇石が追認された。また、飯縄神社は、松代藩支配三か所（ほかは善光寺・八幡宮）の一つであった。

一　寛文・明和期の争論とその結果

本節では、天保の争論の前提となる寛文・明和期に生じた争論の展開と結果について、概括しておきたい[10]。飯縄山をめぐるたび重なる争論は、上野村を含む戸隠神領と、松代藩領葛山郷の七か村（上屋・広瀬・入山・桜・泉平・鑪・茂菅）の間で生じた。このような争論が生じた要因には、寛文期の争論で上野村ほか戸隠神領側が「戸隠山神領上野村与申者葛山七箇郷之内ニ而、松平上総守御領ニ而御座候所ニ、　権現様御代ニ戸隠神領ニ御附被遊候」と述べたように、上野村は元来「葛山七箇郷之内」で松平忠輝領であったものの、戸隠神領に支配替えとなったことにあったと考えられる[11]。すなわち、当初は、上野村も含む葛山郷として入会林野を利用していたものの、上野村の支配だけが異なってしまったのである。

このような不安定な状況を孕む地域に、詳細な時期は確定できないが、「真田伊豆守様御内大日方傳左衛門」という人物が松代藩領と戸隠神領の新境を引いた。寛文期の争論は、この新境設定以後、戸隠神領上野村と松代藩領葛山村々との間で秣場利用をめぐる争いが激化して生じた。戸隠衆徒と上野村の者は、「戸隠山御朱印わ守護不入ニ而御座候故」、松代藩による新境設定に迷惑していることと、葛山の百姓らによって新境をも「押込」む「我儘」な振舞がみられることについて、松代藩に訴え出たが、受理されなかった。

そこで戸隠側は寛文十年（一六七〇）十月に幕府寺社奉行所に訴え出た。審議過程は不明だが、翌年五月に葛山側が提出した返答書では、戸隠側が「飯縄山之儀戸隠支配之山ニ而笠山も其内ニ而御座候、彼山別当ハ戸隠持申」と主張したことが記されている。すなわち、秣場利用のみならず、飯縄山の帰属も争論の論点としてあがっていたことがわかる。これについて葛山側は、「此儀偽」とし、飯縄山は神領一〇〇石の御朱印地であると主張した。また、慶安二年(一六四九)に幕府から御朱印を賜った際の松代藩主真田の添状が、戸隠支配でないことの証左であると述べた。

そして寛文十一年七月に裁許裏書絵図の形式で裁許が下った。裁許結果は、「葛山之百姓方証文証跡無之、戸隠方ニ者長禄二年之縁起ニ四至傍示之境慥ニ載之、其外古証文分明ニ候」と、葛山側の証拠物を認めず、戸隠側が持つ長禄二年(一四五八)の縁起を採用し、地境についても戸隠側の主張が認められ、「衆徒幷百姓申分理運ニ候」と戸隠側の全面勝訴となった。

また、飯縄山の帰属について、「戸隠衆徒申候ハ神主如申飯縄山之儀荒安村飯縄之神主神役等相勤雖致支配、根本飯縄之嶽与申所江大明神天福元年ニ勧請以来、飯縄山大明神与申故、山ハ戸隠之内ニ無紛、縁起ニ茂有之由」と、飯縄山の山頂にある飯縄神社は神主の支配が認められたが、飯縄山自体は戸隠のうちにあるとされた。飯縄神社神主が所持する証文においても、「飯縄山之事為大明神之神領之儀不相見候」と、飯縄山は飯縄神社の神領ではなく、戸隠の帰属になることが決定的となった。以上から、左図のように墨引きがなされた。

明和三年(一七六六)三月になると、葛山側が寺社奉行所に秣場出入の訴状を提出した。寛文十一年の裁許により、戸隠神領上野村の持山が広くなり、葛山側の「持切」は狭まったが、上野村がさらなる「秣場不足」を主張して葛山の内山(原山)に忍び込み、寛文十一年の「御墨引」を遵守しないという。これについて、葛山側は前年から願い出ていたが、隣郷の大門町徳兵衛と下高田村利兵衛という扱人が「御裁許も有之間、内分ニ而相片付度旨」としていたため、江戸出訴を見送っていた。しかし、上野村が一か村で広大な秣場を利用し、葛山七か村が困窮状況に陥っていることに鑑み、江戸出訴に至ったと述べられている。これに対して戸隠側は、寛文の裁許裏書絵図の墨引きは、「村境

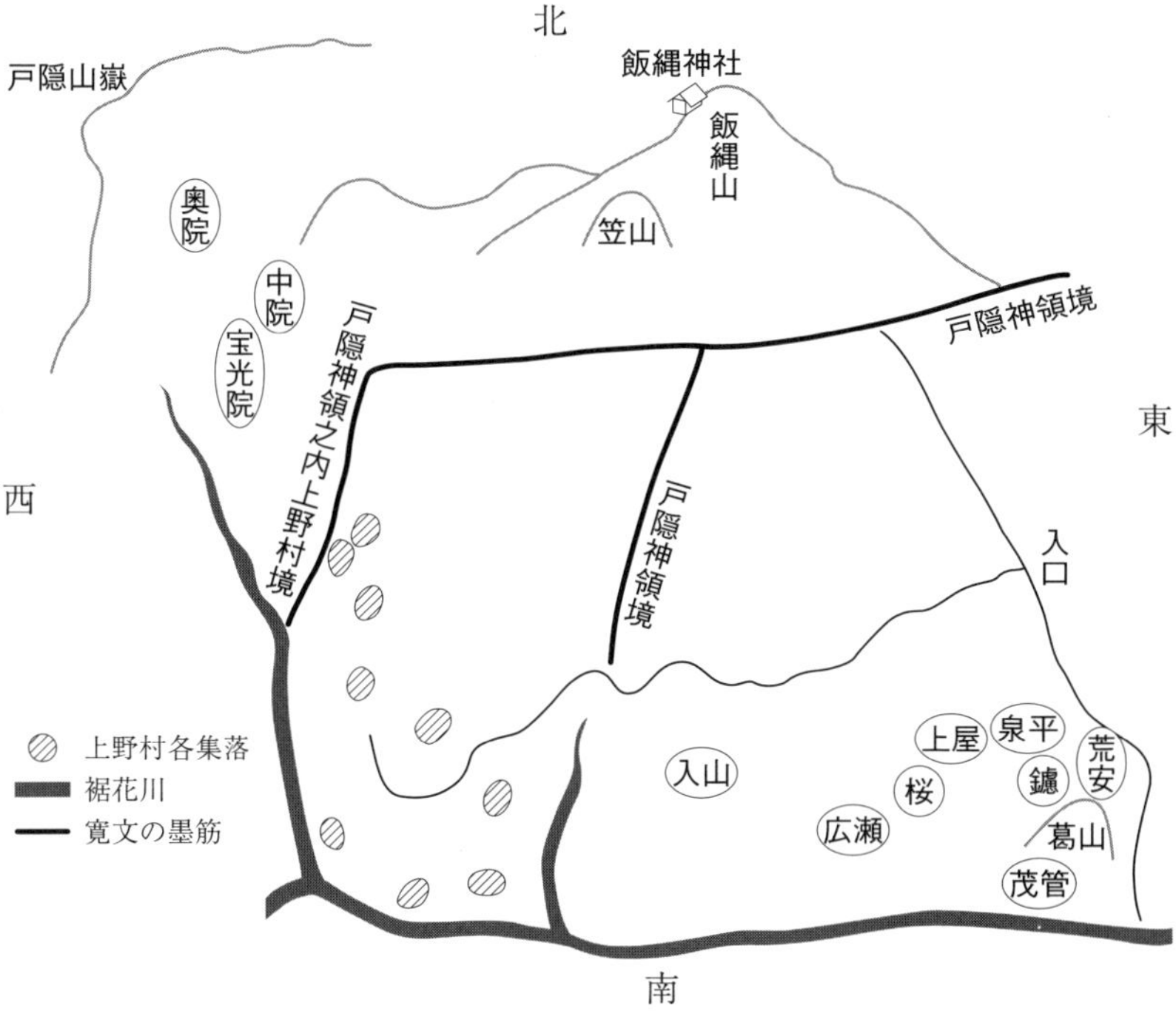

寛文裁許の飯縄山麓概念図

「信州水内郡戸隠山衆徒神領上野村百姓与同国松城領葛山七ヶ村之百姓幷飯縄明神領荒安村之神主就諍論令糾明申渡覚」(長野市立博物館、広瀬伝田孝充氏寄託資料(仁科会)、1989D00019)を簡略化し、作成。

之儀を論シ候ニ者無御座」、上野村の内山境と入会草山の境を記したものであるため、葛山側が「内山」と主張する場所は入会地であると返答書において反論した。

この後の経過は不明だが、明和五年三月に出された裁許上証文をみると、地改がなされたようである。結果としては、戸隠側の長禄二年の縁起の主張が認められ、葛山側にはさしたる証拠はないとされ、寛文期の裁許が受け継がれる形となった。明和期の争論は、寛文の裁許裏書絵図の墨引きの解釈が争点となり、墨引きは上野村の内山と「其外之草山ハ入会」との境を示すものであったと確認される形となった。

本節では、飯縄山や飯縄神社の帰属をめぐる二度の争論をみてきた。基本的には、訴状と返答書・裁許証文しかなく、詳細な経過は不明ではあるが、両争論とも戸隠側の圧勝であったといえる。一方、葛山七か村は狭小な山野を利用することとなったため、火種はまだ消えておらず、天保期にも争論が生じることとなる。

二　天保の争論の発端と江戸出府

天保期の争論は寛文・明和のそれとは異なり、飯縄神社神主が訴訟を提訴したことで始まった。神主仁科甚十郎が天保五年（一八三四）十一月に、戸隠山と上野村を相手取り、松代藩に提出した訴状の内容は以下の通りである[12]。

慶長九年（一六〇四）の大久保長安による由緒改めのうえ、飯縄山と神領一〇〇石の「御寄附之御証文」を下された。その後、元和年間（一六一五〜二四）に真田信之が松代へ入部して以来、「附属」してきたため、慶安二年（一六四九）に真田信之の添簡を以て幕府へ願ったところ御朱印を下された。しかし、寛文の争論では、当時の神主仁科玄蕃の申し立てもままならなかったため、飯縄山は戸隠支配となり、仁科玄蕃は「神役」だけ行うよう裁許が申し渡された。

それまでは大明神の神体である飯縄山ではみだりに草木を伐採していなかったため、飯縄神社（本宮と里宮）修築の材木も飯縄山から賄っていたが、寛文以来、修築普請の材木が不足することになった。また、飯縄山を入会利用していた芋井郷中数十か村が麓の草木を利用する代わりに、飯縄神社の普請や掃除を手伝ってきたものの、寛文の裁許によって普請や掃除もしなくなり、飯縄神社は衰微してしまった。そこで延宝五年（一六七七）の本宮・里宮建替えの際には、真田家へ願い、領内で勧化をしてもらった。寛政六年（一七九四）には、勧化が少なく、材木に困っていたところ、戸隠神領上野村の者らが、「元飯縄山神領之儀」であり、寛文以来飯縄山の草木を伐り採ってきたので、冥加として材木や普請入用の不足分を寄進したいと申し出てきた。仁科はこの申し出を受け入れた。

その後、天保三年、戸隠神社が飯縄山大明神は戸隠山の一社であるという触れを諸国に廻したことが発端となり、全国から大勢が押し掛ける事態となった。このような事態に対し、仁科甚十郎は、戸隠山衆徒と上野村が馴れ合い、建替え寄進などをして、自らを欺き、飯縄神社の本宮が奪われるような危機感を覚えたという。そこで、参籠人へは仁科から鑑札を渡すことを決め、その旨を記した札を飯縄神社の里宮門前に掛けた。すると、戸隠衆徒と上野村の者らがやって来て、鑑札は「新法」だとして、里宮の札を下げるように求めてきた。

この要求を聞き入れずにいたところ、戸隠衆徒数名を頭立とし、上野村の百姓数百人が鎌棒などを持って祈禱所に踏み込むような「傍若無人之所業」を行った。仁科は「百姓躰ニ迄右様軽蔑被致」ては、「御朱印之御威光」が嘆かわしいと述べた。また、現状の飯縄神社は「借地同様」であり、戸隠衆徒と神領の者らは「御裁許相破り毎度御祈禱所へ踏込」んでくるため、「旧規」に復して神役を務められるよう願った。つまり、天保の争論における飯縄神社神主仁科の当初の要求は、戸隠側による神事の妨害を糺し、従来通りに飯縄神社の神役を務めたいというものであった。

この仁科の訴状を受け、松代藩職奉行石倉源五左衛門は幕府評定所に出訴すべく、江戸留守居に添状を頼んだ。そして、翌天保六年二月、幕府寺社奉行所に同様の内容の訴状を提出した。五月には訴状へ寺社奉行脇坂安董らから裏判をもらい、江戸出訴の手続きが完了した。江戸出廷は閏七月十三日となった。

閏七月の裁判では、「相手方より申聞候ハ飯縄明神戸隠持与心得居候所、荒安仁科甚十郎進退へ御利解被仰付」と、飯縄神社は仁科甚十郎支配であるという評定所の判断が示された。これに対し、相手方戸隠側は当惑し、「国許一山之もの」と相談したいとし、裁判の日延を何度も願った。

日延は十一月まで続いたようで、同月十日に戸隠衆徒の者が白洲へ呼ばれた際には、用人川路弥吉から、「寛文度之裁許状ニ而明白ニ相分り、宮者古来より甚十郎方ニ而支配致し候ニ相違なく」と、この理解は寺社奉行脇坂の「存寄」であり、それを拒むのであれば、揚屋に入れざるを得ないと申し渡されている。また川路は、「今一応甚十郎方へ及懸合ニ而、何と歟和談可致様」と、戸隠衆徒を諭したものの、戸隠衆徒はさらなる日延を願った。十二月になると、戸隠側から年の瀬でもあるため、帰村して国許の者と相談したいという申し出があったため、二十七日に全員帰村となった。

天保七年三月二十二日に、江戸に再出府となったが、戸隠側は主張を曲げず、破談となった。この直後、担当奉行が脇坂から堀田正睦に変更となった。調役佐々木泉吉(顕発)[13]は、「当御奉行之御懸りニ相成候上者、新ニ当御奉行之御見込」と、新たな視点で吟味を行うと双方に申し渡した。具体的には、証拠物重視の吟味となり、訴訟方・相手方双方は証拠物を整理し目録を付して提出するよう求められた。しかし、相手方の戸隠側は証拠物をすぐに提出しなかった。佐々木は、古証文の提出を催促し、「就中寛文度之裁許状ニ長禄二年之縁起ニ四至傍示之堺、慥ニ載之其外古証文分明ニ被書載候程之慥成物、(中略)第一ニ可指出筈」と、寛文裁許の証拠となった長禄二年(一四五八)の縁起は初めに提出すべきはずであるという見解を述べた。これに対し、戸隠側は国許の衆徒らに証拠物を探させたいとし、提出の猶予を願った。

その後、戸隠側は「惣絵図」と書状一通を提出した。すると、それを吟味した「小検使」は「飯縄山与戸隠山との堺」をはじめとしてわからない点が多々あると述べ、飯縄山と戸隠山の境を記すよう戸隠側に指示した。すると、戸隠側は「飯縄山と戸隠山与之堺と申ハ元より無之候、一体戸隠一山之内之飯縄山ニ御座候」と、飯縄山は戸隠山の内であると答弁した。小検使は戸隠側の答弁内容を示す札を絵図に付し、再提出するよう求めたところ、戸隠側は、詳細に山境を取り調べたいと日延を願い、八月十五日まで帰村することとなった。ここまでの天保の争論の主な争点は、飯縄神社の帰属をめぐるものであったが、これを機に、山境論にも発展し、飯縄山の麓の原山を入会利用していた松代藩領の葛山の村々も本格的に関与していくことになる。

十月から再び裁判が始まり、戸隠側の証拠物不提出をめぐって佐々木から取り調べがあった。佐々木は、寛文の出入りでは、「玄蕃指出候証拠物不相立、其方之理運ニ相成候程之義ニ候間、定而其方ニ者格別ニ分明成古証文可有之」と、当時の神主仁科玄蕃が提出した証拠物は採用されなかった一方、戸隠側には勝利するほどの古証文があるはずであると述べた。戸隠側は長禄二年の縁起は提出したものの、それ以外の古証文を出し渋っていたようである。

これを受け、戸隠側はそのようなものはないが、「守護不入之御朱印地之山ニ甚十郎方ニ而宮を建置、支配致し候筋者有之間敷」と、守護不入の場所に仁科が飯縄神社を建て、支配する筋はないと述べた。すると、佐々木は、寛文の裁許以来も「甚十郎方ニ而建替修復等」をし、また松代藩からの寄付も受けてきたことを示す複数の書状も提出されているため、戸隠側の答弁は聞き入れ難いという判断を下した。

その後、山境に関する取り調べのため、松代藩領葛山七か村が引合として評定所に呼ばれた。葛山七か村は、寛文出入の際に提出した明細帳などの書面を提出するよう求められたが、それらを所持していた旧家が焼失したため、提出できないと返答した。また、葛山入会は七か村に限られていることや、芋井郷と葛山郷は同じ地域を指すことなど、細かい確認がなされた。

このような評定所での答弁を踏まえ、十二月には翌年に論所地改をすることが決定した。次節では、論所地改をめぐる松代藩藩役人の動きをみていくこととしたい。

三　地改見分時の江戸と国許の動向

1 江戸の動向

地改のため、関係者全員の帰村が命じられたものの、仁科甚十郎は病気のため、帰村が難しく、江戸に逗留していた。[14]葛山七か村のうち、惣代の泉平村太兵衛は仁科に付き添い、天保八年(一八三七)に至っても江戸に滞在していた。二月、太兵衛が江戸留守居に提出した願書の写しが「留守居方日記」に書き留められている。

〔史料1[15]〕

乍恐以書付奉願候

飯縄山一件ニ付、段々蒙　御厚恩難有仕合奉存候、然ル処ニ先達而申上候通、地所御見分被　仰渡候処、　御役人様方近々御出立ニも可有御座候儀与奉存候、何卒御出立前御手筋も御座候ハヽ、御内々御取入被成下置候様仕度奉願上候、右御入料之儀者何程相掛候共大切之場合と奉存候間、乍恐宜御差含御取扱被成下置候様仕度奉願上候、右上納之儀者御在所表江罷帰候上ハ御差図次第早速上納可仕候間、此上幾重ニも　御憐愍之程奉仰候、以上

葛山七ヶ村惣代

天保八酉年二月　　泉平村　太兵衛印

御留守居様

御役所

右書面江左之通書取ニ而忠大夫殿江差出申候、

仁科甚十郎願一件、地改御役人可差遣旨、兼而被仰渡ニ御座候、右地改御役人江取入方第一之儀ニ御座候間、紀伊国屋利八江内々相尋置候処、別紙之通申越候、仁科甚十郎幷葛山七ヶ村惣代之者も別紙之通申聞候、可相成事ニ御座候ハ、於此表取入候得者、格別之強ミニ相成可申儀ニ御座候、御国許場所江罷越候而ハ頼口上等者少したり共難申聞儀ニ御座候得者、右取入方之儀如何可仕哉、此段奉伺候、以上

二月廿一日

附り、利八より申遣候趣者留置不申候、

太兵衛は論所地改が命じられたことを受け、江戸留守居に対し、地改出立前に手段があれば、内々に取り入ってほしいと願っている。取り入り先は、後掲の史料から、幕府評定所役人などを指すと考えられる。その際には入料もかかるであろうが、大切なことなので考慮してほしいと願っている。江戸留守居が家老青木忠大夫（数馬）[16]へこの書面を渡す際に書き添えた部分には、「地改御役人江取入方第一之儀ニ御座候」と、地改役人へ取り入るのが重要であるとし、紀伊国屋利八に内々に尋ねたという。

飯縄側が公事宿として利用していた紀伊国屋には、取り入り方を尋ねたものと考えられるが、付けたり部分を見ると、その内容は記さないとあるため詳細は不明である。また、留守居は、「於此表取入候得者、格別之強ミ」になるとも述べている。江戸で取り入るのが「格別之強ミ」とされる理由は、本史料の最後にも「御国許場所江罷越候而ハ頼口上等者少したり共難申聞」と述べられている通り、武士が論所において、地改役人に口上を述べるのは少したりともできなかったためであろう。

近世の出入筋裁判では、「百姓公事」原則（評定所への領主による出訴権が否定され、訴訟権が村に認められたこと）[17]が基本にあり、領主層による訴訟への直接的関与が認められていなかったのである。本史料から、江戸留守居は、論所地

改の重要性を認識し、地改役人に取り入ることを重視していたことがわかる。

また、前年に戸隠側が提出した絵図について、飯縄側の百姓から疑義が呈され、松代藩藩役人は地改前に対応を迫られた。天保七年十二月、葛山七か村物代の市之丞は職奉行に対し、戸隠側が寺社奉行所に新たに提出した絵図には「猥成義」があると書面で報告した。話は逸れるが、この書面には、戸隠側の絵図に対する疑義とともに、長禄二年（一四五八）の縁起について、すでに明和の裁許の際に、「縁起ハ外的当之証拠無之候而者、容易ニ御取用ニ難相成」と、縁起の類はほかに適当な証拠物がなければ採用されにくい状況であったと記されている。つまり、前節で評定所役人が再三にわたり、長禄の縁起以外の古証文の提出を戸隠側に求めていた理由は、ここにあったと考えられる。

職奉行は、この絵図面に関する報告を江戸留守居座間にも知らせた。座間は、天保八年三月頃、「戸隠ニ而摺立差出候戸隠略絵図」に「如何敷」点があるため、「堀田備中守様御留守居幷寺社役等心安御座候ニ付、内談仕候」と、親しい寺社奉行堀田や評定所役人たちと内談を行い、前述した葛山七か村物代市之丞の書面などを堀田に渡した。また、座間は御用頼大熊善太郎へも書面を内覧に入れ、この事実を「表向」にした方がよいのか相談したところ、大熊は地改見分時に「差出候方宜旨」を申し渡した。また大熊は、市之丞一人で地改役人に書面を提出するのでは差し支えがあるため、七か村一統で提出した方がよいとして、「七か村之もの共江品能為御呑込」るよう座間に助言した。以上の内容を、座間は国許にいる職奉行菅沼九兵衛に知らせた。

江戸留守居座間の地改見分前の準備はまだ続いた。以下の史料も、「留守居方日記」に書き留められていたものである。

〔史料2〕[18]

飯縄山一件見分手之儀ニ付申上

飯縄山一件場所御検分被仰渡御座候間、見分手被　仰付御座候ハヽ御内々為御知被成下度、愛宕下様江兼而相願置候処、当月十四日小野貢左衛門江被　仰付候間、極御内々被仰付候間、翌十五日早々貢左衛門方江罷越一向不存趣ニ而申入候処、面会ニ付持参之肴料差出候処、受納仕候、右ニ付荒安之儀種々相噺候処、当人ハ被仰付候段申聞候間、兼而申上候通、何分宜相含呉候様相願、絵図面も差出候処、一覧呉候間委細ニ申談候、（後略）

八月十九日　　座間百人

この史料の直前に、「左之通書取ニ出ス」とあるため、これは国許にも知らされたものと考えられる。飯縄山一件の地改役人がわかり次第知らせるよう「愛宕下様[19]」にお願いしていたところ、地改役人は小野貢左衛門になったことが「極内々」に知らされた。早速小野のところに、何も知らない体で面会に行き肴料を差し出したところ受領してくれた。飯縄山のことを宜しく考慮してくれるよう願い、絵図面を見せながら詳細を話したという。また、「郡方日記」をみると、八月二十九日に座間から同様の内容を知らせる書状が届いており、その但し書きには、「大熊様より百人江被仰下候見分手被仰付名面」として小野貢左衛門と向島新兵衛の名前が書かれている。

以上から、江戸留守居は地改見分の重要性を認識し、論所での見分が有利に進むよう、江戸での工作活動を念入りにしていたことがわかる。

2　国許の動向

次に、江戸留守居が工作活動を行った国許での地改見分は、どのような成果を結んだのかについてみていきたい[20]。

天保八年九月二十七日、「論所地改手附御普請役格小野貢左衛門・同手代中田廉助」が江戸を出発した。事前情報（前述した八月二十九日の座間→国許への書状）では、小野と向島が検使として来るとのことだったが、実際には向島ではなく、中田がやってきた。このように事前の情報の確実性が低いなかで、座間は実際に見分に来た小野へ工作活動をしたのである。

国許では、職奉行が、松沢文右衛門(評定所留役)・中島宇吉(勘定役)・吉沢十助(勘定役)に、地改役人出迎えの出役と飯縄山一件掛りを命じた。

松沢と中島からの職奉行への報告によると、地改役人が十月四日に矢代宿へ到着した際、取次の者へ「荒安・戸隠何連江先着与申儀相伺、(中略)可相成者荒安之方江先着御座候様仕度旨申入候之処、善光寺より直に荒安村江着可致旨取次之者を以被申聞」たという。すなわち、松沢と中島は先に荒安村(飯縄側)を見分してくれるよう、取次の者を通して地改役人に頼んだところ、聞き届けられたのである。

実は、九月二十五日に江戸留守居座間から職奉行に宛てられた書状には、「小野貢左衛門江使指遣候処、来ル廿七日昼立二而、此表出立直ニ荒安村江差向罷越候旨申越候」とあり、地改役人小野は江戸を出立する前から先に荒安村を見分する意向を松代藩江戸留守居に知らせていた。松代藩側は先に同藩領側を見分してもらいたい思惑があり、地改役人も江戸出立前からその思惑を受け入れていたことがわかる。

十月五日、地改役人は葛山七か村の内の上屋村に到着した。そこで地改役人は、「吟味可受名前」を記した書類と証拠物を提出するよう、訴訟方・相手方に命じた。飯縄側が仁科と葛山七か郷惣代七人の名前書を提出したところ、戸隠側が葛山七か郷の者は訴訟人ではなく、名前書に記されていることは「難心得」と指摘した。すると、「七ヶ郷之もの共去冬中御奉行所江被召出、書付差上候もの共ニ付、名前書取上候之旨、貢左衛門方被申候」と、地改役人小野が七か郷の者は旧冬に評定所から召し出されているため、名前書は取り上げるに足ると述べた。ここからは、戸隠側としては松代藩領葛山七か村が本訴訟に直接関わることを忌避したかったが、地改役人は松代藩領葛山七か村の直接的な関与を認めたことがわかる。

十月八日の「郡方日記」には、「今般論所為御用御越御太義被存候、依之目録之通以使者被相贈候」と「鶏卵一箱・御目録」が地改役人小野・中田に贈られたと記されている。

同日、松代藩勘定役吉沢十助は、葛山七か村が提出した秣場原山見分願を、地改役人に「宜奉願」と取り次いだ。ただし、もうすでにこの時期は「格別寒冷」となっていたため、小野は「追而見分之節」には見分することを約束した。中田も積雪が見込まれるため、戸隠の方に行き「一ト通見分」を済ませたいと述べたため、この場で見分願いが取り上げられることはなかった。以上のやりとりは「郡方日記」に書き留められていたものだが、「留守居方日記」によると、葛山七か村の見分願いをめぐる松代藩と地改役人のやりとりは、もう少し複雑であったようである。

郡奉行菅沼弥惣右衛門と職奉行菅沼九兵衛が、留守居座間へ地改の詳細を報告した書状[21]には、七か村が願書を提出した数日後に、地改役人が「甚十郎も　御朱印之山と申、旁以寛文度之裁許も違ひ居候哉、得与御糺有之、見分与相成候上ハ追而双方見分之節ニ至候得者、縦其方共不願候共、見分ニ可相成、（中略）此節ハ早く候間、先書面差戻候と理解ニ而願書被下候」という「理解」を示したことが記されている。つまり、地改役人は、甚十郎が飯縄山を「御朱印山」と主張しており、寛文の裁許が変わる可能性もあるため、改めて吟味して見分した方がよく、今は時期尚早と考えるため、ひとまず願書を差し戻したという。また、「右引合ニ七ヶ村御呼出前条尋、甚十郎願ニ符合、極上々と被存候」ともあり、引合として七か村が呼ばれ、秣場原山見分願が尋ねられれば、甚十郎の願いにも合い、「極上々」と地改役人が考えていると記されている。

すなわち、七か村の見分願が通った場合、飯縄山が仁科の支配になる可能性が高いということを地改役人も認めていたのである。ただし、まだ江戸においてこの願いは取り上げられていなかったためか、この段階での見分願いの提出は時期尚早とされた。

地改の経過に話を戻すと、雪が相当深くなっていたようで、十月十日には、「飯縄山大凡之所見分」を済ませたが、「雪中ニ茂趣(赴)候間、此度者戸隠江不罷越引払来」、来春の雪解け後に戸隠の見分をするとして見分は終了した。[22] これを踏まえると、松代藩藩役人が飯縄山の見分を先にするよう地改役人に求めていた理由は、当地域の降雪状況を考慮に入れ、あまり見分日数が確保できないことを予測していたからであったと考えられる。

地改役人の帰府の道中では、松沢文右衛門と中島宇吉の主導により、各所で地改役人の接待が行われた。松沢と中島による職奉行への報告によると、「鼠宿村役人江酒肴用意申渡、御茶屋江立寄有之様取計、同所ニ而饗応仕候様被仰渡」とあり、松沢・中島は鼠宿村へ酒肴の用意をするよう命じたとともに、職奉行などから茶屋で饗応するよう命じられていたことがわかる。

ただし、この際は時間がなかったため、松沢と中島は、「矢代宿昼飯之節取計候方可然評儀仕、同宿役人江手配申遣置候」と、矢代宿における昼食時にもてなそうと評議し、矢代宿役人へ手配を命じた。また、手配の内容も具体的に書き留められており、「私共儀程合見計代り〳〵罷出、問屋両人儀時宜ニ罷出候所、盃被呉一同奥ニ入酒給、持参之味噌漬指出方、平左衛門江申含置候」と、松沢と中島はかわるがわる矢代宿の問屋宅に行き、問屋も時機を見計らい昼食の場に顔を出したところ、地改役人へ酒をすすめ味噌漬けを出すよう、矢代宿問屋平左衛門へ助言している。ちなみに、この味噌漬けは、松沢と中島が事前に後町村名主六三郎方に立ち寄り、「兼而被仰渡候鮭味噌漬為取扱」と、事前に準備していたものであった。このような饗応に対し、「貢左衛門方被給候へ共、廉助方者昼飯不給候、酒者随分好物之様子ニ付、猶又一・二盃相進メ」とあり、地改役人は好意的に接待を受けたとみてよい。

以上のような見分の経過は、先にも触れた郡奉行菅沼弥惣右衛門と職奉行菅沼九兵衛が留守居座間へ報告した書状[23]

に、以下のように書き留められている。地改役人は「甚機けん宜敷一盃等被相用、鯉鮭等被給、甚十郎之方甚引立被申、戸隠之方江者いろいろ被当」と、地改役人は大変機嫌よく饗応にも応え、仁科優勢、戸隠側劣勢の状況であった。この状況に対し、仁科は「御領主様之御名題故誠ニ本宮之神慮も取返候」と述べているという。また、「戸隠之方江ハ引移も無之被引取、誠ニ右等ニ罷成候義　御威光、扨又座間氏之江府御取扱故と只好る〳〵ものニ而御受申聞候」、結局のところ戸隠の地改をせずに見分が終了したのは、座間の江戸での取り扱いゆえだと伝えた。

飯縄神社の帰属については、江戸における座間の工作活動が実り、国許での地改は飯縄・松代藩側優勢で終了した。また、江戸留守居だけではなく、国許の役人も見分の順番を気にかけ、地改役人に贈り物や饗応をするなど、藩総ぐるみの対応がみられた。

飯縄山の帰属に関しても、地改役人から寛文の裁許が覆る可能性を伝えられた松代藩側は、江戸での裁判において行動に移していくこととなった。次節でみていくこととしたい。

四　地改後の動向と裁許

本節では、地改後の裁判の経過と裁許結果についてみていく[24]。

1　天保九年の評定所裁判

天保九年（一八三八）四月から裁判が再開された。掛りの寺社奉行は牧野忠雄に変更となった。「留役」佐々木脩輔は、地改の様子を受け、飯縄神社の支配を仁科に認めるとする内容で訴訟方・相手方の間で議定を交わさせ、争論を収束させようと働きかけていた。相手方は、国許の者と相談したいとして日延を願ったものの、留役はそのような日延願の理由は天保七～八年の裁判においても聞いており、今更聞き届け難いと退け、議定の取り交わしを迫った。相手方は譲歩し、議定の取り交わしをしようとしたところで、五月十日頃、問題が生じた。

仁科が「議定取極候共、一体寛文度より山ハ他領之山与相成、其山頂ニ私支配之宮御座候而、神役相勤候間、何角威論も差起、（中略）後来迚も是迄之姿ニ而者其時々之人気ニ寄、何角ニ而争論可差起ハ必定与奉存候」と、宮自体が仁科支配であろうとも、山が戸隠のものである限り今後も争論が起きるのは回避不能であると述べ、議定の取り交わしを拒否した。これについて、「留役」佐々木は「夫ハ見越し与申もの也」と述べた上で、奉行所の主導で取り決めたものであれば、違反をするものはいないだろうと述べたが、仁科は納得しなかった。

仁科は「我物を我物と致し迚勝利与者難申」と、元々自らの支配であった飯縄神社を我物としても勝利とは言い難く、「諸人江苦労を掛ケ大金費し斗ニ而者大負与可申」と、さまざまな人に「大金」（訴訟経費については後述）を払ってもらっているため、むしろ大負けであると述べた。この段階での要求の追加という仁科の行動は、寛文の裁許が覆る可能性があるという地改役人の理解に後押しされたものと推察される。

仁科の新たな主張によって、事態は混迷を極めることとなった。次にみる史料は、このような状況を受けて、江戸留守居津田が「数馬殿」（家老青木忠太夫）に提出した書付である。

〔史料3〕[25]

一六月二日、牧野備前守様より御呼出ニ付、津田轉罷出候処、御留役佐々木脩輔様被仰渡候趣、左之通御掛り数馬殿江申上

（中略）一体之出入者全宮一条ニ付、願出候儀是迄之処者甚十郎理分之趣相聞候間、戸隠方江精々理解申含候而致承知候上ハ、甚十郎ニおゐて少も申分無之筈、十分勝利候処、尚又我意申出候上者何ヲ申も飯縄山之儀者寛文度

戸隠領と裁許相極居候処、右ヲ相拒彼是申募候得者、厳重不申付候而ハ難相成儀、左程之儀ニ候ハヽ、初発より相願可申儀、其儀無之、此度宮支配勝利ニ相成候付、猶又我意相願候様ニ而者理之過ハ非之一倍と申者ニ而、是迄とハ表裏之訳ニ相成候義、夫而已ならす寛文之度裁許者縦令不行届と無ものニ致候共、其後も度々裁許有之儀、右迄取捨此度裁許致し置候ニハ、何も先々ニ相泥候奉行所之趣意ハ無之候得共、夫ニ者何か聢与分明之証拠無之而ハ難相成、甚十郎申立ニ者慶長年中大久保石見守任先規旨之証文位之事ニ而者難取用、此上彼是我意申募候得者不得止事牢舎ニ而も申付事ニ相成、（中略）乍然甚十郎申立候趣意領主役場等江申出、領主方ニ而も尤之事ニ付相願可然抔申趣意ニも有之候ハヽ、其趣者申立有之様可致旨被仰聞候、且又此度葛山七ヶ郷惣代百姓三人同様之儀ニ付、歎願書差出候、右も同様申含有之候様被仰聞候、此段申上候、以上

五月三日　　　　　　　　　　　　　津田轉

本史料の作成日は五月三日となっているが、冒頭に「六月二日」と書かれていることと、前後の史料の並びからみて、六月三日の誤りであると推察される。江戸留守居津田は寺社奉行牧野に呼び出されたところ、一旦帰宅を命じられた。その後、「留役」佐々木と遭遇し、仰せ渡された内容が本史料である。

佐々木の理解では、「全宮一条」である今回の出入は、仁科が勝利しているので、戸隠側へ理解を申し含めていたところ、仁科が我意を言い始めた。飯縄山の帰属については、寛文の裁許で戸隠神領と決まっており、それを仁科が拒むのであれば処罰しなくてはならない。また、初発から飯縄山についても願ってきたわけでもない。これまでの裁許結果から一旦離れて今回新たに裁許するにあたり、奉行所としては従来の裁許結果に固執するつもりはないが、それにしても慶長年中の大久保石見守の証文だけでは不十分であり、より明白な証拠がなければ従来の裁許を覆すことは難しい。このまま仁科が我意を言い続けるのであれば、牢舎を命じるよりほかない。仁科の言い分は松代藩でまず

吟味し、幕府評定所に願うべきものと判断した際に改めて願ってほしい。葛山七か郷惣代の嘆願書も同様に取り計らってほしいと、佐々木から伝えられた。

寛文裁許を覆すような仁科の主張を聞き入れないという留役の考えは、江戸留守居から家老に伝えられたものの、松代藩側は嘆願を続けた。座間が七月二十日に、寺社奉行牧野へ提出した書取[26]には、「別紙之通相願候無余儀心底ニも相聞候得者、厳敷差止茂仕兼候」と、別紙に添えた仁科の願書の言い分はわかるため、厳しく止めかねると記した。また、座間の意見として「寛文以前迄ハ飯縄山者仁科甚十郎進退仕候儀与奉存候」と、寛文以前の飯縄山は仁科の支配下であったと述べている。座間がこのように仁科を庇った理由には、葛山七か村への配慮もあったようである。座間は国許に宛てた書状[27]のなかで、「宮一条ニ而相済候而者、村為ニも少しも不相成」と、金銭的援助をしてきた葛山七か村の「村為」にも配慮し、飯縄山をめぐる権利を戸隠側から取り戻そうとしていたことがわかる。

実際、松代藩側の訴訟経費は積み重なっていた。葛山七か村惣代は天保八年三月に、金五二両を松代藩職奉行から拝借した[28]。この際には、「甚十郎様江御助力仕」るという拝借理由が述べられている。また、仁科自身も松代藩勘定所吟味役から金一五両を天保十二年九月に拝借した。松代藩も訴訟経費をかけており、地改の世話役となった松沢と中島は、地改直前に勘定所に金一〇〇両の拝借を願った。長期に及ぶ争論の訴訟経費は莫大であり、藩総ぐるみで負担を負いながら勝訴が目指されていたことがわかる。

裁判経過に話を戻すと、仁科の「強而奉願」姿勢は咎められることになり、七月二十三日に揚屋へ入れられたが、江戸留守居津田が評定所で「心得違之儀」を詫びたことで、仁科は一日で出牢を命じられた。七月晦日には、仁科が「御利解之趣承服仕」り、一同帰村を命じられた。しかし、仁科は翌年三月まで江戸逗留を続けたため、郡奉行菅沼は入料が嵩んでいるとして、仁科を国許に帰すよう江戸に要求した。その際、菅沼は、「強々御利解」がある中で、

「強々願立」をしても嘆願は取り上げてもらえないであろうと指摘した。

天保九年の裁判は、地改以前の裁判や地改の状況を引き継ぎ、飯縄神社の支配について、仁科の支配が認められる形で決着しかけていた。しかし、仁科が「宮一条」のみならず飯縄山の支配も認めてもらおうと嘆願したことにより、争論がさらに長期化することになった。松代藩側としては、飯縄山が戸隠神領でなくなることのメリットが大きかったため、仁科の嘆願を後押ししたものの、寺社奉行牧野はその嘆願を断固として認めなかった。

2　天保十三年の裁許

天保十二年四月の「郡方日記」に寺社奉行阿部正弘からの差紙が書き留められているところから、一件が再開する。本争論の新たな主管奉行となった寺社奉行阿部は、同年八月から本格的な裁判を開始した。老中就任前後の時期の史料がないため、推測の域を出ないが、以下の経緯をみる限り、その直前の天保十二年六月に松代藩主真田幸貫が老中に就任したことは、本争論の帰趨に少なからず影響したと推察される。

八月晦日、仁科が座間に提出した口上書によれば、同月二十七日に訴訟方・相手方が白洲に呼ばれ、留役はそれぞれの言い分をまとめた書面を読み聞かせ調印を迫った。訴訟方の言い分については、「飯縄山之義（中略）歎願仕候旨明細ニ御綴り御読聞被下候」とある。詳しい内容は不明だが、調印する際に、「私儀者難有、早速印形小検使御役人江差出、調印相済」とあることから、飯縄山に関しても訴訟方の言い分に沿った書面であったと推察される。一方、相手方の言い分について、「専一之証拠ニ申立候永禄（長）二年之縁起之義、寛文度ニハ外ニ分明之証文有之由ニ而御取用ニ相成候得共、此度往古より之義御糾明被成下候処、外ニ分明之証文無之」、その他の証拠物も「皆御取用ニ難相成旨」が記された書面が読み聞かされた。これに対し、相手方は国許の別当などへ相談するため猶予を願うと、留役は

「弥厳敷御叱り」をし、その場で調印するよう迫り、相手方は調印することになった。

その後の裁判内容は不明であるが、天保十二年暮れの裁判は、相手方が評定所に来なかったり、寺社奉行阿部が欠席したりするなど、立て続けに評定流れが生じた。これについて、仁科は座間に対し、「相手方之追々風聞承り候所、御老中様・御三家様江、出家壱人・俗弐人ニ而御駕籠訴致候由、寺社御奉行所御三方江者出家三人直訴致候」と知らせており、相手方の駕籠訴や直訴により評定流れとなったとみられる。[29]

そして、天保十三年一月二十一日に裁許が下された。裁許状には三奉行が連署・押印した。なお、書止文言には「為後鑑各加印判双方へ書下置条、永可不遺失もの也」と、書下し形式となっている。

相手方の主張については、「飯縄山之儀長禄二年之戸隠山縁起ニ四至傍示之境帳（慥カ）ニ書載有之与も、都而縁起ハ外ニ的当之証拠無之而者難取用、（中略）寛文度裁許不受已前も飯縄山を戸隠山ニ而進退いたす与之申分、是又難立」と、長禄二年の縁起は他に適当な証拠物がないとして採用されず、また寛文裁許以前から戸隠側が飯縄山を支配してきたという言い分も採用されなかった。

一方、訴訟方の主張に関しては、「雖然訴訟方甚十郎より差出武田・上杉家之朱印幷慶長九年大久保石見守証文等之趣ニ而者、前々飯縄山を甚十郎方ニ而支配いたす段無紛相聞」と、飯縄山を仁科が支配してきたとする証拠物が認められた。よって、「寛文度之裁許ハ全過失ニ付、今般衆儀之上相定趣者以来飯縄山者一円訴訟方仁科甚十郎進退ニ心得」と、寛文の裁許は過失であったとし、仁科による飯縄山の一円支配が認められた。また、「社辺掃除之神役等も御朱印御文言之御趣意を以、広瀬村外六ケ村之もの共申合相勤」と、飯縄神社の掃除については葛山郷七か村が行うよう命じられた。秣場境については、「入会秣場境之儀者今度不争論ニも儀ニ付、都而前々之通相心得」とあり、今回の争点にはなっていなかったため、「前々之通」が命じられたが、詳細な取り決めがなされなかった。そのため、以後もこの点については争論が生じることとなった。最後に、「寛文・正徳之度之裏書絵図面者取上ケ、明和度裁許之儀も戸隠山ニ而者取用間敷旨申渡畢」と、寛文と正徳（一七一一〜一七一六）[30]の裁許裏書絵図は取り上げとなり、明和の裁許も引き継がれないことになった。

以上から、「宮一条」にかかわらず、飯縄山一帯の支配を仁科に認め、寛文・明和の幕府裁許を覆す裁許が下ったのである。

しかしこの裁許は、秣場利用について、寛文以前の状態に復帰させることとなったため、約一七〇年余りの入会慣行が崩れ、さらなる混乱を生じさせた[31]。「寛文裁許改正」により、飯縄山は仁科進退となったが、仁科が霊仙寺山も飯縄山のうちにあると言い出したことに対し、松代藩領北郷村ほか三九か村が反発した。江戸留守居が、飯縄山と霊仙寺山は別山であると述べ、自領村々に賛同し、仁科の「自儘」な意見を採用しないよう評定所役人に願ったところ、聞き届けられた。また、利用できる秣場が大幅に減った戸隠神領の村々は、飯縄山における秣場利用を要求した。これに対し、葛山七か村は、冬季だけ薪の戸隠神領村による採取を許したが、春になっても採取していたため、天保十五年一月に追訴した。幕府評定所では、仁科への山手米を渡すことを条件に、飯縄山に杭を打ち、その東側では戸隠神領上野村が秣場利用をしてよいとする内容で内済となった[32]。

このように、寛文・明和期の裁許が覆ったことにより、入会慣行が崩れ、さらなる争論が惹起されることとなった。

おわりに

天保期の飯縄山一件から明らかになったのは、以下の三点である。

第一に、論所裁判における地改という訴訟手続きが有した意義についてである。地改役人が見込んだ内容が裁許に影響を与えることも多く、地改は評定所裁判のなかで重要な位置を占めていたことが指摘されている[33]。本章では、このような地改の重要性を当時の領主層も認識し、労力や金銭をなげうっていたことが明らかになった。

その際、松代藩江戸留守居が「百姓公事」原則を意識し、国許での見分が始まる前に地改役人に取り入る重要性を認識し、江戸において工作活動を展開していたことは重要である。また、通常の地改は、地改役人が訴訟方・相手方を連れ立ち、口書を取りながら主張を現地で確かめるが、国許の藩役人はそのような公的な場に同行せずとも、地改役人と関接的なやり取りを行い、争論に関する指導を受けることもあった。実際、藩役人は見分の順番について取次の者を通して意見したり、饗応の段取りをしたりするなどの対応をしていた。

ただし、ここで付言しておきたいのは、飯縄山一件の場合、地改の内容が実際の裁許に直接的に影響しなかったことである。地改役人は、寛文の裁許が覆る可能性を認識していたため、その認識が天保九年(一八三八)の裁判に反映され、仁科の要求がすぐさま通った可能性もある。しかし、寺社奉行牧野はそれを認めなかった。牧野は、以前の幕府裁許を簡単に覆すことを許さないという考えを持っていたのである。

一方、裁許直前に本争論の主管奉行となった阿部は、寺社縁起を安易に用いてはならないという原則を重視していた。実際、「公事方御定書」では、「裁許可取用証拠物之事」として、「寺社縁起之類、猥ニ不可取用之事」(元文五年極[34])と、寺社縁起を安易に採用してはならないと決められていた。本争論について、牧野と阿部とでは全く異なる判断がなされたが、どちらも近世の裁判原則や通念に則ったものであったといえる[35]。

第二に、支配違い出入に対する松代藩の対応についてである。松代藩は本争論に対して、内々の交渉や訴訟当事者への金銭的援助など、積極的な支援を行った。松代藩がこのような対応をとった要因は二つあると考えられる。一つ目は、支配所飯縄神社に対する他領の者による不法を糺す必要があったことである。二つ目は、年貢徴収量とも直接的に関係する葛山地域の入会地の確保が目指されたことである。天保十三年の裁許以降の動向をみると、霊仙寺山をめぐる自領村々と仁科の対立においては、藩は自領村々を支持したことがその証左である。以上から、松代藩は本争論に肩入れせずにはいられなかったと考えられる。

第三に、幕府評定所裁判における長禄の縁起の取り扱いについてである。先にも述べたように、元文五年（一七四〇）には、寺社縁起をむやみに採用してはならないと決められていた。よって、明和の争論の際に、寛文の裁許が覆っていた可能性もあった。実際に、明和期には、第三節で指摘した通り「縁起ハ外的当之証拠無之候而者、容易ニ御取用ニ難相成」という状況にはなっていたが、裁許は覆らなかった。

推測の域を出ないが、この理由の一つには、松代藩の後押しが天保期と比較すると乏しかったことが考えられる。なぜなら真田家文書中に明和の争論に関する史料が確認できていないからである。いま一つには、天保の争論では、飯縄神社神主仁科の「強々願立」る姿勢がみられたことである。仁科は揚屋に入れられることも厭わず、嘆願を継続した。松代藩の後押しと仁科の強情な姿勢が、寺社縁起の証拠性を切り崩し、裁許の「改正」につながったものと考える。

本章では、寛文・明和の裁許が天保期に改正されたことの背景を探るべく、松代藩の藩政史料を用いて藩の動向を追ってきた。そのため、天保十三年の裁許以後の動向は詳細に追えておらず、当該地域の入会利用をめぐるせめぎ合いの実態は捨象せざるを得なかった。この点については、今後の課題としたい。

註

（1）塚本学「諸国山川掟について」（信州大学『人文科学論集』一三、一九七九年）。
（2）杉本史子『近世政治空間論―裁き・公・「日本」―』（東京大学出版会、二〇一八年）。
（3）渡辺尚志「大名家文書の中の「村方文書」」（同編『藩地域の構造と変容―信濃国松代藩地域の研究―』岩田書院、二〇〇五年）など。
（4）福澤徹三『一九世紀の豪農・名望家と地域社会』（思文閣出版、二〇一二年）第五章、山崎圭「幕末の境目地域と用水―幕府領中之条代官所・松代藩領・上田藩領の境目―」（『中央大学政策文化総合研究所年報』一七、二〇一四年）。
（5）野尻泰弘「近世後期、土堤普請争論にみる藩・藩関係と法意識」（渡辺尚志・小関悠一郎編『藩地域の政策主体と藩政信濃国松代藩地域の研究Ⅱ』岩田書院、二〇〇八年）。
（6）大石慎三郎「戸隠山神領の構造と入会問題」（『学習院大学経済論集』六―一、一九六九年）。また、一九七〇年度日本史研究室学生「明和・天保期における戸隠・飯縄山の山論について」（『信州史学』創刊号、一九七三年）は明和期の争論について詳細に検討しているが、大石論文と同様、真田家文書を用いておらず、松代藩側の動向は明らかになっていない。
（7）天保六～弘化元年「飯縄山論一件」（真田家文書、う八九〇）。
（8）①天保七～八年「仁科甚十郎願一件ニ掛り七ヶ村之者共御呼出一件」（長野市公文書館、複-一-五六五-〇二九）、②天保九～十年「仁科甚十郎出入一件」（長野市公文書館、複-一-五六六-〇三〇）、③天保十三年「戸隠山領上野村之若者共寺社奉行阿部伊勢守様出訴ニ付仁科甚十郎并御領分葛山七ヵ村之者御呼出一件」（長野市公文書館、複-一-五六七-〇三四）。

（9）大石前掲註（6）論文、『長野市誌 第三巻 歴史編 近世一』（二〇〇一年）。
（10）本節は特に断りのない限り、「寛文明和之両度戸隠衆徒上野村百姓与葛山七箇村山論記」（長野市立博物館、広瀬伝田孝充氏寄託資料（仁科会）、一九八九D〇〇〇一九）を参照。
（11）この点は大石前掲註（6）論文においても、飯縄山一件の大きな要因として指摘されている。
（12）前掲註（7）史料。
（13）佐々木泉吉は、顕発のことで、天保五年に寺社奉行留役本役に昇進、同六年一月に調当分助、同年十二月に調役本役に昇格した。この頃、彼は泉吉とも名乗ったそうで、調役在職時に脩輔に改名したという（吉川紗里矢『江戸幕府の役職就任と文書管理』ゆまに書房、二〇二二年、第四章）。よって、のちに出てくる佐々木脩輔は同人であるが、本章で使用する史料中の肩書には「留役」と記されている。なお、同書によると、調役とは、天明八年（一七八八）寺社奉行手附→寛政三年（一七九一）寺社奉行支配留役→同八年吟味物調役となった役職のことであるという。
（14）前掲註（8）①史料。
（15）前掲註（8）①史料、天保八年二月「乍恐以書付奉願候」。
（16）国立史料館編『真田家家中明細書』（東京大学出版会、一九八六年）。
（17）杉本史子『領域支配の展開と近世』（山川出版社、一九九九年）、第三章、杉本前掲註（2）著書。
（18）前掲註（8）①史料、天保八年八月十九日「飯縄山一件見分手之儀ニ付申上」。
（19）芝愛宕下は複数の大名・旗本の屋敷がある武家地であるが（『日本歴史地名大系一三 東京都の地名』平凡社、二〇〇二年）、そのなかで誰を指すのか特定できなかった。今後の課題としたい。
（20）本項は特に断りのない限り、前掲註（7）史料。

(21) 前掲註(8)①史料、天保八年十月十二日付書状。
(22) ただし、翌年に戸隠側の地改が行われた様子は真田家文書からは確認できていない。
(23) 前掲註(21)書状。
(24) 本節は特に断りのない限り前掲註(7)史料。
(25) 前掲註(8)②史料、天保九年六月二日条。
(26) 前掲註(8)②史料、天保九年七月二十日付書状。
(27) 前掲註(8)②史料、天保九年七月十二日付書状。
(28) 葛山七か村の負担はこれだけではなく、大石前掲註(6)論文では、上屋村名主を務めた家の文書から、約金二六〇両が仁科への助力金として拠出されていたことが指摘されている。
(29) 裁許が下された天保十三年一月二十一日と同日に、戸隠山衆と惣代と上野村庄屋が評定所に対して「不取留義訴状ニ認メ御老中様方江御駕籠訴いたし」たことについて、「御叱り被置候旨被仰渡承知奉畏候」と、御叱りを受ける旨の請証文を提出していることから、駕籠訴は実際に行われていた(天保十二(三)年「差上申一札之事」、長野市公文書館、宮沢嘉穂複二—三六五六—〇九五)。
(30) 仁科は明和九年六月に江戸留守居に送った書付(「郡方日記」)において、「正徳年中か御領分北郷村与御料所村々与之出入之儀者、飯縄山之東表之原草刈場之境論ニ御座候而、飯縄山之出入ニ者無之」と、正徳の出入は飯縄山争論に直接的に関係しないと記した。しかし、天保十三年の裁許状では、正徳の出入に触れている。天保十二年の暮れの裁判には、北郷村ほか九九か村惣代も引合として呼ばれた。評定流れが続いたため、具体的な裁判の経過は不明だが、この際に、北郷村などの者たちが正徳の出入について寺社奉行に何らかの証言をしたと考えられる。

(31) この過程で、本書第三章斎藤論文の地改役人が飯縄山へも派遣された。
(32) 内済内容については、大石前掲註(6)論文を参照。
(33) 杉本前掲註(2)著書。
(34) 「棠蔭秘鑑　享」(石井良助編『徳川禁令考　別巻』創文社、一九六一年)六三頁。
(35) 史料からは実証できていないため、推論の域を出ないが、阿部の主管奉行就任直前に真田幸貫が老中に就任したことが阿部の判断を左右した可能性もある。

第三章　論所地改と藩・地域社会

—龍洞院・稲荷山村争論の展開と結末—

斎藤　一

はじめに

近世の地域社会で発生する山論や水論が異なる領主の地域にまたがる場合、「百姓公事」の原則（山野河海に関わる争いの当事者は領主でなく百姓）に基づき、村々は幕府に出訴することができた。そして、訴えを受けた幕府は、論所を見分する必要がある場合、検使を派遣して「地改」を行うことも多く行われた。法制史における幕府の訴訟手続きに関する研究は、小早川欣吾氏の研究[1]をもって代表させることができるが、そこでは山論については「地境論」として、訴訟の提起から裁許までの流れが記述されている。ただし、地改については、「国郡村境論に関しては代官が派遣され、一般の田畑山林の地境論については代官手代が派遣される」と述べるのみで、代官や手代が行う具体的活動には触れていない。

その点を補って検使の実態に注目した研究としては、宮原一郎氏の一連の研究[2]があり、その主要な指摘は次のような諸点である。

①江戸初期においては、論所に派遣された検使が現地で裁許を下す事例が多かったが、中期以降の裁許は評定所に

おいて行われている。

②初期の検使は、知行所を有している高身分の役人や番方系の旗本であったが、一八世紀の近世中期以降は代官手代の検使が派遣されることが多くなり、それが常態化していった。

③新井白石が、「天下の理非」を定める場所である評定所の実質吟味が手代によってなされていることを憂えた一方、荻生徂徠は、「江戸出生のものども」が地方に精通した手代任せにせざるを得ない状況を認知したことを記述したうえで、宮原氏自身の評価として、「幕府にとって論所派遣が恒常的なものへと変化する一つの指標」であり、「幕府が村々の論所出入に対して、積極的に検使派遣を命じて対処しようとした状況」であると述べている。

宮原氏の研究は、争論に伴う論所地改を通時的・巨視的に分析したものと言える。そして個別の争論における地改を分析したものとしては、直近の松代藩論集Ⅵにおける野尻泰弘氏の論考がある。(3) そこでは、地改の過程における訴答両者の主張や周辺村々の証言と検使の働きが、詳細に述べられている。

本章では、近世における論所地改を別の角度から見たいと考える。というのは、冒頭に記した通り、そもそも論所地改は、山野河海の争いに関する「百姓公事」原則に基づいて行われていたが、その原点は一七世紀中盤の予土争論等で、領主が当事者になる「直公事」が否定されたことにある。(4) それを分析した高木昭作氏や杉本史子氏が論じているように、領主が争論の当事者になることを否定されたことは、まさに中世と近世を分ける画期性を持っていたと言える。

しかしながら、日常的には〈幕府―領主―村（百姓）〉という階層構造のなかで生きている諸主体にとって、突然「中抜き」の〈幕府―村（百姓）〉という構造の元での動きを求められることはきわめて異常な事態で、戸惑いを覚えることもあったのではないかという疑問が湧いてくる。本章は、そうした状況に置かれた藩関係者や村の対応を克明に記した史料に出会ったことを契機として、それらの諸主体の行動と意識を可能な限り追っていくことを意図している。

本章で取り上げる龍洞院と稲荷山村の争論については、すでに松代藩論集Ⅵで取り上げた（以下、前稿とする）[5]。争論は天保十二年（一八四一）に稲荷山村（上田藩領）が木を伐採したことに対し、龍洞院（松代藩領桑原村内）が松代藩に訴えを起こしたことに始まる。龍洞院はその林野が朱印寺領の一部だと主張するのに対し、稲荷山村は同村と桑原村（松代藩領）の共同の入会地だと反論するのが、基本的対立点である。争論発生後、松代・上田両藩が内済を勧め、両藩領内の村役人や寺も扱人として間に入って調停を試みるが、とりわけ龍洞院は一歩も譲らない姿勢を示した。松代藩はいささかもてあました感があるものの、翌天保十三年二月、龍洞院が桑原村と連署で、稲荷山村を相手取って江戸出訴をすることを認めることになる。

前稿では、その過程で見える朱印寺院と藩の関係、寺院が藩境をまたがって取り結ぶ地域社会との関係、そこにおける林野の位置づけなどに焦点をあてたが、本章では、江戸出訴以降の過程を見ていく。なお争論の結末につき、前稿では立ち入った分析をしなかったために「両者の中間をとった内済」と書いたが、今回改めて詳細を検討した結果、変更の必要が生じた。それについては後述する。

本章で使う史料は基本的に「桑原村龍洞院山林異論一件日記」（松代真田家文書一二五五、国文学研究資料館蔵）であるが、争論の過程における藩機構内部でのやり取りや検使の振る舞いに至るまでを詳細に記述した貴重な史料である。以下の記述でこの史料を用いている場合には出典を記述しない。本史料は日付順に書かれており、原文書の確認が必要な場合は日付で検証可能である。また上田藩側の史料である「御領分稲荷山村与松代御領分山論ニ付公儀御出役御見分中日記」（上田藩松平家文書一七五、上田市立博物館蔵）を参照した場合には「上田藩史料」と記載している。

一　検使の来村と見分

天保十三年(一八四二)二月に龍洞院・桑原村が稲荷山村の「不法」を訴えて幕府に出訴したあと、三月には江戸に赴き、寺社奉行阿部伊勢守(正弘)の用人である「調役」豊藤五十助の元に訴答両者が出頭することで訴訟手続きが始まった。半月ほどの江戸滞在のあと帰村したが、この調べの中で見分が行われることが通達されたと思われる。松代藩江戸屋敷は寺社奉行所の動きを注視しており、国元に状況報告を行っている。国元でも、藩役人は桑原村に対し、検使逗留中の注意事項を伝達するなどの準備を進めた。

藩が検使の来訪をいかに注視していたかは、八月八日に検使の名前が「小島源右衛門、松井昇輔」と伝えられたのが、九月二十五日には「小島源右衛門、椎名要蔵」と訂正されたにもかかわらず、実際にはそれも間違っていて「小島源右衛門、村田津右衛門」であったことからも想像がつく。不確かな情報でも極力収集していたのである。

九月時点で、桑原村名主関新右衛門等は、検使来村のための準備状況を藩の職奉行所に提出している。そこには、検使の荷物を運ぶための馬と人足、藩の出役役人のための馬と人足、検使の宿、出役藩役人の宿、さらに上田藩役人の宿、検使の世話をする詰番の名前などが具体的に書かれている。十月上旬時点で検使は飯縄山山論の処理にあたっていたが、その情報も松代藩役人は集めている。[6]

そうした中、検使が「先触」を送ってきて、見分に必要なものとして、梵天竿・間竿・杭木・鎌・鉈・縄などを用意しておくことを指示してきた。そして、十月十四日、検使の出立したことが伝えられ、十六日、桑原村に到着した。検使は「小者」と呼ばれる世話係も帯同していた。検使到着直後、稲荷山村は、どちらの村に最初に宿泊するかは籤引きで決めるべきだと主張し、検使にも願う。しかし、検使はそのようなことには関与しないと突き放し、結果的に最初はそのまま桑原村の肝煎宅に滞在することとなった。ただし、検使の世話をする詰番は両村から一人ずつ出し、用事のある時は必ず両者同席することが決められた。いずれかが抜け駆け的に検使に働きかけをすることを防止するためであろう。見分の初頭から、訴答両者は、少しでも自らに有利となるべく、駆け引きを開始したわけである。なお、詰番は、検使の言動・行動や食事の内容など一切のことを毎日書面にまとめ、藩役人に提出した。

雨で一日順延したあと、十月十八日より三日間、論所見分が行われて、一日を図面取り調べに費やした後、さらに一日の現地見分が実施された。見分は両村の案内者の後から検使が見ていき、その後にさらに龍洞院および両村関係者が従うという形で行われた。両藩の関係者はそこに立ち会うことはできない。検使は手持ちの覚帳に気づいた点を書き留め、場所によっては目印杭を打つことを指示した。

見分開始早々、ある林をめぐって稲荷山村の者同士での議論が起こる。

〔史料1〕

一稲荷山村定七出口林弐番杭之処ニ而、是ゟ道下之分者御高辻ニ而人別持林、道上方者入会野山之由申立候、右村喜兵衛左様ニ者無之、道上方者人別持林与申立候付、喜兵衛定七双方申立相違与申、両人及争論候付、御検使様訴答ニ而争論者格別、相手方同士ニ而致争論候者不埒至極ニ付、不為見分、自分共是ゟ引取奉行所江可申立与大声ニ而御叱被遊候、喜兵衛恐入御詫申上候ニ付、御勘弁之上御聞済相成申候、

稲荷山村の定七が、二番杭の所で、「そこより下は人別持林、上は入会野山」と説明したところ、同村の喜兵衛が、「そうではなく上も人別持林」と言ったために二人の者が議論になったため、検使は「訴訟方と相手方が争論するならともかく、相手方同士で争論するとはどういうことか」と怒って「引き上げる」と言ったため、喜兵衛が謝罪して

収まったというものである。近世における林野の境界が地元の村内でさえ明確ではなかった事実を示している。(7)

それ以降、論所の各所で検使を挟んで龍洞院と稲荷山村が現地で議論する。多くは境とされる場所の比定をめぐるものであり、次の史料に一例を示す。

〔史料2〕

一右始ゟ六番杭ゟ六兵衛畑与御繋被成候、右畑廻り御分間被成候、

一稲荷山村定七

六兵衛畑抔と申義者偽ニ而、稲荷山村分地切起高弐斗弐升余之内与申上候、

一龍洞院

此畑之義者先年六兵衛と申、山守差置候節小屋廻り切起候義にて、六兵衛追払候後者元町村林蔵小坂村丑之助等小作仕、年貢籾四斗宛請取、尚又、文政七年山守差置候義ニ而右小屋跡井戸幷爐所迄有之、其外草木迄植込有之候段申上候、

一御検使様

如何ニも人之住候様相見候与被仰候、猶又境筋御見分被遊候、

一龍洞院

此道上ニ有之候宮者拙寺鬼門際之鎮守ニ而、秋葉大権現ニ有之証跡種々有之候、

一稲荷山村定七

右宮者元町村之鎮守ニ御座候故、右村之方江御宮向居候、

一御検使様

道之方江不向ニ何方江向可申哉、つまらぬ事申と被仰候、
（中略）
一龍洞院
地賀久保畑先年ゟ之小作人其外荒地ニ相成、年数等明細申上候、右ニ付御見分被遊候、
一龍洞院
地賀久保畑境石ニ而、先年者此石ゟ二ツ石江見通シ溝筋境ニ御座候得共、大勢之者共段々伐苅、或者作付等いたし被押損心外至極ニ御座候得共大切之御朱印地を致紛乱候而者、奉対御公儀様恐入候義ニ付、御奉行所得差上置候図面之方、当時進退之場所辺相認差上候得共、御見分と迄相成候而者旧来之義を不申立候而者却而恐入候義ニ付申上候儀、御賢察之程奉願と申立候処、
一御検使様
察候義者不相成、境筋と心得候場所案内可致旨被仰候、
一稲荷山村定七
和尚江戸表ニ而七尋石境と申立候旨申立候処、
一御検使様
夫者俄ニ見取図面ニ而分間いたし候ニ者無之候得共、右様之義者決而申間敷、訴答共勝手次第ニ境と心得候場所案内可致と被仰付候、

前半では、ある場所を「六兵衛畑」と呼ぶ龍洞院に対し、稲荷山村定七がそうではないと主張し、その傍にある宮を、龍洞院は寺の鎮守の秋葉大権現だと説明したのに対し、稲荷山村定七はそれを元町村（稲荷山村の一部）の鎮守だ

と主張し、その証拠にその宮は元町村の方へ向いていると言った。これに対し、検使は「どちらを向いているなどと言うのはつまらぬ事」と一蹴している。

後半では、「地賀久保」の境石につき、龍洞院が「大勢の者が入って石を損じて朱印地を紛らわしくして、公儀に対して申し訳ない」というようなことを言い、それに対して定七がその境石につき言いかけると、検使は「そのようなことは言う必要はなく、両者とも自分たちが境と考える場所へ案内せよ」と命じている。主観的な思いをくどくど述べずに主張の要点のみを言えということで、なかなかの捌き方と言えるが、こうした見分の際、検使は必要事項を手持ちの帳面に記録している。

来村後八日目の十月二十三日、検使は上田藩領側の稲荷山村に宿替えをする。その日、龍洞院と稲荷山村に内済の取り扱いをする「扱人」の名前を提出することを指示し、稲荷山村は翌日指示された通りに提出したものの、龍洞院はそれを断ってくる。その強い意志は次の十月二十六日の検使宛の文書に表れている。

〔史料3〕

乍恐以書付奉歎願候

（前略）去年中ゟ俄ニ入会山抔与被申掛候得共、右場所聊茂被押掠候而ハ拙僧住職之身分難相立　御朱印地幷院中山林者勿論、境内絵図面其外什物品迄本寺遠州可睡斎江茂書付差出置、当春中御訴訟申上度段茂可睡斎江茂申立、寺附最第一之御朱印地ニ相拘候儀、殊ニ先年境内坪数寺社御奉行所へ書上置候得者、曖人ヲ相頼自然闕地仕候様取曖候ハ自分ゟ闕地ヲ相求候趣意与奉存候、進退無窮必至難渋仕候、実以僧家之境界ニ相背、在家ヲ相手取候義、宗祖之家訓ニ対シ恥入候義ニ御座候得共、身分一己ニ相拘り候儀ニ御座候得ハ、如何底ニ茂勘弁内済仕度候得共、御朱印頂戴以来凡二百年如有来進退仕候儀ニ御座候得ハ、内済ニ而聊茂闕地仕候而ハ住持未熟之筋ニ相当り候儀与奉存候、誠ニ愚僧之不徳故願入院後不経年月、当時開闢以来之大難差発り満面之慚汗身之置処無御座候得共、一件中外遁仕候儀茂不相成、去春以来昼夜奔走辛苦艱難難尽筆端当惑仕候、乍去一己之身分者此上如何体罷成候共無拠義与決心仕候得共、第一奉対　御朱印恐入候儀、尚又開山以来之世代且後跡永世之住職江対シ申訳無之次第与感涙仕候、何卒右之段偏ニ　御憐察被成下置、此上幾重ニ茂　御仁恵之程奉仰候、（中略）　御利解重々御苦悩奉恐入候得共、此上奉蒙御公裁度奉存候、幾重ニ茂御仁恵之程奉仰候、然ル上ハ御吟味之次第を以、何様御裁許被仰付候共異議申上間鋪候、以上

十月廿六日

龍洞院　師練
旦中惣代　源五郎
同　七郎兵衛
役人惣代　新右衛門
弥兵衛

小島源右衛門様
村田津右衛門様

ここでは本寺可睡斎も持ち出して、境内の坪数を寺社奉行所に出した以上、曖（扱）人を頼むと言うことは自ら「闕地」を願うことになり、御朱印をいただいてから二百年たって、闕地を作ることは住職としての未熟ということになるとして、扱人による内済を断る理由を述べ、自分はどうなっても良いが、このままでは御朱印と歴代の住職に対し申しわけが立たないと言って、「御公裁」（裁許）を強く求めている。

この内済拒絶は、松代藩内にも波紋をもたらすが、その詳細は次節で検討する。検使は近隣の幕府領中之条陣屋に

書状を送るが、江戸への報告であろう。ただし、特に龍洞院が責められるということもなく審議は進み、二十七日に双方は白洲に呼び出されて、絵図などの確認を求められる。絵図には両者の言い分が付箋で書き留められていたようである。そのうえで、さらに二日間、絵図と書類の確認が行われた後、双方が書類に調印して見分の終了となった。十一月一日、検使は翌日出立する旨の先触が出され、二日、美濃へ向けて出発していった。なお、出立前に検使は当地の米代相場を聞いたうえで、両村に宿泊代を支払っている。検使の現地滞在期間は十七日間であった。

二　論所地改における藩関係者の位置—検使による内済勧奨をめぐって—

「百姓公事」の原則のなかで、藩の関係者は見分に同道することも、調べの場に同席することもできなかったが、藩役人が何もしないというわけではなく、検使を迎えるにあたっての準備や、検使滞在中の関係者の行動に対しての指示や助言を行っている。

この争論に対する松代藩の対応であるが、前稿で述べたように、江戸出訴前の時期においては、龍洞院の頑固な態度に手を焼き、信濃曹洞宗筆頭の録所である長国寺の力も借りて、何とか内済に持ち込ませて穏便にすませようとしていた。ところが本章で記している出訴後の時期になると、一転して支援ともとれる動きをしていることがわかる。訴訟のため江戸に赴いた龍洞院や村民に江戸の藩邸の利用を許し、藩の国元と江戸在番は幕府寺社奉行所の動きを注意深く観察して、頻繁なやり取りを行っている。また、後段で述べるように資金の心配までしているのである。

この変化の理由を明快に記す文書はないが、「対幕府」を意識した故のことではないだろうか。龍洞院の本寺は遠江の可睡斎という幕府との強いつながりのあった寺院(8)であった。出訴前は、そのことにより訴訟が幕府を巻き込んだ複雑なものになることを恐れ、何とか内済で収めようとしたのだが、いったん江戸出訴が決定した後においては、龍洞院を支援する方が本寺の可睡斎の心証も良くし、結果的に幕府から責められることもない、という判断が働いたのではないだろうかと考える。

このように松代藩が幕府を意識していたなかで、検使も、この地改の過程で藩側に関与を求めるような発言を行い、藩内にいささかの波紋を広げている。

それは検使が内済を勧奨した際のことである。検使が訴答両者に内済を勧めた表向きの理由は「稲荷山村には龍洞院の檀徒もいて、後に禍根を残すのは良くない」ということであったが、松代藩の現地出役が検使に挨拶に行った際に、検使は別のことを語っていることが、十月二十三日の出役から上司への報告でわかる。出役とは宮本喜一郎・水井忠蔵・松本嘉十郎・関田慶左衛門で、上司とは松代城下にいる竹村金吾[9]（寺社奉行兼郡奉行）と菅沼弥惣右衛門（郡奉行）である。

〔史料4〕

（前略）地改御役人内々なからも気ニ申居候者、御当方様、上田様、松平飛騨守様共御役柄ニ付山論ゟ御三方様御領内、其上御評定所御一席、御領内御知行所等江掛り候義者、誠心配之由ニ付、何分内済ニ相成候様仕度候様相咄置、殊ニ此度罷越候付、熟談内済為致度様御奉行所申上置候儀等も可有之哉、（中略）

（附札）「本文、松平飛騨守様御名前申上候義を御見候節、長谷村之者共罷出、右村山境迄も見返有之、御含可被成下候、」

「御当方様、上田様、松平飛騨守様」と並べられているが、松平飛騨守とは近隣の塩崎知行所で支配をしていた五〇〇〇石の旗本である。その下にある塩崎村や長谷村が龍洞院より松木を買ったことがあって、証人として出てきているために言及されている。当時、松代藩主（真田幸貫）は老中、上田藩主（松平忠優）は寺社奉行、松平飛騨守（忠徳）は御側衆[10]というように、それぞれが幕府の要職にあった。地改役人（検使）はこうした要職にある領主の立場を忖度して、それらの領主の間で争っているかの状態になるのは「誠に心配」と言っているわけだが、おそらくそのように働きかけることが、検使としての上司からの高評価につながると考えたのだろう。

　この報告では、この検使の意向の記述に続き、龍洞院や桑原村の状況が書かれて、彼らが内済の勧めを受け入れる見通しはないことが述べられたうえで、次のような一節が語られる。

〔史料5〕

「（附札）本文之趣扱整不整者格別御役人申合候広慮相立候方可然御評義ニも罷成候ハヽ、郡村和田与物右衛門、杭瀬下村色部義太夫ニ茂可有御座哉、内評も仕候得共、右扱人名前斗ニ而も龍洞院惣代共扱難仕、心底相決居候得ハ、扱人名も相手方之図ニ掛り違承相成場合ニ可罷成哉も難斗、大切之場と再評此段奉伺候、」

　ここでは、龍洞院を説得して扱人の名前を出させることは難しいと前段で述べているにもかかわらず、郡村と杭瀬下村の二人の名前を挙げている。これをどう解釈すべきかだが、現地役人としての、検使ならびに松代の上司への忖度あるいは言いわけと考えるのが妥当であろう。つまり、自分たちとしては、扱人の名前まで挙げて熟慮したのだが、龍洞院が聞く耳を持たないという言いわけをするためである。こうした報告を受けた上司の竹村金吾（寺社奉行兼郡奉行）・菅沼弥惣右衛門（郡奉行）は、この文書を同役に回付して意見をうかがう。回付先は、宮島守人（道橋奉行）・山寺源太夫（郡奉行）・岡島荘蔵（郡奉行）・金児丈助（郡奉行）であるが[11]、彼らのコメントにはあまり内容がなく、「良くわからないのでお任せする」というようなものであった。それを受けて、菅沼弥惣右衛門が現地の四人に出したのは二つの書面である。

〔史料6〕

内用

此方之評義成丈急き候得共、一席之義ニ而手間取出張被居候而者、唯心配何連も差向候義ニ而察入候事ニ御座候、伺書面等いつも速ニ出来手難ク能相決申候、呉々乍御太義御励有之候様致度存候、拙者も風邪之上取込毎夜八時を越し候次第御察可被下候、別紙評義書者凡之事、枝葉之所者評義次第随分穏便之方宜様存候、詰り候処者公裁の外無之義なから形者能致居度存候、以上

十月廿四日　　弥惣右衛門

四人様

〔史料7〕

度々之御用状致一覧候、段々之次第壱年越義ニ而、今更申迄も無之なから出張居候而者御心配察入候義、委細者別紙評義申立写差越候間、伺被差越候条之猶勘弁幷差略事和らかニ被取斗候様存候、別紙申立、其意ニ付申越候件ニ凡同様之義ニ付、委細ニ者不申越候間、万事宜勘弁之取斗候様存候、（以下略）

十月廿四日　　竹村金吾

菅沼弥惣右衛門

宮本喜一郎殿

水井忠蔵殿

松本嘉十郎殿

関田慶左衛門殿

史料6で、「穏便にやる」といい、裁許に行くのは仕方ないだろうと述べたあとに、「形は良く致したい」と結んでいるのは、「うまく収めたい」ということであろうか。次の史料7は正式の指示書で、これもわかりにくいが、「和らかに」とは「無難に」という意味で、そのあとの傍線部は「万事うまくやってくれ」と読み取れる。つまり、上層部としても、検使の望む方向(内済)と、龍洞院の強い意志の間で、藩ができることは具体的に思いつかず、結局現場に丸投げしているのである。これを受け取った現地の役人がどう思ったかは語られていないが、現実には何の行動も起こしていない。ただ、こうした報告→回付→指示というプロセスを経るなかで、藩内には「何もせずに静観する」ことで問題ないとする空気が醸成されていったことは間違いない。

つまり、たとえ検使が怒って何らかの行動に出ても、藩役人の誰かが責任を取るような状況ではなくなったということである。こうした藩内のコンセンサスを得るプロセスは、まさに現代日本の役所や会社で行われている稟議(根回し)に通じる連帯責任(あるいは連帯無責任)の構造であるといえよう。

本節冒頭で述べた通り、そもそも、「百姓公事」なので藩は口出しできず、訴訟当事者の龍洞院や村も、そのことを重々承知なうえで地改が進むというなかで、それに対する検使の意向の取り扱いに、藩役人たちは苦肉の対応を迫られたのである。

三　「地改空間」における諸関係

近世の領地のなかは本来、領主が他の干渉を許さずに自由に裁量できる場である。しかし検使という上位権力(幕府)の末端機能が入り込むことは、そこに領主管轄外の場が出現することを意味した。いわば「地改空間」とでもいうような非日常的な場である。

ここに登場した関係者を一覧にしたのが表である。松代藩からは四～五人[12]、上田藩からは八人が出役し、桑原村からは検使の世話をする「詰番」や、松代・上田両藩出役の用事をする「御用掛」を含め、総勢二六人が関与している。稲荷山村側にも同様な人数が詰めていると考えられ、この空間で六、七〇人もの人間が活動していたことになる。さらに、近隣の村々には、万一の火事の際の駆けつけ役が割り当てられている。本節では、そこに現出した諸関係を見ることにする。

そもそも検使とはどのような属性を持っていたのか。「上田藩史料」には、小島源右衛門は「論所地改手附」、村田津右衛門は「同手代」とある。定兼学氏[13]によれば、手代の歴史のほうが古く享保期には既に存在し、代官が農民の有能な子弟から採用して代官所の実務を担わせたのが始まりとのことである。その後、手代の子弟が手代になるという一種の世襲も行われたようである。これに対して手付は遅れて始まった制度で、寛政期頃から多く見られるようになったが、手代と全く同じ業務をする者を小普請組の無役の御家人のなかから採用し始めたとのことで、「武士」である。手代の方は在職中は武士扱いであるものの、人別登録としてはあくまで「町請」で武士身分ではないので、手代が手付になることは、武士への身分上昇を意味したとされる。

そこで本件の二人であるが、十月二十一日の記録には彼らの住所が書き留められており、小島源右衛門は神田松永町居住、村田津右衛門は浅草三筋町居住とあるが、『江戸切絵図』[14]で見ると、ともに御家人宅らしい小規模な家屋が立ち並んでいる場所で町人地ではない。すなわち、手付の小島源右衛門も手代の村田津右衛門も同様な場所に居住しており、ともに御家人である可能性が強い。そうなると、定兼氏の説明とはいささか異なることにならざるを得ない。戸森麻衣子氏は定兼氏に準じた説明をしている[15]が、手代が御家人株を買って、身分上昇を果たすケースを記述してい

龍洞院・桑原村「地改空間」関係者一覧

松代藩出役

竹村金吾（一時滞在後松代へ帰る）	郡奉行兼寺社奉行
宮本喜一郎	評定所留役頭取
水井忠蔵	地方勘定役取締
松本嘉十郎	評定所留役
関田慶左衛門	地方勘定役

龍洞院

師練	住職

桑原村

柳沢量平	本陣（検使宿）
関新右衛門	名主、松代藩出役宿
弥兵衛	年寄
与七	松代藩出役宿
新助	松代藩出役宿
利右衛門	上田藩出役宿
七郎兵衛	旦中惣代
源四郎	旦中惣代
栄助	組頭
伝蔵	組頭、出役御用掛
要之助	長百姓、出役御用掛
三太夫	本陣詰番
武蔵	本陣詰番
平八	本陣詰番
弥之助	本陣詰番
伊兵衛	本陣詰番
清左衛門	本陣詰番
米助	出役御用掛
米左衛門	出役御用掛
新左衛門	出役御用掛
利右衛門	出役御用掛
幸之助	出役御用掛
庄兵衛	出役御用掛
友之助	出役御用掛
弥吉	出役御用掛
藤蔵	出役御用掛

幕府検使

小島源右衛門	論所地改手付
村田津右衛門	論所地改手代
氏名不詳	小者

上田藩出役

木村七郎右衛門	勘定奉行兼山林引受
青木三八郎	代官
天野通伯	医師
片山織右衛門	勘定所平勘定方、山林方兼帯
曽根幾右衛門	手代
宮川次郎右衛門	手代
小山飛伝八	手代
伊藤十兵衛	郡奉行附郷手付兼山廻り

稲荷山村

松木俊司	問屋、本陣（検使宿）
平左衛門	上田藩出役宿
米屋甚左衛門	松代藩出役宿
喜兵衛	年寄
定七	長百姓、檀中惣代
喜助	檀中惣代
大右衛門	惣代、組頭
源之助	庄屋代、惣代、組頭
郡治	元町組
政太郎	元町組役人

注）稲荷山村の本陣詰番、出役御用掛の名前は史料なし

出典：松代真田家文書1255、国文学研究資料館蔵
上田藩松平家文書175、上田市立博物館蔵
（詳細は「はじめに」を参照。）

るので、村田津右衛門はそれにあてはまる可能性もある。

そうであるとすれば、二人は身分的周縁というような存在ではないことになるが、代官の家来という意味で、幕府支配機構の最末端であることは間違いない。しかし、「地改空間」では彼らは藩からも村からも最上級の賓客として扱われたうえ、起床・食事、就寝の時刻や食事の献立の内容まで、一挙手一投足が詰番によって記録される対象となる。食事の好みなどにも気配りがされ、たとえば十月二十一日の申し送りには、「村田様、饂飩ハ御嫌、蕎麦ハ御好其外何ニ而も御嫌なし」などと食事の嗜好までも書かれている。検使の機嫌を損ねないように最善をつくすことは、詰番に至るまで至上命題として認識されていたと言える。

1　藩士と検使

検使は幕府の最末端に近い存在であるが、彼らを迎えた藩側との間での位置関係はどのようなものであったのだろうか。

検使到着直後の十七日朝早々、奉行の竹村金吾は出役を伴って、検使の宿に挨拶に行ったが、ここで検使に藩主からの金五〇〇疋の心付を贈っている(16)。検使は食事代も村に支払うなど、供応を受けないことを基本としていたようだが、唯一この心付だけは「大守様よりの拝領物」なので「ありがたく」と言って受け取っている。つまり、その視線は明確に上位者に対するもので、藩主は幕府の直臣であり、検使(手付・手代)は代官の下で、幕府から見れば陪臣であることを考えれば当然である。

検使自身が松代において上位者として認識していたのは、この藩主のみということになる。そして、上位者からの拝領物は賄賂でなく(17)、ありがたく受け取るべきものという観念のもと、金品を受け取っていたのであろう。検使と藩士はともに陪臣ではあるが、奉行の竹村は挨拶後早々に松代に戻っており、この挨拶のためにのみ現地に来たわけで、彼が検使と同格だったことが双方の共通観念として意識されていたと考えられる。出役として桑原村に出張っていた四人の藩士は、竹村の部下であり、その下ということになる。つまり、「地改空間」における序列は、藩主→検使及び奉行(竹村)→出役の藩士だったと理解することができる。

なお、藩士が松代藩内部文書でのやり取りで検使について語るときは、「小島源右衛門」「小島」というように「様」や「殿」といった敬称を付さずに呼び捨てにしている。ここに、彼らの屈折した身分意識を見ることができると言えよう。

2 藩と村

「百姓公事」という原則のなかで、藩は論所地改そのものには関わることはできないが、現地に役人を派遣し、検使が来る前から留意事項を村に伝達している。そうしたなか、論所見分の行われていた十月十九日の朝、検使の小島源右衛門が詰番に歯痛をうったえた。この時点では桑原村側に止宿していたにもかかわらず、稲荷山村側の詰番の動きが早く、速やかに医者を帯同し、適切な処置が行われた。この点については藩役人報告のなかで、以下のように記録されている。

〔史料8〕

桑原村詰番之者共不行届向延引罷成恐入候、御口中御痛如何之御様子ニ被成御座候哉相伺度、当領内石川村南沢筆意と申医師召連為扣申候、御療治被仰付被下候様申述候処、御深意之程忝仕合奉存候得共、最早痛無之候間御心配被下間敷旨申聞候、

つまり、医師の手配につき桑原村の対応が出遅れたのを「不行届」として叱り、松代藩領内の医師を連れて来たのだが、検使からは「もう良くなった」と言われて引き取ったということである。村が置いた詰番から検使の動きを逐一報告させていることも含め、藩役人は、村民が検使の世話についての粗相がないことを厳しく監視指導するコーチ役ともいうべき役割を果たしていることが見える。

3　藩と藩

「地改空間」においては、訴答双方の領主の下の藩士は公務としてそれぞれ現地に出張するため、近接した場所に両者は一定期間共存することになる。そこでの両者の関係はいかなるものだったか。

まず、検使到着の日と同じ十六日付で、上田藩の春木三八郎（代官）と木村七郎右衛門（勘定奉行）から、松代藩の「地方御役人中様」宛の書状が届き、「公儀御見分につき稲荷山村に出張る」ことが伝えられ、松代藩側も「万端覆臓なく御談じ申すべく」と返書している。

検使が松代藩領の桑原村に到着した後、松代城下から出張の松代藩士が村内に宿を取るとほぼ同時に、上田藩の役人たちも同村内に宿を取った。両者の面会は論所見分中の二十一日に、上田藩側が稲荷山村役人を通じて打診をしたうえで、上田藩側が松代藩役人の宿を訪問するという形で行われ、上田藩側の訪問者は、先に書状を出した木村七郎右衛門・春木三八郎に加え、地方調役山林方の片山織右衛門の三人であったが、松代藩側は、現地出役の宮本喜一郎が一人で対応した。「公儀のご厄介になって恐れ入るが、両者の申し立ても強く差し止めはできなかった」というようなことが語られたと宮本の上司への報告には書かれているものの、実務的な会話が行われた形跡はない。

検使が上田藩領の稲荷山村へ本陣を移すと、両藩の役人も、同村へ宿替えをする。その三日後の十月二十六日、今度は松代藩の役人が、上田藩役人の旅宿に挨拶に行く。「酒肴」などの用意もしてくれたようだが、「早々に引き取る」と書かれていて、ここでも両藩の接触は儀礼的なもので、当初の書面でやり取りされたような「覆臓なく」話し合うというようなことはなかった。そして、「客」となった藩が地元の藩に挨拶に行くことが儀礼の規範であったこともわかる。

なお、藩士らは相手の領内に止宿する際は、旅宿に「心付」を払ったが、自領においてはその形跡はなく、そこに「統治者」としての顔を見ることができる。また、松代藩役人は、同領の桑原村で上田藩の役人が置いていった宿代を質問している。その額は金一〇〇疋であったが、自らが上田藩領内に止宿した際の参考にするためであろう。

4 他の係争地からの来訪者に見る訴答の共同作業

論所見分の最中の十月十九日、同じ松代藩領にある飯縄社の「社務」（神主）仁科甚十郎と戸隠山社領の上野村役人が揃って、検使を宿に訪ねて来た。彼らは検使が当地に来る前に扱った飯縄山山論（飯縄社と戸隠社・上野村の争い）の訴答双方の関係者である。この時のことは以下のように記録されている。

〔史料9〕

入山村清吉、上野村幸之丞罷出明十九日申上置候蕎麦売上書付差出ス、左之通、

覚

一挽抜蕎麦弐斗

此代銀拾匁但金壱両ニ付壱石弐斗

右之通御下ヶ被成下慥受取奉候、以上

仁科甚十郎　印
訴訟方惣代　幸之丞　印

小島源右衛門様
村田津右衛門様

最初の行は桑原村詰番の書き込みで、入山村は飯縄社側、上野村は戸隠側である。「覚」以下が彼らが共同で提出した文面で、飯縄社の仁科甚十郎と上野村惣代の幸之丞という訴答連名で、検使に蕎麦を差し出し、代銀を請求している。検使がその地での争論処理中に蕎麦を買うことを願ったが、時間的に手配が間に合わなかったため、追いかけて届けたわけである。検使の要望への貢献をどちらかの側がそれを行うのは不公平となってしまうので、両者共同で届けることになったと考えられる。こうした原則は本争論の桑原村と稲荷山村間の関係と同様である。

四　地改後に発見された新証拠と桑原村の動き

この争論で特筆すべき点は、検使が去ったあと、桑原村内での新証拠の存在が明らかになったことで、桑原村と松代藩内は色めき立つ。以下がその史料である。

〔史料10〕

御内々以書付奉願候

私共一件論所御検分御座候砌、証書物差出蒙御吟味、御用済御引拂被遊候処、此程中当村柳沢量平方ニ而、明和年中元町村小坂村連印ニ而、当村稲荷山村両役名宛ニ而差出候書付、風与見出候処、最早差出後ニ相成、甚以不調仕候段奉恐入候、右書面御検使様江差上度処、御吟味増之節申上、落証書差出落等無御座趣御請書差上置候間、此上如何取斗可然哉、甚以心痛罷在候、乍恐右之段江戸表御掛様江被仰上、其筋江御内伺被成下、何卒御差出シ相成、ヶ様御取斗之程奉願上候、此段幾重ニも御賢慮之程奉仰上候、以上

天保十三寅年十一月

桑原村

一件　惣代

一件

御掛様

桑原村一件惣代関新衛門七郎兵衛申立候者、明和年中稲荷山村之内元町村、桑原村之内小坂村連印之書面等此程中風与見出シ候由之処、最早手後ニ罷成候得者差出方心痛仕候趣、別紙之通願出候付、一同評義仕候処、右書面一応御取用ニも可被成哉奉存候間、先般御用済後美濃地見分所有之趣ニ而、御検使ニ罷越候間、右場所御用済帰所以前、於江府何と歟御取繕被成下候上、早々其向江差出候様ニ仰渡可被下候様仕度哉奉存候、則書類相添此段奉伺候、以上

十一月

宮本喜一郎

水井忠蔵

松本嘉十郎

関田慶左衛門

金児丈助殿

桑原村古書見出候付被申立候趣与承知、伺之通早々被申越候、尤竹村金吾へ書置之義委細ニ申談可被申越候、以上

十一月十三日

恩田木工

最初の部分は、桑原村の惣代が新証拠が出たことを松代藩役人に報告している文書であり、発見したのが検使に請書を出したあとだったので、ここまで放置したが「心痛」で相談した、と書かれている。新証拠とは別の文書によると、明和五年（一七六八）に「龍洞院御朱印山林へ入込、狼藉仕候者共」の属する小坂村（桑原村内）と元町村（稲荷山村内）が、連印で親村の庄屋宛に出したもので、則ちそれで係争地が龍洞院朱印地であることを稲荷山村も認めていたことが明白になるということである。そのあとの部分で、宮本喜一郎等四人の現地担当者は郡奉行の金児丈助に報告し、金児はさらにそれを家老の恩田木工に報告したのだろう。恩田は進めるよう指示している。そして次の史料である。

〔史料11〕

桑原村龍洞院山論御見分手出立後風与見出候証書奉願、此度惣代両人江被仰渡、出府仕候付、諸入用金三拾両程も持参仕候得共、自然臨時入用出来仕、引足不申節者於江府拝借奉願方旨、尤拝借証文此表江相廻次第、村方ゟ早速上納可仕趣申聞候間、可相成御儀御座候ハ御聞済被成下候様仕度奉存候、此段奉伺候、以上

十一月

水井忠蔵

関田慶左衛門

ここでは、惣代二人が江戸に赴く費用として三〇両を持っていったことを述べたうえで、臨時入用があった時には

江戸屋敷で貸与することが書かれていて、藩の気配りが表出している。なお、新証拠を奉行所に提出することとなって、桑原村は相手の稲荷山村にその事実を知らせたが、稲荷山村が反対した形跡はない。天保十三年(一八四二)十二月には新証拠は無事提出された。

ところで、一点奇妙なのは、この新証拠発見後の過程では、その主役が龍洞院ではなく、脇役的な存在であった桑原村となっていることである。そもそもこの争論での稲荷山村側の主張は、それが「稲荷山村と桑原村共同の入会地」であるということであった。これはもともと両村が一つの村であったことに起因しているが、実際に争論初期に稲荷山村は桑原村に対し共同での訴訟を働きかけ、桑原村の態度は揺らいだ面もあった。しかし、最終的に桑原村が稲荷山村との共同入会地であることより、寺領であると主張することを選んだ理由について、桑原村が何かを語っている文書は残っていないが、端的に言えば、同村にとってはそのメリットが大きかった故であろう。

筆者は別稿の松江藩域の寺社領をめぐる争論の諸事例で、寺社領にある村が争論に自らは表に出ず、寺社の背後で成り行きを見守る実態を描いた[18]。村にとっては寺社の権威に守られていることは都合が良く、また寺社領の毛上(用木・薪・草)を寺(あるいは神社)自身が使うことは限られており、寺社領の村はそれらをほぼ独占的に使えたという状況にあったからである。桑原村の場合もおそらく同様であり、龍洞院領となることは、その領域からの稲荷山村の排除につながって、自由に毛上を活用できるメリットがあると考えて行動するなかで、桑原村の村民の心情は龍洞院と一体となっていったのではないだろうか。

この争論は、翌年八月、両者が寺社奉行所(阿部伊勢守)より、内済を指示されて終了となるが、実質は裁許であった。筆者前稿では、済口証文の表面上の表現のみを見て、「両者の言い分の間をとった」と書いたが、以上に述べた状況から見て、そこに書かれた境の記述は、龍洞院に有利な内容であったと推定する。

なお、この時の寺社奉行所の窓口は戸田嘉十郎という人物であって、検使ではない。つまり、検使の業務は見分のみで、最終的な当事者への申し渡しの場には立ち会わないということがわかる。もちろん、現地を視察した検使の考えは、最終決定に重要な役割を果たしていることは、杉本史子氏が記した通りであろう[19]。

おわりに

本章では、藩をまたがり、かつ朱印寺院という特殊な存在が関係する争論における論所地改の過程で発生するさまざまな事態に、藩や村がどのように対応したかに焦点をあてて分析した。この過程で見えてきたことを整理する。

①近世前期には高身分の役人や番方系の旗本が行っていた論所見分であるが、近世後期には代官の下僚の手付や手代が行うことが常態となっていたのは、先行研究が示した通りである。検使は幕府のなかでは最下層に属する役人であったが、関係する藩にとっては、その一言一句にも安易な対応をできない存在感を持っており、「地改空間」の場は非日常的な秩序を現出した。

②幕府の山論処理原則であった「百姓公事」（山論の当事者は、領主でなく村という原則）における藩関係者の位置は微妙であった。彼らは訴訟の当事者でないにもかかわらず、現地に赴いて、幕府検使や相手側の藩関係者と応対をしたが、それらはほぼ儀礼的なものに終始した。それにもかかわらず、幕府検使からは内済勧奨の件で訴訟当事者への影響力行使を期待されたが、それは藩関係者にとって難題以外の何物でもなかった。

③訴訟当事者である村や寺は、幕府検使に対して直接訴えることができることを活用して、自らの主張を堂々と述べており、「百姓公事」の原則は彼らに歓迎されていたと言って良いであろう。そして、最初の宿をどちらにす

るかで検使を巻き込んだ議論がなされたように、些細なことでも自らに有利にすべく必死であった。

④この争論の検使は、費用を自弁することや、賄賂的なものを受け取らないという意味で、公平かつ清廉な態度を見せた。ただし、本書の他の章[20]にはそうでない事例も見え、結局それは検使の個性によるのかと考えられる。

前稿と二回に分けて龍洞院と稲荷山村の争論を見てきたが、朱印寺社の関係する争論では、訴訟当事者と双方の領主のほかにも、寺社の存在する村、寺社の本寺、「録所」と呼ばれる地域の有力寺院、さらに周辺の寺社などの多様な関係が発現し、さらには幕府との関係もそれらに影響される状況があったことを示せたのではないかと考える。

註

（1）小早川欣吾『近世民事訴訟制度の研究』（有斐閣、一九五七年）。

（2）宮原一郎「近世前期の幕府裁許と訴訟制度」（『徳川林政史研究所研究紀要』三八、二〇〇四年）、同「近世の論所裁許と検使見分」（『栃木史学』二二、二〇〇八年）。

（3）野尻泰弘「支配違いの境目争論からみる藩地域」（鈴木直樹・渡辺尚志編『藩地域の環境と藩政』岩田書院、二〇二〇年）。

（4）高木昭作『日本近世国家史の研究』（岩波書店、一九九〇年）三九頁、杉本史子『領域支配の展開と近世』（山川出版社、一九九九年）一〇一頁。

（5）拙稿「寺社領林野の特質と藩・地域社会―龍洞院と稲荷山村の争論から―」（前掲註（3）『藩地域の環境と藩政』二〇二〇年）。

（6）戸隠社と飯縄社による山野の帰属をめぐる争論。第二章黒滝論文を参照。

(7) 近世林野所有の特質については拙著『近世林野所有論』(岩田書院、二〇二四年)を参照されたい。
(8) 遠江の可睡斎は曹洞宗の大寺院であるが、開祖の住職が徳川家康の幼少期からの知り合いで、家康との会見中に居眠りをしたのを、家康がそのままにさせておいたことからその名がある。龍洞院はこの争論の最中にも相談に行っている。
(9) 上田藩史料。
(10) 真田幸貫(老中)・松平忠優(寺社奉行)については『藩史大辞典　第三巻』(雄山閣出版、一九八九年)、松平忠徳(御側衆)については『江戸幕府旗本人名辞典』(原書房、一九八九年)による。
(11) 竹村金吾・菅沼弥惣右衛門以外の藩役人については『真田家家中明細書』(国立史料館編、東京大学出版会、一九八六年)による。竹村・菅沼については後掲註(12)に事情を説明する。
(12) 表1の松代藩役人の役名は「上田藩史料」に記載されたものである。一方、松代藩士の役職の史料としては『真田家家中明細書』(前掲註(11)参照)が存在するが、同書の「解題」によれば、そこに記載された内容は、複数の史料から編集されたものとのことで、したがって履歴は完全なものではないと解するのが正しいようである。たとえば、竹村金吾は、同書では天保十二年に郡奉行、嘉永四年に寺社奉行兼帯となっていて、そのまま受け止めれば、この事件の天保十三年時点では郡奉行のみであるが、「上田藩史料」では「郡奉行兼寺社奉行」と書かれている。同史料はほぼリアルタイムで記述されていることを考えると、同人は天保十三年には既に兼帯となっていたが、嘉永四年時点でもその状態が続いていたと解釈すると整合性がとれる。
(13) 定兼学「代官手代」(久留島浩編『近世の身分的周縁5　支配をささえる人々』吉川弘文館、二〇〇〇年)。
(14) 人文学オープンデータ利用センター『江戸マップベータ版』。同サイトは嘉永二年の尾張屋版江戸切絵図(国会図書館所蔵)をデータベース化したもの。

(15) 戸森麻衣子『江戸幕府の御家人』(東京堂出版、二〇二一年)。
(16) 金五〇〇疋は一両一分である。
(17) 江戸出訴のあと、訴訟関係者は寺社奉行所に「賄賂を出さない」ことを誓っている。当然ながら検使もそれを知っているはずである。
(18) 拙稿「山論に見る近世寺社領の特質—松江藩郡奉行所文書の諸事例から—」(前掲註(7)拙著所収)。
(19) 杉本史子『近世政治空間論』(東京大学出版会、二〇一八年)一三八頁。そこでは、地改は、代官手代という身分には不相応な「政事の元を仕組む」ともいえるほどの重大な務めになっている実情が語られている。
(20) 前掲註(6)を参照。

第四章　一九世紀の新田開発にみる村と領主

―瀧本新田割地一件を事例として―

渡辺尚志

はじめに

本章は、一九世紀における新田開発を取り上げて、林野の開発をめぐる開発請負人・入百姓（入植者）・藩役人それぞれのありようと相互の関係性を追究しようとするものである。

松代藩領の新田開発の動向については、『長野市誌』で次の五点にまとめられている[1]。

①新たな集落ができるような比較的規模の大きい新田開発は、江戸初期と後期に多い。

②初期には、犀川・千曲川の流域の河川敷や山麓の広大な入会地がその対象となり、いわゆる土豪開発型のものがみられる。

③後期には、開発の対象が山沿いや山間部の比較的小規模な土地に移る。

④中期以降、河川敷の新田では洪水に悩まされる。また、本村との関係悪化から組分けの動きが強まる。

⑤全体を通して、個々の百姓が小規模な開発を積み重ねたものが多い。

本章で取り上げる瀧本新田の開発は、上記③に該当するもので、林野を切り開いて小規模な新田村をつくった事例である。本事例の検討から、近世後期の新田開発にみられる特徴を具体的に示してみたい。

瀧本新田の事例は、別の面からも注目されている。『信濃国松代真田家文書目録』(その四)の解題(笠谷和比古氏執筆)では、「これは百姓の新田割地の所持を巡る問題が、小規模ながら藩役人の疑獄事件に発展していったものである。(中略)本件の経緯は『家老日記』『郡方日記』『目付方日記』等の史料では見出せないところであり、ここに収めた書付型史料群の重要性を示すものである」と述べられている。また、「草案」のもつ独自の史料的価値についても言及されている。[2]このように、当該事例は、史料論の観点からも重視されているのである。また、『信濃国松代真田家中依田家文書目録』(その一)の解題でも、同様の観点から本一件に注目している。[3]

すなわち、両解題では、本一件は村方だけの問題ではなく、「藩役人の疑獄事件」という性格ももち、さらに史料学的にも興味深い事例だとされているのである。しかし、両解題では、解題という性格から簡潔な記述にとどまっている。そこで、本章では、本一件の経過を詳しく追究して、その「面白さ」に迫ってみたい。以下、本章では、この一件を「瀧本新田割地一件」という。

ここで、本章の対象地域の概要を述べておこう。[4]瀧本新田の親村に当たる埴科郡東条村は、松代城下の東に隣接している。松代藩の直轄領で、藩士知行地はない。村高は、『正保郷帳』で一〇七〇石余あり、埴科郡内では大村であった。村高の内訳は田五五四石余、畑五一五石余で、延享二年(一七四五)に村内が北・南両組に分かれ、それぞれに村役人が置かれた。文化六年(一八〇九)の人口は七〇三人、安政三年(一八五六)の家数は一七六軒(北組八三、南組九三)であった。

瀧本新田は、標高約六〇〇メートルの地点に位置する。文化年間に斎藤治右衛門らが南組地籍の笠原山を開墾したとされるが、新田村として独立したのは、後述するように文政年間である。安政三年の家数は六軒であった。

本章で主に用いる史料は、信濃国松代真田家文書と信濃国松代真田家中依田家文書である（ともに人間文化研究機構国文学研究資料館所蔵）。前者は、郡奉行所で作成・授受・保存されたものである。[5]後者は、依田家第九代当主利継（源之丞）が目付役を務めていたとき、瀧本新田割地一件の評議に参加したために残された史料である。松代藩の目付は、家臣団及び諸役人の政務に対する監察検断などを職務とした。[6]また、松代真田家中野本家文書（長野市立博物館所蔵）も補助的に利用した。同文書中には、野本力太郎が代官を務めた幕末期の日記類があり、そのなかに瀧本新田割地一件に関する記事が存在するためである。[7]

本章で典拠史料を示す際には、本文中に史料整理番号（目録番号）を記す。真田家文書は番号のみを記し、依田・野本両家の文書は番号の前にそれぞれ「依田」「野本」を付ける。

一　瀧本新田割地一件の発端と安政六年までの経過

瀧本新田割地一件の発端と経過については、万延元年（＝安政七年〈一八六〇〉三月十八日改元）四月に下目付が作成した「申上」（真田家文書く一八〇三、以後「く」は省略、端裏書に「一」とあり）に詳しい。松代藩の目付制は、大目付―目付―御徒目付―下目付という体系をなしていた。下目付の「申上」には、以下のような事情が述べられている。

文政三年（一八二〇）に、松代藩は、東条村の字笠原山を開発して、新田村を立てることを計画した。これは、藩主の御声懸りによるものだったという。藩士の伊藤小一右衛門（郡奉行所荒地懸り）が責任者になり、代官成沢小右衛門も協力し、東条村南組の百姓徳左衛門が世話役になった。そのとき笠原山は一八区画に分割されており、そのそれぞれに持ち主がいた。すでに、山割が行われていたのである。そして、山年貢として、籾二三俵二斗四升八合六勺を、東条村の北・南両組から毎年藩に納めていた。ただし、これでは山年貢籾が高すぎるので、八、九俵は減免されていたともいう。

笠原山については、文政三～五年の三年間は山年貢の上納が免除され、その間に東条村の両組で笠原山に生えている樹木を伐採して、文政六年早春には「裸山」にして藩に引き渡すこととされた。一八区画に分割された土地は、一区画の代金が五両、総額九〇両とされ、さらに笠原山以外の場所にある一区画の地代金五両を加えた九五両が、藩の「御手許金」から山の持ち主に地代金として下付された。藩が、山を持ち主から買い上げたのである。

そして、藩では、領内各地から生活困窮者を集めて、住居を与え、農具・食料を支給して、伊藤小一右衛門と徳左衛門の指揮のもとで土地の開発にあたらせた。しかし、開発は難航し、文政六年からは、瀧本新田の入植者が納めることになっていた山年貢籾二三俵二斗四升八合六勺の上納は困難であった。そこで、藩に願って、同年は籾七俵分の代金のみ納めることで済んだ。耕地開発が進まないため本年貢は納められないし、かといって裸山になっているので、従来通りの山年貢上納も難しかったのである。

文政七年春には、入植者七人が相談して、当時所持者が未定だった土地を、七人で分割することにした。すると、徳左衛門が、自分も開発の世話をしたのだから分割に加わりたいと、伊藤小一右衛門に願い出た。伊藤はこの願いを了承し、入植者たちも願いを認めたため、入植者七人に徳左衛門を加えた八人で土地を分割した。そして、文政七年から、従来通りの山年貢籾二三俵二斗四升八合六勺を上納することになった。

徳左衛門（万延元年に八一歳）は、元来農業を嫌い、「何廉小もめ合等へ立入小口差入、或ハ嫁聟之仲人抔商売同様ニ致し、謝礼を受山師者ニ而、年中ぬらくら遊ひ居候者」で、「新田世話人ト申候而も御手充抔人しれず少々宛ハ腰へ附ケ申候由、如形成生質ニ付形容而已多、別段心配骨折太義抔仕候訳ニハ無御座候由」であった。すなわち、徳左衛門は、揉め事の調停や仲人役を商売にする山師で、瀧本新田開発の世話をしたときも、格別の働きをしたわけではなく、それどころか、藩からの手充金を着服した疑惑さえあるというのである。

文政三〜五年に樹木を伐採した跡地には草・萱が生い茂ったが、それらは入植者七人の食料代に充てるため、藩から彼らに無年貢で下付された。徳左衛門は、この草・萱の売却を差配し、川中島あたりの人々に売却したが、その代金は入植者たちには渡さず、全て徳左衛門が取得してしまった。

徳左衛門は、藩士の岩下左源太から借金していたが、元利の返済を滞らせ、さらに「引当地所ニ抱り不届至極之儀」があったことが発覚した。そのうえ、「居村へ抱り候而も不埒之事」があった。そこへ、瀧本新田に関する不正行為（藩からの御手充着服や草・萱の売却代金の独占）が露顕したため、文政十年には瀧本新田の割山（分割したうちの一区画）を藩に没収され、一年半の間「過怠夫」の処罰を受けた。[8]

没収された徳左衛門の土地は、藩の「御用地」とされて瀧本新田に預けられ、そこにかかる山年貢は村人（入百姓）たちが上納した。その後三、四年経って、村人たちが藩に、くだんの「御用地」を村方（瀧本新田）へ「御下ケ地」としてくれるよう願ったところ認められた。そして、山中（松代藩領の地域区分）に属する橋詰村の嘉右衛門が瀧本新田への入植を希望したので、徳左衛門の旧割山（「御下ケ地」）は嘉右衛門に与えられた。嘉右衛門を加えて、瀧本新田の山持はまた八軒になったのである。その後、村人のうち良左衛門と吉右衛門が、天保年間の後半に潰れとなったため、その借財を残った六軒で弁済する代わりに、潰れた二軒の土地財産は六軒で分配した。[9]

徳左衛門は、文政十年に割山を没収されて以降、安政六年（一八五九）まで何の動きもみせなかったが、堀内権左衛門という人物の存在によって新たな状況が展開した。堀内権左衛門は、田中村孫平の子で、孫平の妻は徳左衛門の姉であった。つまり、徳左衛門は、権左衛門の母方の叔父に当たる。権左衛門は「退役御咎メ以前権勢強、内願申込候者悉く成就仕候」というありさまだった。すなわち、百姓出身で、取り立てられて藩士となり、一時は権勢をふるっていたのである。[10]そこで、安政六年三月に、徳左衛門は、文政十年に没収された土地の取戻しを画策して、権左衛門に力添えを依頼した。

当時はまだ力があった権左衛門は徳左衛門の頼みを引き受けて、瀧本新田を管轄する代官野本力太郎や郡奉行高田幾太らへ、徳左衛門が先年の新田開発に大功があったように言葉を飾りつつ働きかけた。また、徳左衛門自身は、東条村南組の村役人に山の取戻しを願い出た。村役人たちは、徳左衛門の願いが実現すれば、「徳左衛門ハ掘出し物ニて仕合ニ候得共、瀧本ニ而ハ三拾余ケ年も過去申候事ニ付、不思寄難渋ニ可有之」とは思ったが、徳左衛門が自分の後ろ盾に権左衛門が付いていることをほのめかして強気に出たため、権左衛門に憎まれることを恐れて、徳左衛門の願書(文案は権左衛門が作成)に連印した。[11]

そして、安政六年三月下旬に、徳左衛門は願書を代官野本力太郎に提出した。その後、「御上」(野本力太郎カ)から、村役人を差出人にした願書をあらためて提出せよとの「御内差図」があったということで、徳左衛門が願書の下案(これも権左衛門の作成)を持って東条村南組の村役場に来た。そこで、名主清右衛門は、下案どおりの願書を作成して、四月二日に野本力太郎に差し出した。本人ではなく村役人が願い出ることで、徳左衛門一人の願いではないということを明示させようとしたのであろう。[12]

四月十一日に、郡奉行高田幾太が、徳左衛門と村役人を「御蔵屋敷」(郡奉行所)へ呼び出し、白洲で「先年御引上之山地御返地被成下置候旨」を言い渡した。同日、徳左衛門とその子七左衛門らは、郡奉行所から、以前取り上げた山地を返すので開発に出精するよう仰せ渡され、それに対する請書を差し出している〔野本A-一三六〕。ここで、山地(割山)の下げ戻しは正式の決定事項となったのである。

翌十二日に、高田は、今度は瀧本新田村役人を御蔵屋敷に呼び出し、「徳左衛門から引き上げた土地はこれまで瀧本新田に預けておいたが、このたび先年のとおり徳左衛門に返地する。すぐに見分の者を派遣するので心得ておくように」と言い渡した。

瀧本新田名主の助右衛門は驚いて、「藩が徳左衛門から引き上げた山は当初「御用地」という名目で瀧本新田に預けられたが、その後村方からの願いにより「御下ケ地」になった。そして、その土地は、橋詰村出身の嘉右衛門が瀧本新田に移住してきたとき、彼にあてがった。したがって、徳左衛門に渡す割山はないので、申渡しはお受けできない」と返答した。すると、高田は、「何れ元〆（勘定所元〆）江可申聞」と言って、瀧本新田村役人を白洲から下がらせた(13)。

瀧本新田村役人が、すぐに勘定所元〆に、郡奉行高田の申渡しはお受けできない旨を伝えたところ、勘定所元〆は支配代官（野本力太郎）に願い出よと指示した。瀧本新田名主助右衛門は、翌四月十三日に代官所に願い出るつもりで、十二日に帰村した。ところが、助右衛門が帰村する前の留守宅に早くも触書が届いており、帰宅した助右衛門が開封してみると、「明十三日に、関田慶左衛門と小野唯之進が、先年徳左衛門から引き上げた「御預ケ山」の見分に行く」旨が記されていた。

驚いた瀧本新田の六軒の者たちは夜を徹して相談したが、やはり徳左衛門への返地を承諾することはできず、「此上ハ何ケ様之御咎メ被仰付候共、何方迄も御訴訟ゟ外無御座」と決断した。そして、四月十三日に、代官野本力太郎に願い出た。四月十四日には、瀧本新田から野本力太郎に書面が提出された。野本がその書面を高田幾太に見せたところ、高田は東条村村役人に取り計らわせるよう指示した（野本E-四-五）。そこで、野本は、十五日に東条村南組の三役人を呼び出して、「不穿鑿ニ而嘆願書差出し不埒至極、何も瀧本へ及示談候様」申渡した。

野本の指示を受けて、東条村南組村役人の清右衛門・永助らが瀧本新田の者たちと話し合ったが、瀧本新田側は徳左衛門への返地を断固拒否した。代官野本があくまで示談による解決を求めたため、南組村役人は東条村北組村役人や古役の勝蔵に仲介を依頼した。すると、瀧本新田側は仲介者たちに対して、「徳左衛門が瀧本新田に引っ越してくるなら、山を差し出そう」という条件を出した。それを聞いた徳左衛門は、「先年は、東条村南組に居たまま、土地の割当てを受けた。それなのに、今回は瀧本新田へ引っ越して来いというのは「全難題至極之言分」だ」と立腹した。(14)

二　安政七年（＝万延元年）の状況

この一件は安政六年（一八五九）中には解決せず、翌年に持ち越された。前節に続いて、万延元年（一八六〇）四月作成の下目付の「申上」を中心的に用いて、一件の経過を追っていこう。安政七年（三月に万延と改元）一月下旬に、東条村南組の村役人が後役と交代したいと代官所に願い出たところ、一件が解決するまで交代は認められないと却下された（却下は、野本が高田に伺ったうえで決定した（野本E-四-七））。それでも、万延元年三月に、村役人の交代については認められた。

安政七年二月五日に、東条村南・北両組の村役人が、代官所に、示談交渉が不調に終わった旨を報告し、野本はそれを高田に報告した。なお、示談交渉の要所々々で、東条村村役人は野本に状況報告して指示を仰いでおり、それに対して野本はあくまで示談で解決するよう指示している（一七九五、依田六三四-二（どちらも冒頭に「二」とある）、野本E-四-七）。同じ二月五日に、徳左衛門が野本の所に来て、「瀧本新田側は偽りのみ申し立てているので、吟味してほしい旨を郡奉行所に内々で申し出たら、それは代官に申し出るようにと言われた」と述べた。同日、野本がそれを高田に報告したところ、高田のほうで処置を考えることになった〔「高田殿江申立、勘弁之趣」、野本E-四-七〕。

安政七年二月に、瀧本新田村役人も、代官所に返答書を出して自らの主張を述べているが〔一七九六、依田六三四-三〕、そのなかで「譬へ御引上等ニ相成候共、何方迄も御縋り可奉願」と述べている。瀧本新田は、①自村は「大暁院様御枕金」（藩主の手許資金）をもって立てられた村であること、②よって、村の土地はたとえ「本郷」であっても、他村の者へはけっして渡さないよう、伊藤小一右衛門や成沢小右衛門から言い渡されていること（同様の主張は〔一七九八、依田六三四-五〕にもあり）、③瀧本新田では、それを「郷法」としてずっと守ってきたこと、④徳左衛門の要求を認めては、「一村惑乱之基治り兼村方難行立」こと、などを述べている。

すなわち、瀧本新田側は、これまでの藩の方針と村方成立の双方を自らの主張の論拠にしているのである。代官も、この両者を否定することは困難だったと思われ、だからこそ繰り返し示談による解決を求めたのだと思われる。結局、話し合いによる合意には至らず、東条村北組村役人は仲介を断念した。

以上が、万延元年四月の下目付の「申上」を中心に、他の史料の内容も加えて整理した、同月までの一件の経過である。そして、下目付は「申上」において、「徳左衛門義、先年開発之節世話役被　仰付、数年来骨折太義仕候ニ付、為御手充八ツ割之内壱割為御褒美頂戴仕候抔ト事仰山ニ事を飾り、嘆願申立候由ニ候得共、権左衛門之贔屓取持之作言ニ而、前文取調申上候通、七人割ニ仕度旨小一右衛門へ村方伺之処、徳左衛門義我等も壱割御預り申度旨小一右衛門江願候由ニ付、尤ニ聞受八ツ割ニ相成、壱割徳左衛門御預ケニ相成候由、　御上江徳左衛門御呼出し等ニ而立派ニ壱割頂戴被　仰付候抔ト申義ニハ無御座候由申成し候」と記している。すなわち、徳左衛門が一区画分の割地を得た経緯は、藩からの御褒美などではなく、彼が自分から願い出て手に入れたのだというわけである。

以上の記述のあとに、「瀧本新田村当節御収納」として、次の数値が記されている。

高一石三斗九合　居屋敷高　免二つ　本口籾一俵三升九合三勺
籾二三俵二斗四升八合六勺　山年貢
籾一俵二斗五升　　　　　　開発冥加籾（天保三年〈一八三二〉から上納、〔八六四〕）
〆籾二六俵三升七合九勺（これは毎年の「御立直段」（公定米価）で金納）

ここから、万延元年時点でも耕地開発はほとんど進んでおらず、貢租の大部分は瀧本新田成立以前から賦課されていた山年貢であったことがわかる。

そして、「申上」の末尾には「右之趣居懸り穿鑿之上、右両村辺江罷越風説承繕、此段申上候、以上」と記されている。ここまで長文にわたって紹介した内容は、下目付が現地に赴いて風説などまで蒐集したうえで記したものだったのである。

以下、他の史料を用いて、安政七年（万延元年）における一件の経過をみていこう。

三月一日には、東条村の願書（内容は不明）を、代官野本が何度か書き直させたうえで、高田幾太の内見に入れた。そして、高田の了解を得たうえで正式に提出させ、受理した〔野本E四-七〕。

安政七年三月に、東条村南・北両組の村役人が、代官所から、瀧本新田で先年八つ割にした地所の一割分の地代金は、「裸山地」の場合いくらくらいかという質問があったのに対して、金二四、五両くらいだと回答している〔一七九七、依田六三四-四、どちらも冒頭に「四」とある〕。同月、瀧本新田の村役人は、勘定所元〆役所からの同様の質問に対して、三〇両くらいだと回答している〔一七九八、依田六三四-五、どちらも冒頭に「五」とある〕。

以上の回答を踏まえてのことであろうが、万延元年閏三月十八日に、郡奉行高田幾太は、割地一件での関係役人の不調法を詫びたうえで、徳左衛門への御賞替（山の引き渡しに代わる褒賞）として、彼に地代金二〇両相当の郡役（年間二百日分の労役負担）免除の特権を与えたい旨を家老に伺っている〔一八〇二〕。高田は、瀧本新田の強硬な反対によって、徳左衛門への山の引き渡しが困難な状況下で、御賞替という代替手段を模索しているのである。これなら、山を渡すのではないから瀧本新田も文句はないだろうし、徳左衛門も山ではないが特権を得られるので納得するだろうという判断である。[15]

一方、代官野本力太郎は、四月に瀧本新田から高田幾太に差し出した嘆願書を、高田が焼き捨ててしまったということを、郡奉行磯田音門から聞いている〔野本E-四-一三〕。高田は、御賞替という妥協案によって何とか一件を終息させるために、嘆願書焼き捨てという乱暴な手段もとっていた。

（万延元年）四月に、目付が、（家老から）東条村徳左衛門の御賞替についての意見を求められて回答している。それが、次の史料1である〔一八〇四〕。

〔史料1〕

「（端裏書）三」　東條村徳左衛門御賞替之儀御尋ニ付申上　　御目付」

東条村
徳左衛門

右之者、①先年御引揚ニ相成候瀧本新田村之地所、尚又昨年中被下ニ相成候得共、新田村難渋之趣願立仕治り兼候儀ニ付、御賞替之儀高田幾太伺候付、②書類御下御尋評議仕候上内穿鑿為仕候処、別紙穿鑿書面之趣ニ而者、瀧本新田村難渋之趣願立仕候茂尤至極、最初右一条願立仕候節村役人共ニおいても懸念候得共、其勢ひニ恐れ徳左衛門申ニ任セ歎願仕候を、③幾太ニおいて茂一応之尋ニも不及取計候段者不調法至極之旨同人も申立仕候得共、右様存付候ハヽ、如何様ニ茂恐入候趣ニ而取計方も可有之処、却而御賞替等申立郡役弐分被下ニ相成候得者、弐分丈者

御入箇江拘り永久之御損ニ可罷成様奉存候、割山御預之義ハ高除き与申訳ニ者無之故、右御預丈之上納者可致義奉存候処、地代金而已之掛合セニ而伺候抔以之外之儀与奉存候、就而同人儀者昨年不取計之廉交ニ而急度御察当有御座度義与奉存候、其上右徳左衛門江昨年御返し罷成候地所者元々不正之発端ニ付、以前江御繰戻し御引上ニ罷成候方御当然之様奉存候、猶御勘弁可被成下候、御尋ニ付評議仕穿鑿書相添此段申上候、以上

四月　　　　　　　　御目付

史料1の要旨は、以下の通りである。

①徳左衛門は、先年藩に引き上げられた瀧本新田の地所を、安政六年にまた下付された。しかし、瀧本新田側が難渋を申し立てて収まりがつかなくなったため、郡奉行の高田幾太は、徳左衛門に地所の下付に代わる賞与を与えるべく、（家老に）伺いを上げた。（家老は）関係書類を目付に回して、高田の伺いの可否を諮問した。

②そこで、目付たちが評議し、（下目付に）内々に穿鑿させた。その報告書（前述の一八〇三）をみると、瀧本新田側の訴えはもっともである。最初に、東条村の村役人が、徳左衛門への地所の下付を願い出た際に、村役人らは懸念を抱いたが、（権左衛門を親類にもつ徳左衛門の）権勢を恐れて徳左衛門の言いなりになった。

③高田幾太は、東条村からの願い出を審査もせずに認めた。これが「不調法至極」であったことは、本人も認めている。しかし、それを反省することなく、（万延元年には）徳左衛門に地所下付の代わりに郡役免除の特権を付与しようとした。徳左衛門に郡役を免除すれば、藩にとってはそれだけ損失になる。高田の伺いは、もってのほかである。

④高田には昨年の「不取計」（詳細は不明）もあるので、「急度御察当」があってしかるべきである。また、昨年徳左衛門に返すことにした地所は、下付を取り消し、藩に引き上げるのが当然である。

⑤以上が、諮問を受けて評議した結果であり、（下目付の）穿鑿書を添えて上申する。

この上申を受けて、大目付恩田新六は、万延元年四月十九日に、高田が徳左衛門に昨年地所を返すことにしたのは「如何ニも不落着之儀」だとして、同役で評議のうえで、目付の上申内容に賛同する旨を（家老に）回答している〔一八〇五、端裏書に「四」とある〕。

同じ四月十九日に、中老河原左京も、目付の意見に同意したうえで、「御代官ニ於ても不念之廉有之歟之様被存候、孰も猶御勝手掛御目付等与御尋、幾太御察当与申廉も何程位之心組哉可申立被仰渡度義与存候」と述べている〔一八〇六、端裏書に「五」とある〕。

河原左京が、高田幾太への処分の程度を目付に尋ねるよう提案した件は実行に移され、四月に目付は、同役で評議のうえで再度意見を上申している〔一八〇七、端裏書に「六」とある〕。そこでは、①幾太が近年病気になってから「余程調子違」っており、昨年（安政六年）冬の「倅多兵衛御咎一條」のときも、病気を勘案して、幾太をほかの役職へ転役させることを目付から提案したこと、②今回の不始末も病気ゆえのことかと思われるが、「如何ニも心得違等閑之義与奉存候」こと、③支配代官（野本力太郎）にも「不念之廉」があったという中老河原左京の指摘は妥当であり、代官にも幾太に準じて沙汰を下すべきこと（③は下ケ札に記載されている）、が述べられている。

このように、目付は、幾太に処分を下すべきだという意見を再度述べつつ、病気による情状酌量の余地にも触れて、具体的な処分内容については明言していない。こうした議論の結果、高田幾太は万延元年五月に、預所郡奉行に左遷された。それより早く、徳左衛門の後ろ盾となっていた堀内権左衛門は、安政六年十一月に、玄米一人扶持御引上、永給人格に引下げ、隠居逼塞とされた。これが、この一件が「藩役人の疑獄事件」とされる所以である。しかし、瀧本新田割地一件はこれで最終決着とはならず、その後も藩内で議論が続くことになる。

万延元年五月に、郡奉行磯田音門から野本に、嘉右衛門（瀧本新田への後からの入百姓）が天保何年に瀧本新田に引越し御田地受取を願ったか尋ねるよう指示があった。野本は、五月三日に、瀧本新田に回答を求めた。五月四日に、嘉右衛門本人（当時は瀧本新田組頭）が代官所に来て、自分の親の甚五右衛門は天保八年に瀧本新田に引越したが、御田地の下付願はその二、三年前だったと回答した。野本は、それをすぐに磯田に報告した。

五月十日に、磯田は野本に、藩が徳左衛門から引き上げた土地が嘉右衛門に渡るまでの経緯について、七か条の質問書〔八七四〕を瀧本新田に渡して回答させるよう指示した。野本は、五月十三日にその旨を瀧本新田に伝えた。瀧本新田側は、十五日に返答書〔八七五〕を提出した。なお、この間、磯田・野本・瀧本新田の間で細かいやり取りがなされている。磯田は、瀧本新田からの提出書類をかなり書き直させているが、不明な点を明確に書き込むようにとの指示が多く、自己都合で事実を歪曲しているという感じはしない〔野本E-四-一三〕。

同じく五月に、勘定所元〆役（郡奉行の下役）は、「御内尋付申上」として、次のような意見を述べている〔八六四、端裏書に「壱ニ相添、出割増之事」とある〕。①藩が徳左衛門から引き上げて瀧本新田に預けた土地を、瀧本新田側が藩のどの部局に願い出たうえで嘉右衛門に渡したのかが理解できない。それは、瀧本新田の者が一存でやったことではないか。②徳左衛門に旧所持地を渡すことに問題はないと思うが、それによって瀧本新田の者が難渋するというなら、瀧本新田には「増上納」（貢租増徴）を命じて、その分を徳左衛門への御賞替に充ててはどうか。

すなわち、勘定所元〆は、郡奉行の下役であるという立場上、高田と同様、御賞替によって一件を落着させようという意見なのである。

万延元年六月には、徳左衛門が郡奉行所に、自身が文政七年（一八二四）に瀧本新田において藩から山地を頂戴した際の事情を説明している〔依田三七五-八、冒頭に朱書で「六」とある〕。万延元年十一月には、徳左衛門が藩（具体的な部局は不明）に、内々に口上書を差し出して、自らの主張を願い上げている〔依田三七五-九、冒頭に朱書で「七」とある〕。

そこでは、瀧本新田側の主張は「甚心得違私欲勝手儘取繕偽等申立」てたものだと主張されている。また、瀧本新田の土地は藩からの「御預り地」で、他村への質入れ・譲渡は禁じられているにもかかわらず、瀧本新田の者は東条村の者に質入れしているとも述べられている。

このように、高田幾太は左遷されたものの、一件の吟味は終了せず、翌万延二年（＝文久元年〈一八六一〉二月十九日改元）にも続くことになる。

三　文久元年の状況

文久元年（一八六一）には、仕切り直しのかたちで議論が再開された。その経過を、以下にみていきたい。

郡奉行磯田音門は（万延二年）二月十四日に高田幾太に書状を送り、前年から問題になっている「瀧本新田割地一条」について、「別紙之趣ニ御内慮相伺」今一応取り調べたいとして、高田の意向を尋ねている。そこでは、瀧本新田の者たちが手前勝手なことを強く主張していて不埒なようにも思われる、と述べられている（一八一一）。

それに対して、高田幾太は翌二月十五日付の磯田音門への返書で、この件は自分の「不行届」「不取計」から起こったことで申しわけなく思っているので、磯田の提案通り取り調べてほしいと回答している。高田は、磯田の取り調べによって、一件が自分にとって無難なかたちで落着することを願っている（一八一二）。

二月十四日の磯田音門の書状に出てくる「御内慮伺書」は、真田家文書中に現存しているので次に示そう（八六九）。

〔史料2〕

（端裏書）「再一　朱一ゟ八迄添

東条村南組徳左衛門瀧本新田割地一条御賞替之義御内尋ニ付尚御内慮伺

磯田音門　」

①東条村南組徳左衛門先年御咎ニ付瀧本新田割地御引上罷成候処、其後先非後悔追年悲歎罷在極老ニ至り無余岐歎願仕候ニ付、以　御情御引揚之割地御下戻之儀伺之上申渡候処、地本瀧本新田難渋申立候ニ付御賞替高田幾太奉伺候ニ付、右書類を以昨年中御内尋御座候ニ付、猶亦一通始末相尋朱一印ゟ六印迄之通ニ御座候而、徳左衛門七八印之通申立依而勘弁仕候所、②詰り引揚之割地ニ無之候共当時(i)瀧本住居之者人少相成居候得者、何れ銘々所持之割地ゟ余分ニ進退罷在、(ii)右之内木立ニ而進退与申義開発一村御立被成下候与申御趣意ニ相振れ、既ニ徳左衛門開発不仕御引揚罷成候御見渡茂有之、(iii)其上段々申立候次第之内不都束之廉茂相見、幾太取調ニ付申立候三印書面中、譬御引揚相成候共何方迄茂御縋り可奉願抔以之外成義ニ相聞、③都而右ニ准候而者心得違罷在候義ニ相聞候間、委細吟味之上尚取調申上候様仕度儀哉与評儀仕、右書類差添此段御内慮奉伺候、以上

二月十八日

史料2の要旨は、以下の通りである。

①安政六年（一八五九）に、先年東条村南組の徳左衛門から没収した瀧本新田の割地を下げ戻すと申渡したところ、瀧本新田側がそれに反対したので、高田は代案として「御賞替」を伺った。それについて、万延元年（一八六〇）に、磯田音門に「（家老からの）御内尋」があった。そこで、磯田音門が朱一印から八印の書類に基づいて再度検討した。

②その結果、磯田の考えは、(i)瀧本新田では戸数が減少したため、現住の各戸は所持する割地以上の土地を進退している、(ii)そのなかには木立となっている場所もあるが、それは耕地開発のために村立てした藩の趣意に反するし、徳左衛門から土地を引き上げた経緯に照らしても問題である（徳左衛門は耕地開発を怠ったという理由で土地を没収され

たのだから、同様に耕地開発を怠っている瀧本新田の者たちも問題であるということであろう）、(iii)瀧本新田が提出した文書のなかにはふつつかな箇所があり、特に三印の文書（一七九六）中にある、「たとえ、藩から、徳左衛門に渡すために土地を引き上げられようとも、どこまでも自分たちの主張を願い出るつもりである」という文言などはもってのほかの心得違いである、というものであった。

③磯田は、評議の結果、この件についてはあらためて詳しく取り調べて、結果を上申したいとして、それでよいか関係書類を添えて家老の御内慮を伺っている。

以上が、史料2の要旨である。ここからは、磯田が、瀧本新田側の主張に批判的であることがわかる。高田を擁護したいという思いもあったかもしれない。高田のほうも、この内容の御内慮伺いであれば提出に異存はなかったであろう。

この御内慮伺いの際に添えられた関係書類のリストと思われるものが残されている（一八一五）。その端裏書には、「辛酉（文久元年）瀧本新田割地之義ニ付相伺候書目」と記され、以下の文書が列挙されている。

朱一印　徳左衛門瀧本ニ付不埒之取計共内詮義風聞之書取、音門写取分、
同一ニ添　右書取を以元〆《儀左衛門》江相尋候ニ付、元〆役答書、
同二印　安政六未年四月、徳左衛門瀧本割地先年御引上分、尚又御下願先非存付嘆願之旨南組三役人縋書本書
紛乱ニ付、控を相添候、
同三印　瀧本新田三役人徳左衛門へ地所御下之義不承伏之旨嘆願書、
内白一印　南組政右衛門帳下治《甚》五右衛門家内召連引越度願ニ付、天保八酉年八月御預御用地之分村方へ御下、
右之分治五右衛門子当時嘉右衛門、

同三ニ添　先年徳左衛門不埒之始末御代官ゟ尋ニ付、瀧本之者共徳左衛門を悪さまニ申立之控、
同四印　右瀧本三役人三印申立之条々不審之廉々、ケ条ニ而書取元〆手ゟ出ス書付、
同五印　右四印不審を打候廉々ニ付、瀧本新田村役人答之書面、万延元申ノ五月申立ル、
同六印　右瀧本新田村役人申立等之次第ニ付、徳左衛門江及尋同人答書、右同年六月、
同七印　南組徳左衛門万延元申十二月尚又申立之書面、○此内ニ瀧本役人共徳左衛門同村へ引越候ハ、右山地差遣申与申聞と有之、
同八印　南組徳左衛門当酉（文久元年）ノ正月尚又糺之義相願、
朱七印二丁目白札　徳左衛門当村へ引越参り候ハ、右山地差遣可申と申云々、

これらの文書は、真田家（郡奉行所）・依田家（目付役所）両文書中に現存している。同一の文書が両文書中にともに存在するものも多い(16)。リストにある「朱一印」等の番号は、真田家・依田家両文書中の該当文書（依田三七五―一～一〇等）の端裏や冒頭に付された番号と一致する。どの文書にどの番号が付されているかは、ここまでの本文中で適宜示してきたところである。このように、郡奉行所と目付役所は同一の関連文書を共有し、同一の文書には同じ番号を付与することで認識の一致を図っていたのである。

二印の文書は、依田家文書では「一ニ添」文書（依田三七五―三）の末尾に「弐　安政六未年四月東条村南組役人ゟ縋り書壱通在之略ス」と記されている。

史料2の御内慮伺書については、その下案（いずれも二月付）が二点残されており、そこから磯田の推敲のあとを知ることができる。まず、そのうちの一点（一八一〇）をみてみたい。そこでは、「御賞替等一向評義も無之、（高田幾太の）一己之伺如何之儀哉相弁兼候始末御座候」と書いた部分を抹消し、抹消した理由を「評義有義ニ付此文面不宜除

ク」と記している。

また、瀧本新田の者が割地を木立にしていることに関わって、「既徳右（左カ）衛門開発不仕御引上相成候御見渡も有之候」と、徳左衛門と比較しつつ瀧本新田を批判する内容の加筆を行っている。徳左衛門が開発を怠ったという理由で土地を没収されたのだから、同様のことをしている瀧本新田の者にも問題があるということである。この部分は、最終的な「御内慮伺書」（史料2）でも生きている。

これらのことから、磯田が、瀧本新田側に批判的で、他方高田への配慮を示していることが読み取れよう。もう一通の下案（一八一四）は、先の下案の修正点が反映された、より提出版に近いものである。

そして、磯田音門は、（文久元年三月）十一日に、郡奉行山寺源太夫・宮下兵馬・長谷川三郎兵衛・斎藤友衛に宛て廻状を出した（一八一三）。そこで、磯田は、これまでの経緯を説明して、御内慮伺いのうえで吟味を開始したい旨を提案しており、同役の四人もこれに同意している。

この間の過程は、高田幾太が家老に御賞替についての御内慮伺い→家老から磯田らに御内尋ね→磯田が勘定所元〆へ尋ね（→勘定所元〆が瀧本新田に尋ね）→磯田が、村方が提出した書類等をもとに取り調べ、という順序で進められている。

磯田は、同役への廻状（一八一三）のなかで、①高田はこの件で責めつけられているようだが、自分は高田から取り調べの進め方について何か頼まれたことはない、②瀧本新田には余分の土地があるのだから、それを藩に引き上げられるのもやむを得ないのではないか、③徳左衛門は瀧本新田の開発に功績があり、過去の罪はもう償っている、などと述べて、高田や徳左衛門に同情的な見解を述べている。

また、三月には、目付が、大目付恩田新六の諮問に答えて見解を述べている。それが、次の史料3である（八七〇）[17]。

〔史料3〕

(端裏書)「再二　東条村徳左衛門瀧本新田割地一条ニ付御尋申上　御目付　」

①東条村南組徳左衛門瀧本新田村割地一条ニ付、磯田音門御内慮伺書類御下御尋評議仕候処、②先般御内尋ニ仍而一通始末相尋候処、不都束之廉も有之且未開発不致木立之場も有之趣、右次第者吟味之上ニ無御座候而者子細聢与相弁兼候得共、先年之　御趣意ニ振れ候段者如何敷義ニ付、御引上相成候共申方者無之筋ニも可有之哉ニ候得共、数十年来相済来僅六人ニ而一村相立居、難渋者右等之融通ニ而何与歟取続御定之上納者致し罷在候事ニも可有之歟、③然ル処徳左衛門先年不埒之義有之割地御引上過怠夫迄ニも相成、其後聊之功も無之者江再御預相成候程之廉相見へ不申、既ニ願立之砌村役人ニおいても内心ニ者如何与存候様子ニ御座候得共、堀内権左衛門母方之伯父之由ニ付、かゝる勢ひ不得止任申願出候趣ニ而、第一不正之発端ニ付御引上相成度義与前書申上候儀ニ御座候、④右不正ゟ如形之場ニ至り夫か為ニ不念筋も粗相見え(＊)、斯不審も相生し候上者吟味与申方ニも可相成歟、是茂無余岐事ニ御座候、乍去仮令此上瀧本之者一割可差出旨承伏致し候歟、又者不埒筋を以御引上ニ相成候共、兼而申上候次第ニ而御預ケニ難相成筋ニ御座候者、吟味仕候ニ茂右之心得可有之、⑤又瀧本新田ニ而一割引渡之義無異義畏候得者子細無御座候処、彼是難渋筋申立候ニ付引渡ニ相成不申候ゟ御賞替等伺如形ニ相成候得者、一先申渡候義を此場ニ而調違とて引上ケニ者相成兼候間、双方吟味致し無余岐場ニ至り、徳左衛門江再預を引上与也地所引渡与也可致訳与中論茂出可申歟ニ候得共、段々申上候次第ニ御座候得者、再御預ニ相成候が御当然之義ニ候哉、御不相当ニ可有御座哉、乍憚右御決着被成下候上吟味之儀御差図被成下度義与奉存候、猶御勘弁可被成下候、此段申上候、以上

三月　御目付

（＊）の箇所に、〔依田八四九－二〕では、「伊藤不便之場茂可有之や候得共」という文言があったが抹消され、下ケ札に「不便なとゝ認候処、如何之ものや、御役方ニ而引候様ニ相聞候てハ不宜、全ク右様之心得ニ而ハ無御座候得共、別而御勘弁可被下候」とある。その意味するところは難解で、解釈は保留したい。

史料3の要旨は、以下の通りである。

①磯田が御内慮伺いの際に家老に提出した関係書類を、大目付が目付に渡して意見を求めたので、目付たちが評議して、次のように回答した。

②先般、家老から（磯田に〔依田八四九－二〕）内々の質問があったので、磯田が一通り調べたところ、瀧本新田側にふつつかなところがあり、未開発の土地もあるということだった。この点は、実際に関係者を吟味してみないと詳細はわからないが、先年の藩の開発方針に反しているのは問題である。したがって、土地を藩が引き上げても、瀧本新田側に文句はないように思われる。しかし、数十年来そうした状況が続いてきており、そのもとでわずか六軒の難渋百姓が何とか貢租を上納してきたのではないか。

③徳左衛門は、先年割地を引き上げられて以降、わずかな功績もあげていない。そうした者に、再び土地を預ける理由はない。（安政六年に）東条村南組の村役人が、徳左衛門に土地を預けてくれるよう願い出たときも、村役人たちは内心では疑念を抱いていたようである。しかし、堀内権左衛門が徳左衛門の母方の伯父（叔父）だということで、権左衛門に配慮して願い出たらしい。それが今回の不正の発端なので、徳左衛門に再び預けた土地は引き上げるべきだと、以前申し上げた。

④徳左衛門に再び土地を預けたところから、不念の筋や不審な点が生じている。こうなった以上は、一件を吟味するのもやむを得ない。しかし、吟味によって、瀧本新田から土地を差し出させたり（あるいは藩が引き上げたり）するこ

とになっても、それを徳左衛門に預けることはできない。このことは、以前から申し上げている。

⑤瀧本新田が徳左衛門への土地引き渡しを拒んだため、高田幾太が徳左衛門に土地に代わる褒賞（御賞替）を与えようとしたところに問題の原因がある。しかし、いったん申渡したことについて、ここで藩の側の調べ違いを認めて、徳左衛門への再預けを白紙に戻すのは難しい。瀧本新田と徳左衛門の両者を吟味する必要がある。そこでは、徳左衛門に再び土地を預けることの可否について、藩役人間で賛否両論が出ることが予想される。そのため、藩上層部がどういう方針で臨むのかをはっきり決めたうえで吟味の進め方を指示してほしい。

以上が、史料3の要旨である。目付は、徳左衛門への土地引き渡しや御賞替には正当性がないとしつつも、異なる意見の存在可能性も考慮して、吟味に臨む基本姿勢について、藩上層部の方針を確認しているのである。また、藩がいったん出した判断は、その妥当性が揺らいでも、軽々には取り消せないことがわかる。それは藩の判断の無謬性に疑問を生じさせることになるのであり、藩の権威・威光に関わる問題であった。

史料3を受けて、三月十二日に、大目付恩田新六は、瀧本新田割地一件に関する磯田の伺い（史料2）について、先日家老から関係書類とともにお尋ねがあったので、同役で評議した結果、目付の意見に同意する旨を回答している（依田八四九－二）。同文の（真田八七二）の端裏書には「再四」とあり、そこでは日付が三月二十二日になっている）。

並行して、中老河原左京は、目付に、徳左衛門への割地再預けの当否について再諮問している。それに対して、目付たちが評議して、三月二十日に、「昨年の（下目付の）「穿鑿書」によれば、徳左衛門の要求はいかにも不正のように思われる。したがって、彼に再度地所を預ける理由は見当たらない。それは、これまでも申し上げてきたところである」と回答した（八七一、端裏書に「再三」とある。同文の依田八四九－三の端裏書には「酉三月廿日左京殿へ出」とある）。

六月に、中老河原左京は、（家老にカ）次のような意見を述べている（八七三）。

〔史料4〕
「再五（端裏書）
左京　」

①東条村南組徳左衛門瀧本新田割地一条磯田音門内伺之趣書類を以御尋ニ付、種々勘弁致評議候処、御目付細々弁論申立之趣尤之義与被存候、且②音門書面、

瀧本住居之者銘々所持之割地ゟ余分ニ進退罷在、右之内木立ニ而進退与申義開発一村御立被成下候申御趣意ニ相触れ、既ニ徳左衛門開発不仕御引揚相成候御見渡も有之、其上段々申立候次第之内不都束之廉も相見云々、

右③ニ付吟味之上取調与申趣尤之義与被存候処、先年徳左衛門開発不致引揚相成候与者事柄相違候様被存、徳左衛門義者穿鑿書之儀ニ而者人物柄開発等自分ニ而致し候存念更ニ不相見、全等閑之上種々私曲有之ニ付引揚相成、

④新田村之方者右引揚相成三四ケ年相立村方へ下ケ地相願、橋詰村嘉左衛門与申者為引移右地所同人江進退為致、其外潰両人之借財弁金等六軒之者共ニ而夫々取片付、数十年来辛労新田村取続候者、何れ少し余分之味ひ無之而者新村行立兼候理合与被存候得者、可成丈穏ニ取扱此上割地引上等申付、詰り右村百姓往々衰微ニ不至様相含可然事与被存候、⑤偖又徳左衛門此度之次第者内縁之廉ニ而堀内権左衛門一々取計候趣ニ候得者甚不正至極之義ニ付、再預者勿論御賞替等ニ者決而不及道理、殊更御勘定所元〆見込之一割丈増上納為致、夫を以徳左衛門へ御賞替など申義者たとへ　上ニ御不益無之共一村難渋之基ニ而甚不可然被存、返々も悉皆権左衛門之所行ゟ出如形相縺候事ニ付、如何程高年之者ニ候共徳左衛門一人を救ひ一村難義ニ及ひ人気ニ差障候様押及し候而者難相済事与被存候、且又⑥掛り御役人不調法ニ候ハヽ、御咎ニ也差扣ニ也相成当然之道理ニ可引戻者勿論之事ニ候得共、右様ニ而者御役義且　上之御威光ニも係り候場も可有之や、夫以時宜ニ寄無余岐次第、⑦此度様之義強而再預御賞替等ニ致し候而者、掛り御役人之不取計を撿ひ非を飾る之罪（カ）ニ落入候様被存候、就而詰り吟味之方可然哉ニ者候得共、有

之間敷事乍ら新田村之者些敷落度を咎め、徳左衛門を救ひ候様なる次第ニ不相成、兎ニ角先年之厚　御趣意ニ不相反、村方永続第一ニ致し候様相成度事与奉存候、猶宜様御勘弁可被下候、以上

六月

猶々先達中御尋之処彼是再考等仕御答大延引奉恐入候、以上

河原左京の意見は、次のようなものである。

①この一件を磯田音門が（家老に）「内伺」したことにつき、関係書類を添えて意見を求められたので、評議の結果、目付の意見が妥当だと判断した。

②磯田音門は、書面のなかで、「瀧本新田の者たちは、銘々所持の割地より余分に地所を進退している。そのうちには、木立の場所もある。これは、藩が、耕地開発のために一村を立てた趣旨に反する。徳左衛門が開発を怠ったとして地所を引き上げられたことに照らしても、瀧本新田の現状は問題だし、彼らの主張にはふつつかな点もある」と述べている。

③それについて、瀧本新田の者たちを取り調べるのはもっともだが、彼らと徳左衛門では事情が異なると思われる。徳左衛門は、穿鑿書（下目付作成のものカ）によれば、自分で開発に携わるつもりなどはなく、地所を未開発のまま放置したうえ、さまざまな私曲があったために地所を引き上げられたのである。

④それから三、四年経って、瀧本新田からの願い出により、地所は瀧本新田に「下ケ地」になり、瀧本新田では橋詰村の嘉左（右カ）衛門を移住させて、彼に地所を進退させてきた。また、二軒の潰れ百姓の借財は、残った六軒で弁済するなど、この数十年間苦労して村を維持してきた。そのためには「少し余分之味ひ」（いくらかの余分の収益）が必要であり、それがなければ新田村は成り立っていかない。したがって、瀧本新田に対しては、できるだけ穏便に取り扱うべ

きであり、割地を藩に引き上げたりして、瀧本新田の百姓を衰微させることがないよう配慮する必要がある。

⑤今回の件は堀内権左衛門の取計らいによるもので、「甚不正至極」であるから、徳左衛門への土地の再預けや御賞替はすべきでない。勘定所元〆は、「一割丈増上納為致、夫を以徳左衛門へ御賞替」（瀧本新田の貢租を一割分（割地の一区画分）増額し、それを徳左衛門への御賞替に充てること）を提案している。この案は、藩の不利益にはならないものの、それによって瀧本新田が難渋するので、たいへんよろしくない。徳左衛門一人を救って、「一村難義ニ及ひ人気ニ差障候様押及し候而者難相済事」と考える。

⑥掛りの役人に不調法があれば、御咎めや差し控えを命じて、「当然之道理ニ可引戻者勿論」だが、それでは「御役義且　上之御威光ニも係り候場も可有之や」と思われ、時宜に応じた判断が求められる。

⑦今回の件については、再預けや御賞替を行っては、掛り役人の不適切な措置を糊塗することになる。「詰り吟味」（瀧本新田を徹底的に吟味することカ）が妥当なように思われるけれど、そうではない。瀧本新田の者のわずかな落ち度を咎めて、徳左衛門を救うようなことがあってはならない。瀧本新田の永続を第一に考えるべきである。なお、お尋ねがあってからあれこれ再考していたために回答が遅れた⑱。

以上の河原左京の意見を受けて、七月一日に、家老赤沢助之進は磯田音門に、「この一件については、昨六月二十九日に自分が引き受けて、書類を初めて見た。「再一印」（史料2）の書類以後、「向々見込申立候次第も有之候間」、今一応勘考してほしい」と伝えている〔八六八〕。高田を擁護し、瀧本新田の問題点を吟味しようとする磯田に、再考を促しているのであろう⑲。

残念ながら、これ以降の藩内議論の経過を示す史料は残されていない。ただ、文久元年十一月に、徳左衛門が「御内々御尋」に対して、以下のように回答している〔一七九九〕。

①東条村南組治五右衛門の子・森之助は、いつごろから、どういう経緯で瀧本新田の土地を所持しているのかという「御尋」への回答。

徳左衛門が瀧本新田の開発世話人を命じられたときに呼び集めたのは、宇平太・五郎吉・新兵衛・友之丞・祐左衛門・龍(良)左衛門・吉蔵・宮内の八人だった。このうち宮内は「開発未熟」のため、地所を渡さなかった。また、祐左衛門は欠落してしまったので、友右衛門を代わりに入植させた。さらに、五郎吉も亀治郎と交代させた。

その後、龍左衛門は「死潰レ」になり、宇平太の子吉右衛門は欠落した。今般のお尋ねにつき、森之助の父治五右衛門に問い合わせたところ、「自分が吉右衛門の屋敷地を引き受けたが、さらに友右衛門が病死したので、彼の分の土地も引き受けて預かった」とのことだった。それは、嘉永三年(一八五〇)のことだと思われる。

②東条村南組の甚五右衛門が瀧本新田の地所を引き受けた経緯についての「御尋」への回答。

最初は、甚五右衛門の兄巳之助が入植したが、山火事を起こしたため、開発は認められなかった。その後、徳左衛門は江戸詰になり(この時は藩に奉公していたものか)、長く江戸に滞在していた。そして、帰国すると、甚五右衛門から、今は自分が瀧本新田に移住している旨を告げられた。

安政六年に、徳左衛門が旧所持地の返地を認められたとき、瀧本新田側は代官所に対して、その土地(御用地)は、今は甚五右衛門が開発している旨を主張した。それに対して、徳左衛門は代官に、「いなくなった龍左衛門と吉右衛門の土地を、その後は瀧本新田の六人で預かっているわけだから、まだ残りの山があるはずだ」と回答した。

今回のお尋ねにつき、いろいろと聞いてみたが、甚五右衛門が瀧本新田の地所を引き受けた経緯についてはよくわからない。ただ、時期は天保年間だと思われる。

③瀧本新田の入百姓に割り当てられた土地が、現在は耕地ではなく木立になっているようだが、それはなぜかとい

う「御尋」への回答。

木立になっている土地は、耕地に開発するには多くの人手がかかり、その割には収穫が期待できない。瀧本新田には耕地も増えてきたが、八人割の所を六人で預かっていて人手不足のため、開発に手が回らない土地は木立にしておくのもよいと思う。

以上の徳左衛門の回答を記した文書の最後には、「此上幾重ニも　御憐愍之　御意奉仰候」とある。[20]

このように、文久元年十一月になっても、瀧本新田割地一件は最終決着しておらず、詮議が続いていたのである。

おわりに

以上述べてきた事実経過から抽出できる論点を整理しておきたい。

①瀧本新田の開発の特徴について

「はじめに」で紹介したように、『長野市誌』では、近世後期には開発の対象が山沿いや山間部の比較的小規模な土地に移ることが指摘されていた。瀧本新田の事例は、まさにそうしたものであった。その場合、少人数で山間部を開発するため、目立った成果をあげることは困難であった。

瀧本新田の開発においては、開発世話人のあり方に特徴があった。徳左衛門は、自身が先頭に立って開発を進めるというよりも、世間師的な活動のなかで培ったネットワークを生かして入百姓を集めるというかたちで開発に携わった。そのため、瀧本新田の村人たちにとっては外在的な存在であり、そうした事情が背景にあったため、割地一件においては瀧本新田と徳左衛門が鋭く対立したのである。町人請負新田のミニチュア版のような性格を有したところに、瀧本新田の開発の特徴があった。

②割地一件における双方の主張の特徴について

瀧本新田の主張の正当性の根拠は、村の土地を他村の者に質入れ・譲渡することを禁じた藩の指示と、近世社会における通念である村方成立とであった。いずれも、藩側が否定することは難しいものである。また、高田幾太が、地元である瀧本新田の合意を取らずに、徳左衛門への土地の下げ戻しを決定したことは手続き上の瑕疵であり、これも藩側が瀧本新田の主張を否定することを困難にした。反面、瀧本新田側には、耕地開発があまり進んでいないという弱みがあった。

一方、徳左衛門は、自身の瀧本新田開発における功績を具体的にあげて、割地下付の正当性を主張している。また、村の土地を他村の者に質入れ・譲渡することを禁じた藩の指示については瀧本新田側と認識を共有しながらも、瀧本新田がそれに反して土地を東条村に質入れしていることを非難している。藩の指示という同じ事実を、瀧本新田を批判するために用いているのである。徳左衛門は、藩への貢献と藩の指示を自らの主張の正当性の根拠に用いていた。

双方とも、藩側にアピールしやすい、あるいは藩側が否定しづらい点を根拠に自己主張しているのであり、そこに百姓たちの巧みな戦術がみてとれる。

また、瀧本新田は、「たとえ、藩から、徳左衛門に渡すために土地を引き上げられようとも、どこまでも自分たちの主張を願い出るつもりである」と述べており、高田幾太の地所下げ渡しの決定に頑強に抵抗している。村ぐるみで「強情者」的な姿勢をみせているのである。「どこまでも自分たちの主張を願い出る」とあるように、瀧本新田の村人たちは藩の支配を否定してはいない。しかし、あくまで藩に対して自己主張を続けるという姿勢は、客観的には藩の安定的な統治を困難にしているといえる。だからこそ、磯田音門は、こうした瀧本新田の主張を「もってのほかの心得違い」だとして強く警戒せざるを得なかった。ここでも、武士と百姓の「暗黙的協同関係」は危機に瀕していた。[21]

一方の徳左衛門は、正式の訴願手続きを踏んでの自己主張に加えて、堀内権左衛門とのパイプを利用したり、藩側に内々に願い出たりといった、非公式な手段も駆使していた。ここには、瀧本新田とは別のかたちでの百姓のしたたかさが表れている。

③藩側の対応について

藩内の議論をみると、二つの考え方をもつグループが存在したことがわかる。一つは、高田幾太との緊密な意思疎通のもとで一件に対処した代官、高田の意を汲む勘定所元〆、彼に同情的な郡奉行の磯田音門ら「郡奉行所グループ」である。彼らはいずれも高田に同情的な反面、瀧本新田には批判的であり、御賞替などの方法で一件を穏便に収めようとしていた。もう一つは、下目付・目付・大目付・(中老)ら「目付グループ」である。彼らはいずれも高田や徳左衛門には批判的で、徳左衛門への割地下付や御賞替には否定的であった。

部局ごとに、意見の違いが明確化していたのである。審議のなかで高田の左遷は決まったが、一件自体はなかなか決着しなかった。その原因は、高田が正式に徳左衛門への割地下付を言い渡してしまったことにあったと思われる。藩がいったん出した決定は、その妥当性が揺らいでも、軽々には取り消せなかった。取り消せば百姓たちに藩の判断の無謬性に対する疑念を生じさせることになり、それは藩の権威・威光に関わる問題であった。そのために、「目付グループ」は割地下付や御賞替には否定的でも、割地下付の取り消しを強く主張できなかったのであろう。

一方、「郡奉行所グループ」は、高田や徳左衛門に同情的でも、一方では瀧本新田の村方成立や、領内の平穏維持に配慮せざるを得なかった。そのため、徳左衛門への割地下付や御賞替を強行実施することはできなかった。

こうした両グループの抱えるジレンマが一件を長期化させる要因になったと思われる。ここに、事実と論理だけでなく、藩の権威・威光の保持や村々の平穏な統治をも強く意識せざるを得ないという、藩内議論の特徴が見出せよう。[22]

④文書管理の特徴について

瀧本新田割地一件の関係文書のうち一〇数点は、真田家・依田家両文書中に同一のものが存在している。郡奉行所と目付役所で、同一の文書を共有しているのである。同じ一件を複数の部局で審議するためには、当然必要なことであった。

そして、両役所とも、文書に、書付型史料なら端裏に、冊子型史料なら冒頭や末尾に通し番号を付けることによって文書を管理し、さらに郡奉行所ではその文書リストを作成していた。この通し番号は両役所で共通であり、それが両役所間の意思疎通を容易にしていたと思われる。また、関連文書を一綴りにしたり、一冊にまとめたり、紙縒りで一括したりしている場合もあった(依田六三四、依田三七五、依田八四九、真田一八一六)。こうした点に、松代藩の部局内・部局間の双方における文書管理技法の特徴を見出すことができる。[23]

註

(1)『長野市誌 第三巻 歴史編 近世一』(長野市、二〇〇一年)。

(2)史料館所蔵史料目録第四三集『信濃国松代真田家文書目録』(その四)(国文学研究資料館内国立史料館、一九八六年)。

(3)史料館所蔵史料目録第六九集『信濃国松代真田家中依田家文書目録』(その一)(国文学研究資料館史料館、二〇〇〇年)。

(4)以下の対象地域の概要は、『長野市誌 第九巻 旧市町村史編 旧更級郡旧埴科郡』(長野市、二〇〇一年)に拠る。

(5)前掲註(2)『信濃国松代真田家文書目録』(その四)解題参照。

（6）前掲註（3）『信濃国松代真田家中依田家文書目録』（その一）解題参照。

（7）なお、野本力太郎の「日記」については、種村威史「松代藩代官文書の管理と伝来について」（国文学研究資料館編『近世大名のアーカイブズ資源研究』思文閣出版、二〇一六年）や、本書第五章でも取り上げられている。

（8）他の史料〔真田一八〇〇〕には、徳左衛門の子佐源治（のち徳左衛門と改名）は瀧本新田の「山地割合壱人分」を引き受けておきながら、開発せずに「伐苅而已」しているなど「私欲」の行為があったため、瀧本新田の山地を取り上げられ、過怠夫を申し付けられた、とある。
また、「御見合　番外　三三添」〔八六七〕と記された、文政十年閏六月に、瀧本新田名主・組頭・小前惣代が代官岡部八十喜に提出した、代官の尋ねに対する返答書がある。これは、左源治（徳左衛門）がよからぬ取計らいをしたことを、瀧本新田から代官に申し立てた文書の村方における控を写したものである。そこでは、左源治が受け取った土地の開発もせず、瀧本新田には居住せずに山林の利用だけをしている実態が述べられている。

（9）ここまでの経緯は、〔八六三、端裏書に「壱」とある。依田三七五－一も同文〕にほぼ同文で記されており、以上の記述は〔八六三〕で一部補足した。なお、割山は徳左衛門分だけに限らず、他の村人たちの分も、各自が藩から預かったというかたちになっており、藩と村人との権利の重層性がみてとれる。

（10）国立史料館編『真田家家中明細書』（東京大学出版会、一九八六年）、および前掲註（3）『信濃国松代真田家中依田家文書目録』（その一）によれば、堀内権左衛門は、弘化二年（一八四五）に依願小僧役、安政五年（一八五八）二月に永給人格、同年十月に永給人、安政六年十一月に、玄米一人扶持御引上、永給人格に引下げ、隠居逼塞、元治元年（一八六四）に「権左衛門江御預之野山三千坪返上被仰出」という経歴であった。

（11）野本家文書中の安政六年の「日記」〔野本A－三六、野本E－四－五〕によると、安政六年三月二日に、徳左衛門が野本力太郎に、瀧本新田の割地の件で内々に嘆願書を差し出し、三月五日にも、徳左衛門が力太郎に、瀧本新田の割地の持ち主の変遷を説明している。

(12) 安政六年四月二日に、東条村南組名主清右衛門・組頭永助・長百姓恒治が郡奉行所に、徳左衛門への割地の下付を願う縋り書を提出した〔八六五、一七九四、依田六三四-一、いずれも冒頭に「一」とある。野本A-三六〕。そこには、文政七年に徳左衛門が得た割地は、藩から開発の功労への手充として与えられたものだと記されている。ここでは、代官が、郡奉行所宛の文書についての指導を行っている。また、瀧本新田の開発は藩主直々の意向だという。

(13) 安政六年(一八五九)四月(十三日)に、瀧本新田名主助右衛門・組頭嘉右衛門・小前惣代新平が郡奉行所に、徳左衛門(旧名は左(佐)源治)への山の下付の件は受諾できない旨の嘆願書を提出している〔八六六、依田三七五-四〕。この史料では、①入百姓たちは、文政三年(一八二〇)から瀧本新田の開発を開始したこと、②文政七年までに約七〇〇〇坪を開発したこと、③天保八年(一八三七)八月に、東条村南組の政右衛門帳下甚五右衛門の子嘉右衛門に、徳左衛門の旧割山を引き渡したこと、④吉右衛門(宇平太の子)の最終的な欠落は天保十四年だったこと、などが述べられている。③によると、橋詰村出身の甚五右衛門・嘉右衛門親子は、瀧本新田に来る前に、一時東条村の人別に入ったようである。

翌万延元年(一八六〇)五月に、瀧本新田の嘆願書に対して郡奉行所が不審点を列挙した文書が作成された〔八七四、依田三七五-六、いずれも「四」とある〕。それを受けて、瀧本新田では、同月に返答書を提出している〔八七五、依田三七五-七〕。この一連のやり取りは細かい点の確認がほとんどで、一件の本質に関わるものとはいえない。

(14) 安政六年の六月から十月にかけて、代官野本力太郎は、東条村の村役人を呼び出して示談の進め方を指導するとともに、状況を高田に報告している〔野本E-四-五〕。

(15) 万延元年閏三月十八日付の高田幾太の家老宛伺書〔一八〇二、端裏に「一」とある〕は、次のような内容であった。徳左衛門への地所再下付を、昨年（安政六年）、東条村三役人が「別紙一印」の写書面の通り願い出てきた。東条村の村役人が、瀧本新田に相談なしに願い出たのは「不念之至」だが、その確認を怠った高田も「不調法至極」であった。東条村村役人には瀧本新田との示談を申し諭したが、瀧本新田との示談交渉が不調の旨を「別紙二印」の通り申し出てきた。高田が瀧本新田に不伏の旨を書面で申し立てるよう申し渡したところ、「三印」の文書を差し出してきた。また、（東条村と瀧本新田に）「地所代料」（徳左衛門へ下付した地所の地代金）を尋ねたところ、「別紙四、五印」の通り申し出てきた。そこで、徳左衛門へは、「郡役弐分」を下し置き、瀧本新田で下付した地所は返上させたい。「郡役弐分」は「御内定金弐拾両」に相当する。東条村村役人の申し立てでは、下付した地所の地代金は二四、五両だとのことなので、妥当な額であろう。「何共不調法至極奉恐入候得共、今更無余岐次第ニ付、厚御勘弁被成下度奉存候、此段奉伺候」。

ここから、高田は、自分が「不調法至極」であったことを詫びつつ、「御賞替」によって何とか事態を収拾しようとしていることがわかる。また、関連文書が番号を用いて簡潔に指示されている点も注目される。

(16)　史料2（「再一」）は（真田八六九・真田一八一四）と（依田三七五一一）、「朱一印」は（八六三）と（依田三七五一二）、「一ニ添」は（八六四）と（依田三七五一三）、「三印」は（八六六）と（依田三七五一四）、「三ニ添」は（八六七）と（依田三七五一五）、「四印」は（八七四）と（依田三七五一六）、「五印」は（八七五）と（依田三七五一七）、というかたちで同一文書が両文書群中にともに現存している。他にも、両文書群中にともに存在する文書が複数ある。

(17)　（依田八四九一一）は史料3の下書で、端裏書に「三月十一日大目付新六殿へ愚意大意草稿」と記されている。

(18)　「再二」（八七〇）・「再三」（八七一）・「再四」（八七二）・「再五」（八七三）の四点は、一冊にまとめられている（一八一六）。

(19)　いつの時点か明確に特定することは難しいが、以前に罪状があった者が先非を後悔し改心したため元の格式等に復帰した先例についての調査がなされている（一八〇八）。

(20) また、〔一八〇九〕によると、文久二年時点での瀧本新田(高一石三斗九合、山年貢籾二四俵二斗八升七合九勺)の人別は、新平(家内七人)・助右衛門(六人)・仙左衛門(四人)・森之助(一人)・嘉右衛門(六人)・佐七(五人)であった。戸数六戸、人数二九人であり、名主は新平、組頭は助右衛門であった。

(21) 「暗黙的協同関係」については、拙著『近世の村落と地域社会』(塙書房、二〇〇七年)第十章を参照。

(22) 藩内議論がもつ権威的・政治的性格については、拙著前掲註(21)第九・十章を参照。

(23) 前掲註(3)『信濃国松代真田家中依田家文書目録』(その一)では、端裏書を「巻上」(「巻上ゲ上ワ書」の略)と表記している。そして、そこに記載された情報の重要性に注目している。

第五章　幕末期松代藩における代官支配の構造と特質

―代官野本力太郎を事例に―

鈴木直樹

はじめに

松代藩の地域支配の特色は、個別の村々を統轄する中間支配機構が存在せず、代わりに藩役人（代官）が村々を強力に指導・調整していた点にある。松代藩では代官が地域支配の要として、特に重要な役割を果たしていたのである。これまでの研究では、幕府代官については膨大な研究蓄積があり、その役割や性格の変化、支配の特徴、代官所の構造などが明らかにされてきた[①]。一方、各藩の代官に関しては、個別政策との関わりなどについては検討されてきたが、代官所自体の構造や特質については十分に研究が進められていない[②]。各藩領の地域支配の特質を比較検討する際に、その中心にいた代官の実態解明は必須となるだろう。

松代藩の代官の概要については『更級埴科地方誌』『長野市誌』[③]に詳しい。両書では、代官の職務内容・支配村々の分布、代官・手代の定数推移・知行高などについて検討が加えられている。さらに、原田和彦氏[④]は郡奉行配下の代官・越石代官・手代・勘定所元〆らの作成した文書の行方や管理について分析し、①代官は役宅にて文書を保管し、執務していたこと、②代官手代は代官の役宅に出役し、諸帳面の作成などの業務を行い、勘定所でも帳簿の作成を実施していたことを解明した。しかし、こうした先行研究の分析は、近世前期~中後期にとどまっており、藩政のあり方が大きく変動していく幕末期については未検討である。そこで本章では、幕末期に代官を務めた野本力太郎に注目して分析を行う。

野本力太郎および野本家文書については、すでに検討が加えられている。種村威史氏[5]は野本家文書を読み解き、代官の役宅所が村の訴訟の窓口として機能していたことを示し、役宅所における訴願対応の実態、訴願文書の作成手続きを明らかにした。そして、松代藩の地方行政機構の特質として、制度的には中間支配機構が存在しない故に、代官を中心に藩の地方支配機構が村々に対し手厚い指導を実施したと指摘した。本章では、種村氏の研究成果を踏まえつつ、さらに幕末期の地方支配の構造や特質について、幕末期松代藩の藩政の展開を念頭に入れ、代官支配の変化していく側面に焦点を当てて分析する。

本章の分析対象である野本家は、書役・小僧役・右筆・奥支配などの役職に代々就任した。野本力太郎は嘉永七年(一八五四)に「御番入」となり、藩役人としての第一歩を踏み出した。その後、安政三年(一八五六)に代官に就任し、明治四年(一八七一)まで在職した[6]。

一　幕末期代官支配の構造

1 代官・手代の定数と支配範囲

松代藩の代官の基礎的な事項について、先行研究に基づき簡単にまとめておきたい。

まず、代官の職務内容である。主な職務は、①年貢や小物成・夫役の徴収、②田畑山林の年貢徴収や、村役人の役儀などに関する出入の処理、③自然災害時の不作や難渋村に対する処置、④村々からの献上金品の仲介、⑤居宅焼失者への手当て支給、⑥手代らの勤務管理、⑦小作料滞りの措置、⑧欠け落ち者の対応、などである。(7) 代官の職務は、年貢諸役の徴収を中核としながら、幅広く多岐にわたるものであった。藩が村と直接関わるこうした業務については、代官が中心となり遂行していた。

次に、代官の執務状況である。代官は自宅を役宅所とし、主に役宅所で職務を行っていた。役宅所には、代官・手代・手代見習・附人が勤務していた。手代見習は、手代の子弟で将来的に手代に就任する予定の者が、手代の仕事を習得するために一定期間務める役職である。野本力太郎の「日記」を見ると、父親の隠居・死去に際して跡を継いで手代見習から正規の手代に就任する事例が散見される。ただし、すべての手代が手代見習を経ていたわけではない。附人は、代官や手代の指揮のもとさまざまな職務を遂行する役人である。附人は松代城下町や周辺の村から登用された足軽で、文書に名字は記載されない。なお、足軽の支配は日常的には直属の武士（代官付属の附人であれば代官）が行っていたが、足軽全体の統制に関しては足軽奉行が司っていた。(8)

代官・手代の定数は、詳細が判明する明暦期から万延期にかけて大きな変動がある。具体的には、明暦元年（一六五五）八名・一六名、寛延三年（一七五〇）一四名・一四名、宝暦元年（一七五一）八名・一六名、明和二年（一七六五）五名・一五名、文化十二年（一八一五）四名・一二名、文政八年（一八二五）五名・二〇名、万延二年（一八六一）五名・二〇名であった。(9) 十七世紀から十八世紀中頃までは、代官の数が相対的に多く、かつ代官一名に手代が一～二名体制で運営されていた。十八世紀後半以降、代官の定数は四名か五名で、手代が三～四名という体制になった。つまり、十八世紀中頃までは、藩領内を細分化し、多くの代官（と少数の手代）で統治していた。十八世紀後半から十九世紀前半には、代官の管轄範囲を統合し広げることで代官数を抑えながら、現場で働く手代数を増やし、増加していく藩の仕事

川役	紙御運上	鉄砲役	網役	綿役	熊皮役	御馬飼料役銀	麻御運上	漆攪日傭銀
4匁 5	28匁 6	20匁	—	—	—	—	—	—
—	17匁 6	4匁	—	—	—	—	—	—
—	13匁 5	40匁	—	—	—	—	—	—
—	—	—	—	—	—	—	—	—
—	—	4匁	—	—	—	—	—	—
6匁	4匁 5	—	2匁45	5匁24	75匁	—	—	—
1匁	—	8匁	—	—	—	—	—	—
6匁	2匁65	8匁	—	—	—	—	—	—
2匁 5	5匁73	—	—	—	—	—	—	—
2匁 5	11匁47	4匁	—	—	—	—	—	—
4匁 7	—	—	—	—	—	—	—	—
3匁	—	—	—	—	—	—	—	—
—	—	—	—	—	—	—	—	—
1匁27	—	—	—	—	—	—	—	—
2匁23	—	—	—	—	—	—	—	—
—	1匁 1	4匁	—	—	—	—	—	—
—	—	4匁	—	—	—	—	—	—
—	14匁 5	4匁	98	2匁 2	40匁	—	—	—
—	—	—	2	3	—	—	—	—
—	16匁 2	—	99	2匁 9	35匁	—	—	—
—	—	—	—	—	—	—	—	—
—	—	—	—	—	—	—	—	—
—	—	—	35	81	—	—	—	—
—	—	4匁	—	—	—	—	—	—
—	—	—	—	—	—	—	—	—
—	—	—	—	—	—	—	—	—
8匁	—	—	—	—	—	—	—	—
3匁	—	—	—	—	—	—	—	—
—	—	—	—	—	—	—	—	—
—	—	—	—	—	—	—	—	—
—	—	—	—	—	—	—	—	—
—	—	—	—	—	—	—	—	—
4匁 5	—	—	—	—	—	—	—	—
—	—	—	—	—	—	—	—	—

表1　野本力太郎管下村々の年貢諸役負担

	村名	村高	相給	御領分	年貢籾	役銀	漆御運上
里分	上山田村	633石 85	○	27石 658	638俵4斗 4	355匁 7	8匁74
	新山村	369石5853	○	44石6937	492俵1斗476	153匁17	14匁89
	上平村	528石 422	○	193石 71	451俵3斗 67	367匁99	9匁22
	上平村入作	1石 548	—	—	—	1匁63	—
	上平村之内小網山内新田村	66石 798	—	—	44俵1升 67	—	—
	上五明村	657石 933	○	154石 263	680俵2斗 88	392匁15	45
	力石村	584石 92	○	15石3468	327俵1斗587	286匁41	3匁 3
	網掛村	469石 479	○	7石 351	272俵2斗 9	182匁84	19匁
	鼠宿村	507石 158	—	—	405俵1斗 47	43匁 3	18匁51
	新地村	443石 59	—	—	393俵2斗973	32匁86	35
	上徳間村	194石 566	—	—	232俵2斗 5	121匁95	—
	千本柳村	316石 316	○	168石4115	220俵2斗518	236匁27	—
	内川村	304石 934	○	81石 94	301俵4斗577	184匁87	3匁
	向八幡村	206石 379	○	41石 696	122俵2斗157	111匁25	—
	小舩山村	167石 237	○	77石 154	120俵2斗872	112匁17	—
	牧内村	144石 456	—	—	400俵2升 65	152匁68	5匁
	宮崎新田村	—	—	—	—	—	—
	東条村南組	353石 365	—	—	580俵4斗256	416匁86	22匁86
	同伝兵衛分	4石 366	—	—	—	55	32
	東条村北組	353石 848	—	—	581俵2斗496	426匁32	23匁61
	東条村之内瀧本新田	1石 309	—	—	26俵3升 79	—	—
	東条村町分	78石	—	—	146俵3斗434	—	—
	荒町村	190石 101	—	—	242俵9升 19	85匁49	8匁97
	新田川合村	177石 139	—	—	78俵3斗441	27匁71	—
	川合村	1047石 3	—	—	86俵2斗769	89匁23	—
	大塚村	986石 572	○	66石 598	815俵1斗145	480匁12	—
	上横田村	75石	○	30石	30俵8升 99	39匁 6	—
	下横田村	319石 397	○	10石 837	324俵3斗918	146匁62	—
	会村	502石 805	○	16石3734	359俵4斗777	237匁74	5
	小森村	509石 705	○	32石 475	294俵1斗649	221匁53	15
	東福寺村	1320石 43	○	68石 269	1175俵1斗343	560匁 8	5
	中澤村	254石 69	○	15石 501	180俵4斗 91	85匁86	—
	杵淵村	604石	○	24石	236俵8升 94	306匁95	41
	西寺尾村	853石 81	○	25石	613俵3斗177	527匁 1	—

川役	紙御運上	鉄砲役	網役	綿役	熊皮役	御馬飼料役銀	麻御運上	漆攪日傭銀
34匁76	4匁 3	4匁	4匁12	—	—	60匁36	399匁 7	4匁17
—	2匁 2	4匁	4匁 3	—	—	25匁89	294匁 9	—
—	—	—	—	—	—	38匁91	684匁77	3匁23
—	20匁	16匁	5匁	2匁	—	20匁42	775匁83	1匁28
—	14匁 1	8匁	—	—	—	14匁 5	26匁 7	2匁13
3匁 5	13匁19	—	—	—	—	18匁75	451匁48	—
3匁	243匁	4匁	—	—	—	49匁88	267匁87	4匁58
—	171匁 6	8匁	—	—	—	63匁 6	768匁86	3匁68
—	12匁 1	20匁	—	—	—	57匁79	245匁68	2匁 3
—	3匁 3	28匁	—	—	—	27匁18	250匁	1匁 2
—	38匁 5	44匁	—	—	—	15匁97	281匁64	1匁35
—	8匁 8	32匁	4匁	3匁	—	32匁48	1貫526匁21	1匁65
—	—	4匁	—	2匁	—	20匁 7	87匁 8	1匁 2
—	—	4匁	—	—	—	160匁 5	556匁27	9匁 6
—	—	4匁	—	—	—	3匁46	22匁74	8
—	5匁 2	8匁	—	—	—	35匁25	642匁93	2匁55
—	—	8匁	—	—	—	50匁82	425匁82	5匁78
—	—	—	—	—	—	1匁 7	249匁27	—
—	—	—	—	—	—	39匁23	139匁35	—
—	3匁	4匁	5匁	5匁24	75匁	42匁72	305匁22	—

を遂行していたと考えられる。

代官の支配管轄地域については、文久四年（一八六四）の「日記」[10]に記載がある。当時の代官は、野本力太郎・南澤甚之介・中嶋渡浪・細田久作・伊東賢治の五名であった。それぞれが管轄する村々の石高は、相給分も含めて、野本一万七五四〇石余、南澤一万五八六四石余、中嶋二万三八七二石余、細田一万五四九六石、伊東二万五九八石余であった。各代官で多少の違いはあるが、それぞれが概ね一万五〇〇〇石から二万石程度の村々を管轄していた。

松代藩の行政区画は、享保十五年（一七三〇）以降、里郷（里分）と山中（山中分）に分けられていた。里分は善光寺平一帯の平野部に当たり、全領の七割、約七万石を占めた。山中分は更級

	村名	村高	相給	御領分	年貢籾	役銀	漆御運上
山中分	水内村本郷	390石　875	○	201石　216	493俵3升　84	815匁　5	47匁　9
	水内村峯組	196石　295	○	86石　295		482匁52	12匁
	上条村	174石7001	○	129石7001	307俵3斗　13	896匁35	12匁24
	山上条村	298石　52	○	68石　52	495俵4斗509	1貫　90匁21	73匁77
	新町村	221石6909	—	—	143俵2升　24	115匁27	36
	里穂苅村	133石3211	—	—	178俵1斗537	554匁47	42
	大原村	251石　9	—	—	302俵4斗104	759匁　5	9匁17
	日名村	298石　401	○	211石　989	452俵2斗276	1貫298匁54	20匁96
	本鹿谷村	262石5085	○	192石6263	365俵2斗　46	627匁87	39匁66
	外鹿谷村	164石2981	○	90石6147	173俵4斗693	513匁78	75匁26
	山穂苅村	143石　227	○	53石　227	440俵4斗861	603匁79	124匁84
	越道村	535石　25	○	108石　25	724俵8升　99	2貫256匁74	341匁28
	久木村	111石　909	○	66石　909	121俵2斗　71	243匁23	38匁
	小根山村	559石　105	—	—	838俵3斗802	1貫445匁82	144匁41
	古山村	71石　522	○	11石　522	56俵2斗952	117匁　7	48匁　8
	瀬戸川村	573石　515	○	117石　515	621俵1斗　19	1貫299匁98	275匁12
	竹生村	434石　673	○	169石　409	474俵2斗253	799匁61	59匁
	竹生村之内上野村	223石　555	○	3石　555	224俵7升　2	390匁55	37匁18
	竹生村之内花尾村	165石　767	○	130石　767	259俵1斗902	386匁99	54匁42
	竹生村之内夏和村	286石　823	○	142石　393	321俵4斗　76	759匁57	120匁　8

出典：長野市立博物館所蔵・野本家文書 A-55、A-64

郡・水内郡の西部山間地一帯をさし、全領の三割、約三万石であった。

安政四年（一八五七）の野本力太郎の管轄村々をまとめたものが表1である。表1は、各村の村高や藩士の給地が含まれているか否か、年貢籾・役銀の納額、役銀の主な内訳を一覧にしたものである。力太郎の管轄村数は四四か村で、里分二八か村、山中分一六か村である。おおむね松代藩領全体の里分・山中分の構成比率である七対三に対応しており、里分・山中分どちらかへの偏りはみられない。分布状況は、更級郡上山田村などがある千曲川西岸地域と、埴科郡上徳間村などがある千曲川東岸地域（里分①）、埴科郡東条村などの松代城下町周辺村々と、更級郡東福寺村などがある川中島地域（里分②）、

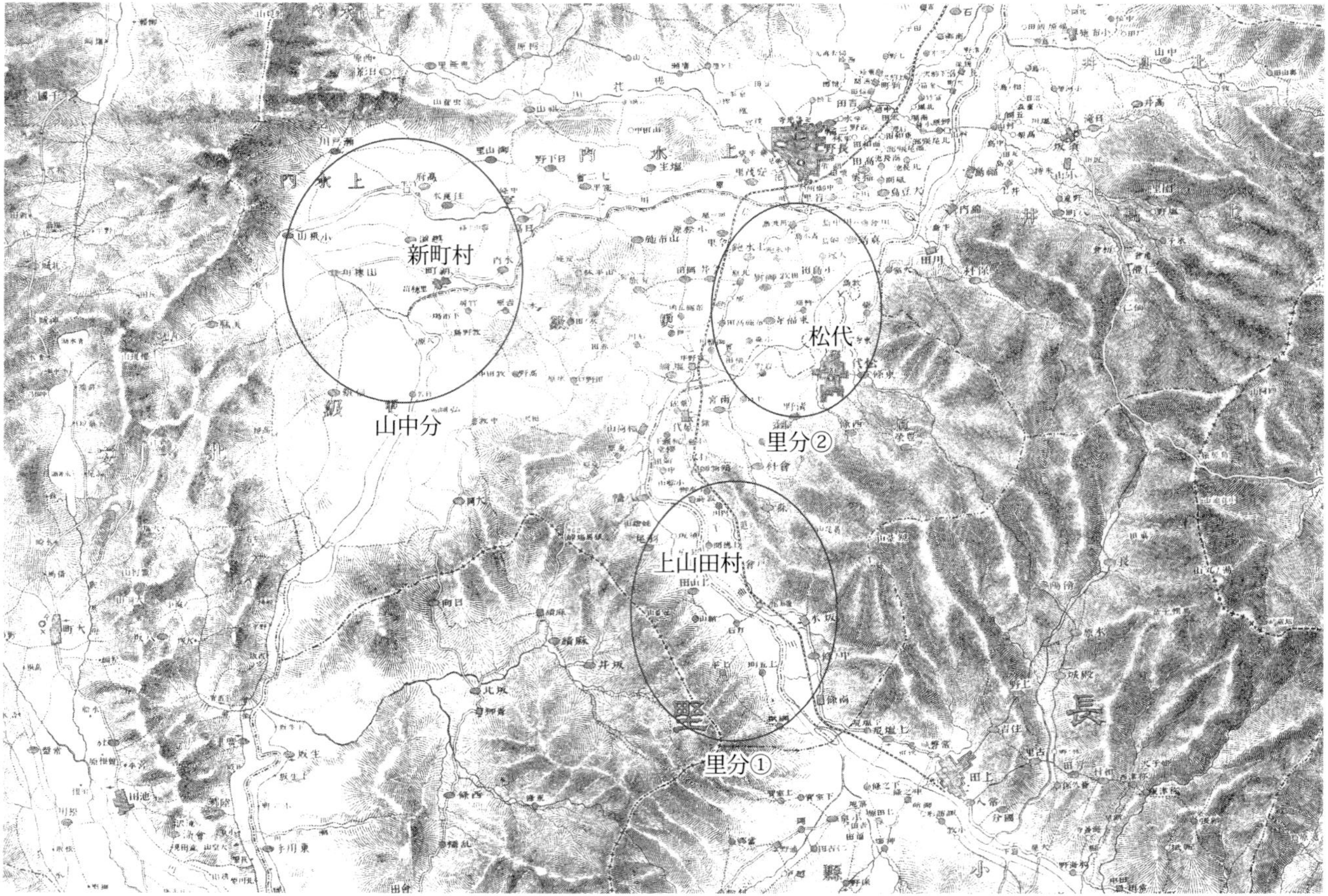

地図　出典：「輯製二十万分一図復刻版　長野県全図」平凡社『日本歴史地名大系』特別付録、1979年

水内郡新町村などがある山間地域（山中分）の、大きく分けて三つのブロックに分かれていた（地図参照）。野本力太郎の支配村々は松代藩の所領に散在していたが、いくつかに固まって存在していた。

里分と山中分の顕著な違いは、運上など諸生業にかかる税の多寡である（表1参照）。「漆御運上」については、里分では山に接する東条村（南組・北組合計で二六匁余）などでは比較的多く納めているが、その他は納めていないか、ごく少額である。一方、山中分では一〇〇匁を超える村が五か村確認されるなど規模の違いが見受けられる。「紙御運上」についても、山中分村々の納めている金額のほうが多い傾向にある。そして、特に大きく異なるのが山中分に属する村々のみ、「御馬飼料役銀」「麻御運上」「漆攪（掻）日傭銀」が賦課されていた点である。「御馬飼料役銀」は、元々は山間村落が藩所有馬の飼料（馬草）を現物で納入していたものが、代銭納化したものであると考えられる。「麻御運上」は、麻の生産にかかる税、「漆掻日傭銀」は、漆生産にかかる税である。麻や漆の生産は、山間村落で大規模におこなわれていたことがわかる。

以上のように、山中分の村々の多くは漆・麻・紙を生産しており、里分とは生業のあり方が異なっていたことが窺われる。そのため、年貢諸役の種類や構成も里分と山中分では異なっていた。野本力太郎は、主要生業が大きく異なる里分・山中分の両者を支配しなければならなかったのである。

2　野本力太郎の代官就任時の状況

安政三年三月二十五日、野本力太郎は山田兵治と交代で代官に就任した。就任に際して、力太郎は役料籾一〇俵を与えられた。四月一日、力太郎は評定所に出頭し、家老（御勝手懸）・郡奉行に就任の挨拶をした。翌二日には、同じく評定所に参上し、目付立会いの下、代官役の血判誓詞を提出し、本格的に業務を始めることとなった(11)。

38	年貢収納が滞った際の取り扱い	年貢
39	村役人の呼出の方法について	村役人
40	村は水損・旱損の時に畑方の作物を具体的に書いて訴え出ること	災害
41	田方旱魃後の仕付に関する訴えの処置に関する基準	災害
42	麻運上の年季明けの際の取り扱い	年貢
43	引高の年季明けの際の取り扱い	年貢
44	家出人帰村の際の対応について	欠落者
45	頭立付替願の提出者が養子であった際などの取り扱い	村役人
46	村方人別変更の際の手続きについて	手続き一般
47	村役人変更の際、三役人の内に頭立がいない場合の取り扱い	村役人
48	居役の連印について	村役人
49	村役人の増員・減員の際の手続き	村役人
50	別家願の取り扱い	養子縁組
51	焚湯願の取り扱い	手続き一般
52	新頭立願・帰役願・休役願の提出方法	村役人
53	村から重立の者を役場へ出席させたい旨の願い出があった際の対応について	村役人
54	頭立並付替などの際の手続き	村役人
55	上山田村の永長百姓・六兵衛の代替わりについて	養子縁組
56	御褒美之節御奉行え配物覚	手続き一般

出典：長野市立博物館所蔵・野本家文書 E-4-1

三月二十五日に代官に着任した力太郎は、村々からの訴願を受け付ける際に、特に注意すべきことを「村々願訴等申出候節心得控」[12]（表2）にまとめている。本史料は、野本力太郎が一時に書き上げたものではなく、随時追記しながら作成されたものである。つまり、これは藩の規定などを写したものではなく、力太郎がその時々に得た情報を「心得」として記すことで形成された史料であると考えられる。史料の内容を見てみると、願書・訴状の処理手続きに関するものが一番多く一五件である。次に、災害時の対応に関するもの一一件、村役人に関するもの一〇件などが続く。それでは、それぞれの内容のうち、特に代官支配の特徴を示す項目を見ていこう。

〔史料1〕[13]

一支配村々ニて外諸御役向え何分次第ニ寄願出候節ハ、此方え届ル、其品ニ寄願方書面通り認させ、
　此方えも可差出事、

史料1は、第八か条の項目である。代官の支配する

表２「村々願訴等申出候節心得控」の内容について

	内容	種別
1	風損などの災害時に百姓が訴え出る際の書面の提出方法	災害
2	盗賊にあった百姓が訴え出る際の書面の提出方法	治安
3	出火類焼にて百姓が訴え出る際の書面の提出方法	災害
4	欠落者の発生時に百姓が訴え出る際の書面の提出方法	欠落者
5	欠落者捜索期間の延長時に百姓が訴え出る際の書面の提出方法	欠落者
6	縁組・養子・離縁の際の書面の提出方法	養子縁組
7	麦腐れや旱損時に百姓が訴え出る際の書面の提出方法	災害
8	支配村々が他の役所へ願書を提出する際の書面の提出方法	手続き一般
9	堂修復のための説法や例年通りの祭礼について願い出る際の書面の提出方法	治安
10	神社が祭礼を願い出る際の書面の提出方法	治安
11	他所からやってきた人を泊め置く際の願書などの提出方法	治安
12	山中方百姓が長雨について訴え出た際の書面の提出方法	災害
13	支配村々にて村預け・宿預け・町宿預けが発生した際の村に対する指示について	手続き一般
14	揚酒商売を願い出てきた百姓の取り扱いについて	手続き一般
15	名主・組頭・長百姓の代替わりの際の手順・提出書類について	村役人
16	日照りの時の雨乞い許可を願い出る際の書面の提出方法	災害
17	息子・娘を養子入り・嫁入り後に先方の不法により取り返したい時の手続き	養子縁組
18	町方・他領に養子入り・嫁入りした人の取り返し手続き	養子縁組
19	公儀普請の際の大神楽開催を願い出る際の書面の提出方法	治安
20	諸願書などは直ちに取り上げることなく、十分に熟覧などすること	手続き一般
21	村方焼失などの時の御手当願い出の際の取り扱い	災害
22	盗賊を訴え出る際の書面の記載方法	治安
23	村々公事出入示談などの際の書面の記載内容	手続き一般
24	村役人奥書の文言について	手続き一般
25	支配村々が郡方より蔵へ呼び出しがあった際の手続き	手続き一般
26	支配村々が公事出入を願い出てきた際の手続きや文言	手続き一般
27	書類・伺書などを差し出す際の保管方法	手続き一般
28	村方の臨時風雨水損・田方旱などの際の取り扱い	災害
29	村方の縋願に関する規程	手続き一般
30	支配村方の者が帯刀・上下御免になった際の儀礼	家格
31	帯刀・上下御免の者の相続について	家格
32	孝心者などへの褒賞の手続き	褒賞
33	頭立付替願の取り扱い	村役人
34	村方旱魃の際の取り扱い	災害
35	畑方の仕付に関する調査について	災害
36	百姓が印判を新しくする際の手続き	手続き一般
37	頭立付替願・新判願・名替願・宗門付替願の提出先について	手続き一般

村々が諸役所へ願い出る際には、代官所へ届け出ること。そして、内容によって願書を書面通りに書かせ、代官所にも差し出させること。つまり、村方からのさまざまな届け出は、まず代官所を通じてチェックを受け、担当する役所に提出されるということになる。代官所は、まさに松代藩における地方支配の要であったことがわかる。

〔史料2〕[14]

一山中村々ニて麦腐訴出、又里方其外都て長降りニて毛色悪幷ニ旱損等ニて訴出候共、直ニ不取上、何れ外々ニて
もふれ候間、見合可申段申含遣、何れ之儀、同役相談之上、御奉行えも伺置候上ニて受取書面ハ二通、
但シ作毛訴出候上ニて、猶又見分等願出候節も、直ニ不取上同役相談之上ニて取上べき事、取上候節ハ外々え
出シ候由申渡ス、

史料2は、第七か条の記事である。山中分村々の麦腐れや管下村々の長雨による作物の変色、旱魃による被害などの訴えが出されても、即座には取り上げないこと。そして、同役と相談し、郡奉行の指図を受けたうえで訴状を二通受け取ること。但し、作物の実り具合について訴えてきたうえで、さらに見分などを願い出てきた場合も、直ちには取り上げないで、同役と相談して取り上げるべきこととされていた。

すなわち、長雨や旱魃など広い範囲に影響が出そうな自然災害発生時には、代官は他の代官と調整し、その対処を進めることを求められていた。さらに、事前に郡奉行に相談し、確認のうえで対応することも必要とされていた。これは、各代官により災害対応が区々になってしまうことを防ぐための規定であると考えられる。

〔史料3〕[15]

一新頭立願は郷中惣連印内伺之上添書、帰役願は両惣代之物（者）内伺添書、休役願両惣代右は休役人名前乗候事、添書
無之下札ニて右申渡は此方ニて、

村役人に関する事項で目立つのが頭立に関するものである。史料3はその一例である（第五二か条）。史料では、新しく頭立を任命してもらう「新頭立願」には、村落構成員全員の連印のある内伺書の提出が必要とされた。再度頭立に就任する「帰役願」については、「両物代」すなわち頭立物代と小前物代という代表者が内伺書を提出する。「新頭立願」「帰役願」は、代官の添書とともに郡奉行に提出し、許可を得ることとされていた。頭立の「休役願」については、両物代の内伺書を受けて代官が下札をもって許可する。特に、新規の頭立の就任には村民全体の合意が求められていた。

頭立は、宝暦期頃から本格的に設置された村内の役職である[16]。導入当初は、村役人の仕事や役割の変化への対応策として、村役人の補佐役として設けられた。しかし、徐々に役職ではなく、村役人を勤める階層をも指すようになっていった。そして寛政期頃には、頭立は村役人とは無関係の単なる「格」になっていた。こうした変化を背景に、頭立層（村役人層・上層百姓）と小前層の対立が先鋭化した。当該期の村落社会内部は頭立層と小前層とに二分されて、両者が対立・抗争することが大きな問題になってきていた。そこで、代官は頭立の新規就任には村民全体の合意を取り付けることを求めたのだろう。

こうした項目以外にも、盗賊被害についての規定などを含む治安に関する項目や、欠落者の捜索や家出人帰村時の手続きなど欠落人に関する項目が目立つ。

以上のように、力太郎が代官に就任した際には、災害、村役人制度、欠落人や治安などに関して特に気を配っていたことがわかる。この背景には、自然災害による村落社会の動揺、村政運営をめぐる階層間対立、村落の困窮化による欠落人の増加・治安の悪化があったことが窺われる。以上のような厳しい社会状況が眼前に広がるなか、力太郎は代官として在地社会と向き合うこととなったのであった。

二　幕末期代官支配の特質

1　借入金の徴収

松代藩は、弘化四年（一八四七）の善光寺地震、安政二年（一八五五）の安政江戸地震により、国許の松代城や江戸藩邸に大きな被害を受けた。莫大な費用を用いて善光寺地震から復旧しつつあった松代藩であったが、江戸地震の被害により追加の出費に迫られた。そこで、松代藩は領内村々から復旧費用を調達することとした。次に掲げる史料は費用調達方法に関する代官の伺書である。

〔史料4〕(17)

御代官

御借入金之儀ニ付伺

御上屋敷　御殿向其外御長屋向御普請ニ付、村々高掛幷分量御用達金可被　仰出処、莫大之御入料ニ付、是迄之金高ニては御引足兼候間、此度ニ限り格別出精御用達候様御役方ニて申含可取計旨見込、御内尋ニ付評議仕候処、如何様ニも申含可仕候得共、是迄御用達候振合も御座候得は、此度ニ限り候趣ニ申諭候ても、向来之響ニも可相成哉之心配仕、格別之増金ニも罷成申間敷哉、仍ては分量之儀御許容被成下、廻村仕五分利付御借入申含仕候ハヽ、相応ニは出来も可仕哉、其段御内々申上候処、右ニ付取計候様被仰渡、依之猶評議仕申含方大意幷取計手続書差添、此段御内々奉伺候、以上

三月

内容は次のようである。安政江戸地震による被害を受けた上屋敷の御殿・長屋などを再建・修復するため、藩領村々に高掛金・分量御用達金の賦課を検討している。しかし、普請には多大な費用が必要となるため、これまでと同じ金額では足りなくなる。そこで、今回だけは特別に出精して出金するべきであると村々へ申し含めるという方策について、内々にお尋ねがあったので代官同士で評議を行った。その結果、どのように申し含めようとも、これまでにも御用達金の取り立てがあったので、今回だけだと諭しても増額は見込めないと思われる。そこで、分量御用達金の徴収は取りやめ、五分の利息を付けた借入金とすれば、相応の金額が集まるのではないかと考える。郡奉行から、費用調達がうまく運ぶように計画を立てるよう指示があったので、「申含方大意」と「取計手続書」を差し添えて内々に伺う。

このように、藩上層部（家老・郡奉行）は、江戸地震による藩邸の復旧費用を高掛金・分量御用達金により調達しようと考えた。しかし代官は、それでは村々からの合意は得られず、十分に復旧費用は集まらないのではないかと危惧を覚えた。そこで、年五分の利息付きの借入金として村々から資金を調達するように提案した。村の様子を知る代官は、村々への過重な負担となる御用達金の調達は、これ以上は不可能であると判断したのである。結果として、代官たちの提案は受け入れられ、利息付きの借入金として村々から資金を集めることとなった。

安政四年三月二十日、里方村々の村役人が、同二十三日には山中方村々の村役人が、松代の御蔵の白州に呼び出され、郡奉行・磯田音門から借入金について申し諭しがあり、村々にあてて借入金の「申含大意」を一通宛下付した。さらに、代官・手代・附人が管下村々を廻村し、出金するように直接藩領民に呼びかけた。結果、藩領村二七三か村（枝村からの借入金も含む）から借入金を集めることができた[18]。

その後、災害復旧費用の集金を完了した代官・手代らには褒美が下付された。

〔史料5〕[19]

御郡中村々利安御用達金被　仰出候付、支配村々廻村数日昼夜厚心配申含方行届、一統出精御用一廉之都合筋ニ相成太儀之事　思召候、依之御小袖一・青銅五百疋被下置之、

五月四日　　　　　　　　　　　　　　　　　野本力太郎

右同断　　南澤甚之介
　　　　　中嶋渡浪
　　　　　長岡富五郎

右同断御目録は無之　細田久作

藩上層部は、代官らが「利安御用達金」取り集めのため、昼夜を問わず数日間にわたり廻村し、優れた成果を出したことを表彰している。また、その褒美として各代官に小袖と金銭が与えられた。代官に加え手代らも褒賞の対象とされ、同じように金銭が下付された。また、「利安御用達金」に協力した二七三か村にも藩から酒が下された。代官・手代、集金に応じた藩領村々など、御用達金の集金に関わった者たち全体に褒美を取らせたことを勘案すると、臨時の資金調達は大きな困難を伴っていたと推測することができる。

この資金調達について幕末期松代藩の財政関連史料を見てみると、[20]安政六年には「御代官年五分利付村々ゟ御借入」は金二万六七五六両にのぼっており、これは当時の松代藩領内からの負債(借入金)の約三五%を占めるものであったことがわかる。[21]また、文久元年(一八六一)には「御代官年村々五分利去ル巳年ゟ御借入之分」つまり安政四年分が金二万七三四三両余、さらに「右同断万延元申年十二月ゟ御借入之分」が金一万五一一〇両で、合計すると村々からの借入金は四万二四五三両であった。これは、当時の松代藩領内からの負債の五三%にあたる。[22]代官らは管下村々

から巨額の資金調達をしていたのである。

明治期まで代官を勤めた力太郎の履歴を見ると、安政四年と同様に管下村々から借入金を調達したことにより褒賞された事例が、文久元年・慶応四年（一八六八）に見ることができる。(23) つまり、幕末期には、代官を介して比較的短いスパンで、藩領村々から臨時の資金調達が複数回行われていたのである。そして、最幕末期にかけて、領内村々からの負債は急激に積み上がっていたのであった。

2 代官手代の不足と附人の削減

代官手代は、代官の手足となって訴訟などの際に実際に現場に赴いて取り調べを行うなど、代官所の実務を中心的に担っていた。しかし、さまざまな理由で手代が不足する事態が発生することもあった。たとえば、安政六年二月に力太郎は、長岡富五郎代官配下の手代見習五明元作を「手代人少」という理由で応援に借り受けた。その具体的な理由は、野本力太郎配下の手代富岡喜代之助が病気のため、病中の代役が必要となったからである。(24) また、文久元年（一八六一）三月には、力太郎配下の手代が死去し「手代人少」となり、細田久作代官より手代五明富弥を借り受けている。(25) さらに、安政四年の力太郎の日記には、「御用多ニ付忌御免　土屋直吉」とある。代官手代の土屋直吉は、理由は不明であるが「忌」により休業中であった。しかし、「御用」が多いので、休業を切り上げて職務へ復帰することとなった。(26) このように、突発的な手代減少に直面すると、代官所では人員不足となるため、他の代官から手代を借り受けるなどの方法をとっていたことがわかる。

松代藩は、幕末期に課業銭の新設（嘉永元年〈一八四八〉）、「御軍夫役」の徴収、和宮通行時の警衛など、民政の現場に負荷がかかる新たな負担を賦課した。しかし、それを支えるべき代官手代については、第一節で見たように文政八年以降は増員されることはなかった。つまり、余裕のない人数で代官所は運営されていたということができよう。

さらに、藩上層部と代官たちの間で、手代と一緒に現場で業務を遂行した附人をめぐって、仕事量と人員配置のせめぎあいがみられた。文久元年の力太郎の「日記」には附人について次のような記載がある。

〔史料6〕(27)

御役方附人御減之義ニ付申上

御代官

今般私共御役方附人壱ヶ所五人之内弐人ツヽ返上被仰渡奉畏、同役一同評儀仕候処、御時節柄彼是申上候も奉恐入候得共、元文年中頃同役八人ニて相勤候節ゟ五人ツヽ御借入被成下、其後何故と申書伝も無御座候得共、四人ツヽ罷成、猶又文政七申年ゟ壱人ツヽ御増都合五人ツヽ拝借仕罷在候、然ル処私共御役方之儀は宅役所ニて年増御用書類多罷成、別て弘化度変災以来増々御用多ニ罷成在出等為仕、其上私共臨時在出仕候節ハ其次第に寄、両人又ハ三人も召連候儀も御座候、其外暮ニ至り上納向遅滞之村々え其取立ニ多勢差出候儀も御座候、左候得は残候者漸両人位ニ相成、私共在出留守は勿論之儀、非常之儀御座候節、御用物万端取片付、小人数ニて是迄迚も甚心配罷在候、外並躰御役向之附人とは訳合相違も仕、此上御減人罷成候得は相勤候者も格別難儀仕、且金銭多取扱候役所向、其上在出等も為仕候儀ニ付、定役ニハ無御座候得共、実貞成者相撰受取来、永勤仕居候付、御用弁ニも罷成居候処、御人少ニ相成候得は自御役方等え罷出候者、折々代り合様ニてハ不案内之者計罷成、差支可申哉と奉存候、私共宅ニ罷在、御用薄之節ハ、以手心少々ツヽ休息為仕候儀も御座候得共、村方異事等有之差出、又ハ私共在出之節ハ相残人少ニ相成候ても昼夜面代りニて為相勤、且上意在出仕候節も無差支相勤居候処、御人減罷成候得は、右様之節御借人等仕候様ニてハ上意之間も合兼候上、御用弁ニも不相成罷成候、於役所え御借人

等仕候儀も前段申上候通、金銭多取扱候役所向ニ御座候得は、不見不知者等罷出候様ニては、甚以心配仕候、且又御用之次第ニ寄同役之内在出仕候節、附人多勢罷出候節ハ申談、同役之内ゟ借人仕御間欠無之様只今迄仕置候、右等之節も御人減相成候得は、此上右様之借人も出来兼、悉差（支欠か）罷成可申奉存候、依之何卒御役方之儀は只今迄之通御居置被成下候様仕度奉存候、御勘弁被成下度、此段申上候、以上

七月

内容は次のようである。

私ども代官らは、郡奉行から附人五名の内二名を返上するように命じられた。代官一同はこの件につき評議した。その結果、時節柄仕方のないことではあるが、元文期には代官八名に附人五名宛が配置されていた。その後、何故だかわからないが四名になり、文政七年に増員され五名体制となった。

そもそも、代官の仕事は役宅所で実施し、年々御用や書類が多くなってきている。特に、弘化四年の善光寺地震以降、さらに御用が多くなり、出張することも多い。そのうえ、代官が臨時で出張する際には、場合によっては二、三名の従者を連れていく。そのほか、年貢上納が遅れている村々には、その取り立てに大勢の人員を差し向けることもある。このような状況なので、代官役宅所に残る人員は二名くらいになってしまう。そのため、代官留守中、殊に非常事態が発生した時に、対応できるかどうか、少人数では不安である。他の平易な仕事をする附人とは違いがあり、これ以上人員を減らされては、働く者も難儀してしまう。かつ、代官所は金銭を多く取り扱い、出張することも多い。そのため、附人は定役ではなくても、誠実なものを選んで来てもらい、長く勤めているので、御用を処理できている。しかし、人数が少なくなり、代官所に来るものがたびたび交代するようになってしまうと、職務に不案内の者ばかりになってしまい差し支えるのではないかと考えている。

代官の役宅所にいて、余裕がある時には附人に休息をとらせることもあるが、村方に異変があった場合には出役し、または代官が出張した時には少ない人数で、昼夜交代体制で附人に代官所の運営を行わせている。このように代官が出張しても支障がないように勤めさせているが、人数が少なくなれば、他から人を借りてこなければいけなくなるので、命令の執行に遅れが生じるようになり、御用を処理することもできなくなる。他から人を借りることは、前述の通り、金銭を多く取り扱う役所でもあるので、良く知らない人が来られても、甚だ心配である。かつまた、御用の内容によって同役の代官内で附人を多く引き連れ出張する時には、代官相互で附人を貸し借りして支障がないようにこれまで済ませてきた。しかし、人が減らされると、必要な時に人を貸し借りすることもできなくなってしまう。このような次第なので、何卒これまでのように人員を配置してほしい。

この記事からは、次のことがわかる。まず、附人の人員の変遷である。元文期には、八名の代官にそれぞれ五名の附人が配置されていた。しかし、それが減員され一時は四名体制であった。文政七年には、一名増員され元の五名体制となった。そこに今回二名の減員が指示されたのであった。本章第一節にて代官・手代の人員配置について検討したが、附人については、一時的に四名となることはあったが、おおむね五名が与えられていた。

また、附人削減の理由は「御時節柄彼是申上候も奉恐入候得共」とある部分がポイントである。弘化二年四月の力太郎の「日記」㉘の記事には次のような記載がある。弘化地震の莫大な出費、江戸御台場建設費の負担、江戸の物価高騰により藩財政の悪化が問題となっている。借金をしても日常的な費用の支出もままならず、数年後には財政破綻の懸念も出てきた。こうした「御時節柄」であるので、各部署に「格別之御減略」を命じている。

こうした背景を勘案すると、藩財政の悪化による経費削減策の一環として、足軽である附人の削減は検討されていたと考えることができる。

さらに、代官の役宅所での附人の仕事の様子が浮かび上がってくる。まず、附人は多忙化する役宅所において、代官や手代に従って出張し、代官らの留守中には役宅所の運営を担っていた。また、代官所の附人は、他の役所の附人とは異なり、高度な能力と誠実な人柄を兼ね備えた人物でなければ勤まらないと考えられていた。そのため、特定の人が長く勤め続けることが多かったようである。さらに、貴重な代官所の附人は、代官相互で貸し借りされるような存在でもあった。代官は、代官所付きの附人は他に代え難い人材であると認識していた。

藩上層部の附人削減策は、五名中一名の返上、つまり四名体制への減員ということで決着したようである。当初案の二名削減は避けることができたが、代官役所の人員は減少してしまった。

幕末期の附人の削減はさらに進んだ。元治元年（一八六四）七月二十四日、幕府は、禁門の変を起こした長州藩への出兵などを中国・四国・九州諸藩に命じ、その他の諸藩には、京都周辺の守備を求めた。当時、京都御所警衛の任務にあたっていた藩主真田幸教にも第一次長州戦争の先陣が申し渡された（後に大坂警衛に変更）。そのため、松代から多くの人員を京都に送る必要が生じた。そこで目を付けられたのが附人であった。

まず、上京のため人員が不足した普請奉行から、附人四名の内一名の貸し出しを依頼され、これに応じ三名体制となった。さらに、京都に送る人材として、各代官から附人一名が「挙人」として徴収された。ただし、これについてはすぐに代わりの人間を調達することができ、各代官のもとに附人は返されることとなった[29]。

以上のように、幕末期の藩政の動向により、代官所運営を担った貴重人材である附人は削減される傾向にあった。附人の最終的な統率権は足軽奉行が握っていて、代官には附人を採用する権限はなかった。そのため、代官側は人員削減に抵抗したが、覆すことは難しかった。

おわりに

まず、ここまで明らかにしてきたことを簡単にまとめたい。

①代官所は代官・手代(手代見習)・附人により運営されていた。一八世紀中頃までは、藩の直轄地を細分化し、相対的に多数の代官と少ない手代で統治していた。一八世紀後半から一九世紀前半には、代官の管轄範囲を統合することで代官数を削減しつつ、現場で働く手代数を増やし、増加していく藩の仕事を遂行していた。一九世紀前半以降、藩の業務はさらに増加し、困難な仕事も多かったが、手代の増員は行われなかった。附人については、一八世紀中頃から一九世紀中頃まで代官一人につき五名を基本としていた。

②代官の管轄村は藩領内に散在していたが、いくつかに固まって存在していた。管轄範囲には、里分・山中分という基本的な生業に違いのある両地域が含まれていた。そのため、代官が徴収すべき年貢諸役の種類や構成は、里分・山中分で大きく異なっていた。

③安政三年(一八五六)に代官に就任した野本力太郎は、就任の際に災害、村役人制度、欠落人や治安に関して特に気を配っていた。その背景には、自然災害による村落社会の動揺、村政運営をめぐる階層間対立、困窮化による欠落人の増加や治安の悪化があったことが推測される。

④松代藩上層部(家老・郡奉行)は、安政江戸地震からの復旧費用を、藩領村々から分量御用達金として調達しようと考えた。これに対して代官らは、管轄村々の負担となる御用達金の調達は不可能なので、利息付きの借入金とすることを提案し、認められた。復旧資金の在地への賦課を巡って、上層部と代官らとの間には見解の齟齬があったとい

うことができるだろう。結果的には、代官を介して村々から巨額の復旧費用を調達することができた。ただし、資金集めには困難が伴っていたと思われ、借入金の集金に関わった人々に幅広く褒美を取らせていた。そして、幕末期には比較的短い間隔で、藩領村々から同様の資金調達が複数回行われていた。そのため、村々からの借入金額は急激に増加していた。

⑤松代藩上層部は、幕末期に民政の現場に負荷がかかる新規の負担を領内の村々に賦課したが、現場で働く手代や附人の人員を増やすことはなかった。それどころか、上層部側は経費削減のため代官らに附人の返上を命じたため、附人は減少した。

幕末期の松代藩財政を検討した伊藤昭弘氏(30)は、松代藩財政は「窮乏」に陥っておらず、安定した運営が可能であった点、松代藩財政は、惣御繰廻金（蓄積された資金を運用に回す体制）に依存した財政システムを運用していた点、松代藩財政は藩領地域経済に依存しており、藩領地域経済の動向が藩の財政運営に直結していた点を解明した。そして、松代藩財政は御繰廻金に依存していたため、資産の流動性が著しく低下すると、急な臨時支出に対応できず、借入に頼らざるを得なくなるとし、更に嘉永六年（一八五三）から安政六年にかけて、松代藩の債務が急増したが、その理由の一つはこうした松代藩財政の特色にあると述べている。また、松代藩の債務は藩内・領内で全体の七割前後を占めていた。それは、幕府や領外（江戸・大坂）からの負債に比べれば返済不履行の場合に生じるリスクが低いことを示しているとした。

確かに、幕末期の松代藩財政は破綻するまでには至らなかった。しかし、善光寺地震以降、松代藩の財政は厳しさを増し、債務が急増した。また、在地社会もさまざまな局面で行き詰まりつつあった。そうしたなかで、安政江戸地震の復旧費用の調達や民政現場の人員削減は行われていた。これは、どちらも民政の現場に過重な負担をかけるものであった。そして、松代藩財政が藩領地域経済に依存する体制であったことが、代官の業務負担を増加させる一因になっていた。藩上層部は、幕府や領外から資金を借りるよりも、藩内・領内から資金調達する方が訴訟などのリスクは低いため、藩益に適うと考えた。しかし、代官は代官所の人員が削減されるなかで、管下村々から資金調達することを求められた。つまり、在地社会と直接つながる代官が、藩政機構内部において当該期の財政運営のしわ寄せを受けていたということができるのではないだろうか。

先行研究では、代官による管下村々への指導や調整の様子が描かれてきた。一方本章では、代官と藩上層部との資金調達・人員削減をめぐるせめぎあいの側面を明らかにすることができた。両者を通じてみると、幕末期の代官は村々への新規負担を求め、代官所の人員削減を迫る藩上層部と、困窮化が進み、階層間対立が厳しさを見せていた村落社会の中間に位置し、両者のバランスを取りつつ地域運営を行っていた姿が浮かび上がってくる。

註

（1）村上直『江戸幕府の代官群像』（同成社、一九九七年）、仲田正之『近世後期代官江川氏の研究』（吉川弘文館、二〇〇五年）、太田尚宏『幕府代官伊奈氏と江戸周辺地域』（岩田書院、二〇一〇年）など。

（2）松代藩については、代官による難渋村対策の実態などが明らかにされている。福澤徹三「文化・文政期の松代藩の在地支配構造」（荒武賢一朗・渡辺尚志編『近世後期大名家の領政機構』岩田書院、二〇一一年）、福澤徹三「松代藩難渋村対策の制度的変遷」（福澤徹三・渡辺尚志編『藩地域の農政と学問・金融』岩田書院、二〇一四年）。

（3）『更級埴科地方誌　第三巻　近世編上』（一九八〇年）、『長野市誌　第三巻　歴史編　近世一』（二〇〇一年）。

（4）原田和彦「松代藩における地方支配と文書の管理」（『信濃』六五―五、二〇一三年）。

（5）種村威史「松代藩代官の職制と文書行政」（福澤徹三・渡辺尚志編『藩地域の農政と学問・金融』岩田書院、二〇一四年）。
（6）野本家の基礎情報については、長野市立博物館編『長野市立博物館収蔵資料目録　歴史八』（二〇一一年）参照。
（7）『更級埴科地方誌　第三巻　近世編上』（一九八〇年）、『長野市誌　第三巻　歴史編　近世一』（二〇〇一年）、種村威史「松代藩代官の職制と文書行政」（福澤徹三・渡辺尚志編『藩地域の農政と学問・金融』岩田書院、二〇一四年）。
（8）松代藩の足軽については、『更級埴科地方誌　第三巻　近世編上』（一九八〇年）、西澤武彦「松代藩足軽（同心）について（一）〜（五）」（『信濃』六—一〇、六—一一・一二合併号、七—二・三・四、一九五四〜一九五五年）参照。
（9）『長野市誌　第三巻　歴史編　近世一』（二〇〇一年）、長野市立博物館所蔵・野本家文書A-四二「日記」。なお、万延二年は手代見習二名を含む。
（10）長野市立博物館所蔵・野本家文書A-一「日記」。
（11）長野市立博物館所蔵・野本家文書E-四-二「日記」。
（12）長野市立博物館所蔵・野本家文書E-四-一「村々願訴等申出候節心得控」。
（13）長野市立博物館所蔵・野本家文書E-四-一「村々願訴等申出候節心得控」。
（14）長野市立博物館所蔵・野本家文書E-四-一「村々願訴等申出候節心得控」。
（15）長野市立博物館所蔵・野本家文書E-四-一「村々願訴等申出候節心得控」。
（16）『長野市誌　第三巻　歴史編　近世一』（二〇〇一年）。
（17）長野市立博物館所蔵・野本家文書B-一二「日記」。
（18）長野市立博物館所蔵・野本家文書A-四一「日記」。

(19) 長野市立博物館所蔵・野本家文書A-四二「日記」。
(20) 幕末期の松代藩の財政状況については、伊藤昭弘「藩財政は「窮乏」していたのか」(荒武賢一朗・渡辺尚志編『近世後期大名家の領政機構』岩田書院、二〇一一年)参照。
(21) 国文学研究資料館所蔵・信濃国松代真田家文書あ二三一二「御繰廻金幷御借財取調申上」。
(22) 国文学研究資料館所蔵・信濃国松代真田家文書い三三五一「文久元酉年御借入金箇所訳取調申上」。
(23) 国立史料館編『真田家家中明細書』(東京大学出版会、一九八六年)。
(24) 長野市立博物館所蔵・野本家文書A-三六「日記」。
(25) 長野市立博物館所蔵・野本家文書A-四二「日記」。
(26) 長野市立博物館所蔵・野本家文書A-四一「日記」。
(27) 長野市立博物館所蔵・野本家文書A-四二「日記」。
(28) 長野市立博物館所蔵・野本家文書A-四二「日記」。
(29) 長野市立博物館所蔵・野本家文書A-一「日記」。
(30) 伊藤昭弘「藩財政は「窮乏」していたのか」(荒武賢一朗・渡辺尚志編『近世後期大名家の領政機構』岩田書院、二〇一一年)。

第六章　松代城下の河原新田の性格とその管理

原田和彦

はじめに

城下町周辺の村については、志村洋氏が松本城下町周辺の村を例にして論じたものがある①。志村氏は家中名請地について「士身分の者が直接検地帳上の土地名義人となって登録された田畑などのこと」と、これまでの研究成果を踏まえて説明し、松本の城廻り村の特質について論じている。また、家中名請地については、松本以外の村においても、士身分の土地所有について触れている。

さて、私は旧稿において信濃国松代の城下町について分析したが、このなかで「河原新田」の存在を指摘した②。この河原新田であるが、松代城下を流れていた関屋川、城の横を流れていた千曲川の流路を変更した後、その流路の跡を新田としたものと分析した。この河原新田については、志村氏が指摘する家中名請地のような性格を持つであろう③。河原新田とは、具体的には、松代城の北側（千曲川の旧流路）や城下町の中心地（関屋川の旧流路）の新田と考えた。その成立について、まず明らかにしなければならないであろう。

次に、河原新田の用途であるが、①耕作地として武士層が所有して小作人に耕作させるもの、②拝領屋敷の代替地とするもの、の二種類があったようである。

河原新田は、大きくは「御裏河原新田」と「所々河原新田」の二つのグループに分かれ、そのなかにもいくつかのグループが存在していた。耕作地として利用された河原新田は、代官がこれを帳簿によって管理している。村支配を担っていた代官が、なぜ城下町の河原新田を管理したのか、この点にも触れてみたい。一方、河原新田が拝領屋敷に用地変更されると、水道奉行がこれを管理することとなる。河原新田が拝領屋敷として転化される点についても触れる。

このように、さまざまな様態に変化する河原新田について、概略的に述べてみたいと思う。

一　河原新田とは

1　明治初期の河原新田からみたその特徴

河原新田の成立については、はじめにでも述べたように、城下町付近を流れる川の流路の変化を考える必要がある。近代になるが、まずはその成立した経緯について書かれたものを紹介したい。

明治時代に起こった松代町と西寺尾村（松代町の東、関屋川を挟んだ地域）の境界争論のなかで、河原新田の成立について次のような記載がある。まずはこの部分を抽出する。

〔史料1〕(4)

（前略）

河原新田多ク有之、此河原新田与相唱候税地ハ、元々村方中ニ無之、旧藩江貢税直上納ニテ、戸籍者村方地分共

惣而従来松代町之取扱ニ有之候処、右河原新田之分等、西条地中等之村方へ組入罷在候而、（後略）

明治八年二月五日

第十三区四小区
副戸長　宮島嘉織
戸長　矢野唯見

長野県参事　楢崎寛直殿

明治時代の長野県庁の記録で、現在の長野市松代町松代に所在した第十三区四小区の戸長である矢野唯見らが長野県に対して提出したものである。河原新田と唱える税地については、もともと村方中に納めるのではなく、江戸時代にあっては、旧藩（松代藩）へ直接上納していた。松代の荒町（松代城下町の東の入り口）については、河原新田が多く、もともと村方中では扱っていなかったという。戸籍は村方地分とともにすべて江戸時代は松代城下の町方の取り扱いであったが、明治時代になってからは西条村（松代町の南の村）の地中に組み入れることになった、とある。つまり、河原新田は村方で支配し税の徴収を行うのではなく、直接松代藩に納税し、かつまた戸籍についても、町方がその扱いをしていたことがわかる。河原新田は、藩が直接の支配をする土地であった。

〔史料2〕⑤（傍線は筆者）

以書付奉再願候

第十六大区一小区
更級郡西寺尾村

（前略）

然ル処、宝暦年間千曲川現流之時節、川辺干揚リ之場所ヲ河原新田御用地御小作地等ト唱始候、境界絵図面貳印別紙之通ニ有之候間、全ク西寺尾村分地之内字替ニ相成、松代租税掛エ直上納致来候迄之義、御小作ト申候者藩主之前栽用ニ被致候儀ニ御座候、

（後略）

明治八年十月

右村用掛　五明元作

五明甚左衛門

戸長　西沢甚七郎

長野県権令

楢崎寛直殿

ここから明らかなこととして、河原新田とは、①宝暦年間に千曲川の現流が干上がってできた、すなわち瀬替えが行われ、旧流路が干上がったことによってできたものである、②既述のように河原新田の税は藩に直接納めることとなっていた、③この小作は藩主の前栽用、すなわち食卓に使われる野菜などを生産する場所であった、ということがわかる。

ここでは、河原新田の用途が「藩主の前栽用」の田畑であったことを確認しておきたい。

なお、河原新田には、二つの大きなまとまりと、さまざまな地字名のあったことがわかる。[6] これらをまとめると次の表1のようになる。

2　関屋川・千曲川の瀬直しと河原新田の成立

前項では、宝暦年間に千曲川の瀬直しが行われ、この流路跡が河原新田となったことを確認した。それでは、瀬直しは具体的にどのように行われたのであろうか。

千曲川の瀬直しについては、以前に触れたことがあるので(7)、それをもとにして論じておきたい。江戸時代初期における城下町と千曲川の流れの概念図として、江戸時代初期の様子を示したもの（図1）と江戸時代後期の様子を示したもの（図2）を掲げた。両比較から、江戸時代後期には千曲川がかなり離れたところを流れていること、関屋川が城下町に流れ込まなくなったことがわかる(8)。

(1) 関屋川の流路変更

関屋川は松代城下を東西に流れていた川である。この川は戦国時代の松代城（海津城）の総構え土居の外を流れており、いわば水堀の役割をしていた。しかし城下町が大きくなるにつれ、川はいわば開発に支障をきたす存在となった。このため、ある時期に、関屋川が城下町の東側を流れ、直接千曲川に流れ込むように工事が行われ、城下町には入らない水路に変化する。

この時期についてであるが、やはり工事に関わる史料を見出せない。ただ、享保期の絵図面には関屋川が城下町に流れ込む図となっており、享保以降に流れが変更したと考える。とすると、関屋川の旧流路を河原新田としたのは、江戸時代の中頃と考えられる。松代城下の河原新田のなかで成立が比較的早いのは、この関屋川の旧流路を

表1　二つの河原新田

御裏河原新田	御堀北沖　上畑　三筆　〆　壱石三斗
所々河原新田	裏柴町東　屋敷　百三拾三坪 中条横道下　下畑 同断　屋敷添十人町下　上畑 女田町東　下田 同断　下畑 同断　下畑

国文学研究資料館　真田家文書　そ 3-1-8

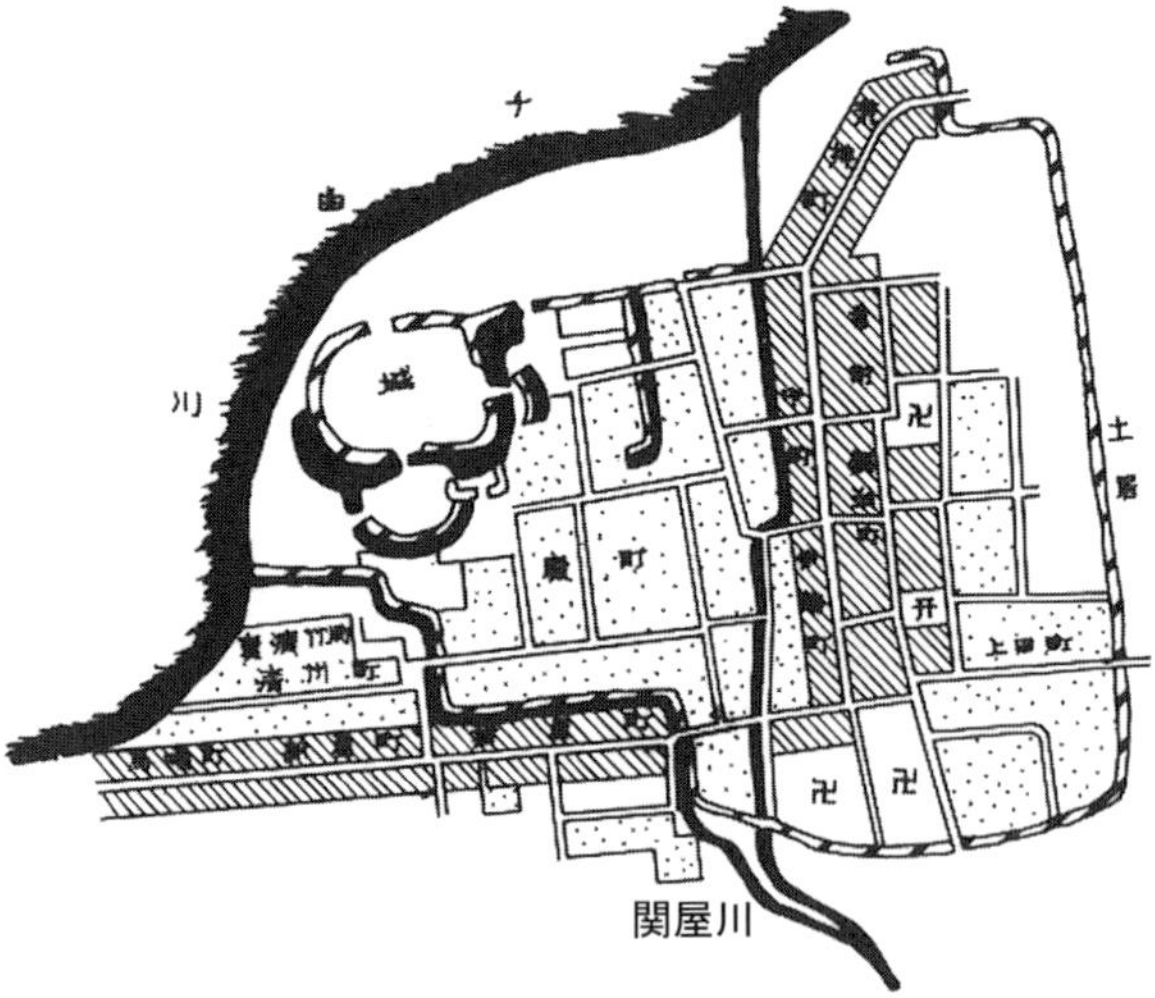

図１　江戸時代初期の松代城下

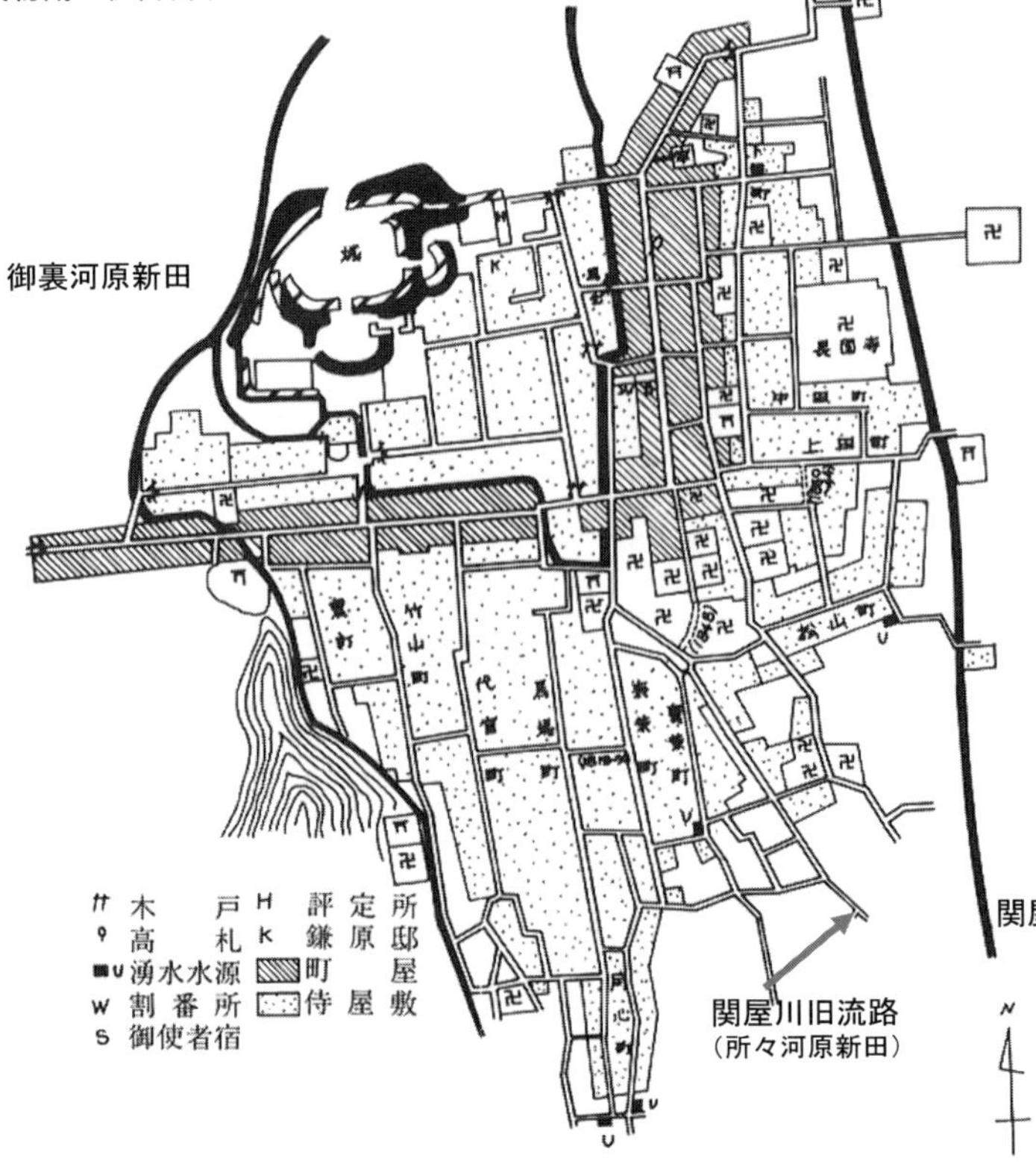

図２　江戸時代後期の松代城下

用いた「所々河原新田」であると言える。

ちなみに、安永八年（一七七九）の郡方日記[9]によれば、同年七月にたびたびの長雨によって七月二十四日には関屋川・藤沢川から出水、所々の土手を押し破り、東荒町の家居等を押し潰し、田中・かゝ井・東寺尾、ならびに「御裏河原新田御手作場所」共に一面の満水となった。おまけに、千曲川は岩野村裏で切り込み、千曲川の旧流路であった堀川の口「〆切囲土手」を押し破り、古川通囲敷田畑が本瀬同様になったとある。このことから、どうも関屋川の流路はこの時期にはすでに変更されており、「所々河原新田」が成立していた。また、次に述べる「御（城）裏河原新田」も成立していたことがわかる。

御裏河原新田について次に述べよう。

(2)千曲川の瀬直し

戦国時代に武田信玄の指示によって築城された松代城（海津城）は、その北側に千曲川が流れていた。北の守りとして千曲川を利用していたのである。江戸時代になると、松代城は政治の場と変化し、それに伴って城下町が形成され、多くの人々が居住した。また、交通の要衝ともなって、街道も松代を通過するようになる。このため、千曲川がいったん氾濫すると、城はもとより城下町まで水が押し寄せ、多くの被害を出した。この水害で大きな被害を出したのが、寛保二年（一七四二）に起こった千曲川の氾濫である。これを戌《いぬ》の満水と呼んでいる。

こうした水害から城や城下町を守るために千曲川を北に遠ざける作業が行われた。このため現在の千曲川は、松代城から遠く離れた北側を流れている。この工事を行ったのが、当時、松代藩で権力を握っていた原八郎五郎であったとする[10]。しかし、この工事は村の耕作地を川にする必要があったため、交渉を含めてかなりの難工事であったと思われる。

千曲川は長野県でも有数の大河である。この川を短期間のうちに城から遠ざけることには、多くの時間と資金を要したと思われる。瀬直しの工事は何度かにわたって行われたと思われ、延享四年(一七四七)に普請工事が始められ、宝暦十年(一七六〇)頃に、今の流れとなったと推定される。

安永七年(一七七八)には、千曲川の旧流路、「古川敷下之水之手ゟ堀川境迄、冥加金差上新田開発願人、明和八卯年御尋之処」との一札があり、明和八年(一七七一)には、千曲川の旧流路について新田開発の試みを依願するものが現れた。この取り扱いは郡奉行である。[11]

ただ、江戸時代の後半、十八世紀末ごろに描かれた松代城下を俯瞰した絵画[12]によると、千曲川本流とは別に古川という川が松代城のすぐ北を流れている。この川は千曲川本流から分かれて松代城に向かって流れる千曲川の旧流路である。このほかにも何本かが千曲川を源流として松代城上流で分かれその後下流で合流している。

3 絵図から見る河原新田

河原新田を示す絵図が存在する。図3である。[13] 河原新田の所有者について、この絵図に書かれている人物だけを抜き出して次に列挙する。

[御城裏河原新田]

大嶋条助掛り畑方

御前栽御材木方掛り、道橋方掛り

[城下町]

真勝寺

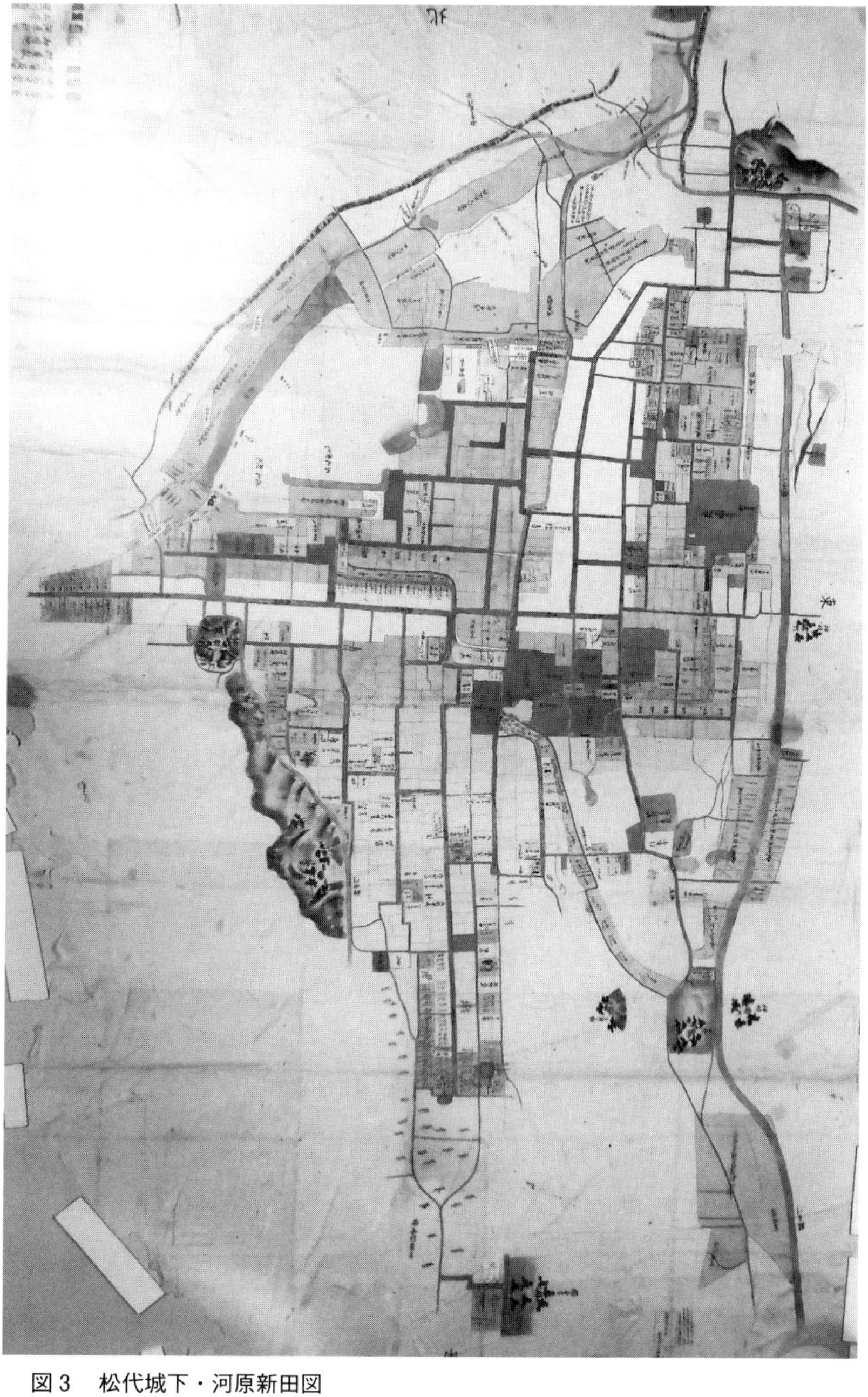

図３　松代城下・河原新田図
（千曲川旧流路、関屋川旧流路の河原新田は薄く色がついており、名前が記されている）

畑新左衛門
宮崎新田村　大嶋条助掛り
馬場跡
［東荒町］
東側、西側、上組
［拝領屋敷が河原新田の士、寺院の名前］
松本祖兵衛、天光院、伊木三郎右衛門、町田源左衛門、畑新左衛門、古川健治、大里惣助、真福寺、矢野倉惣助

藩主の「御前栽御木材方掛り」という藩主の前栽と城内の御材木を管理する掛りと、「道橋方掛り」という名前が、この絵図から確認できる。おそらくは、所有というよりも管理者と考えた方がよさそうである。河原新田を直接的に管理するのは、御前栽掛りと御木材掛り、そして道橋方であったことがわかる。

また、御勘定役の大嶋条助に関わるものが多い。大嶋条助についてもう少し付け加えると、天明三年(一七八三)に「御安口明ヤシキ之内百三十坪被下」とある。また、役職としては「御勘定役」で「御前栽御材木方掛り」でもある。[14]大嶋の職歴からも、管理者が御前栽・御材木掛りであることがわかった。

なお、御前栽であるが、「御人参畑」と見えるものもあり、やはり藩主などの食事の畑作品をつくる場所であることがわかる。[15]

4　河原新田の耕作地としての用途

河原新田の田畑としての用途には、藩士の名義となる耕作地(田方・畑方)があったことがわかった。

「御裏河原新田」については、『御裏河原新田御水帳』[16]のような耕作地の帳面が作成された。また、「所々河原新田」についてみると、『文政九戌年十二月　河原新田・明屋敷・御小作地　戌御年貢人別帳』[17]が作成された。この人別帳には、河原新田と河原新田に造られた拝領屋敷・明屋敷・御小作地が記されている。

この作成は代官の保崎荘助であった。城下町の河原新田に関しては、代官が関わっていたことがここからも証明される。

『文政九戌年十二月　河原新田・明屋敷・御小作地　戌御年貢人別帳』から、河原新田の所有者（小作人）と思われる人物をまとめてみると表2になる。ここから明らかなように、河原新田の所有者は藩士の「同心」という肩書であることがわかる。また、田畑が併存している様子もわかる。

このうち、まずは出浦半平の同心についてみておきたい。出浦半平は当時、御番頭であった。藩の重役であったとみるべきである。この出浦の同心としては、清蔵・平蔵・久蔵・団右衛門・彦七がそれぞれ別々の土地を管理している。次に小山田平太夫についてであるが、小山田兵太夫は小山田壱岐のことで、当時は家老となっていた。小山田の同心である団七が二筆あるほかは、伊左衛門・六郎左衛門・八右衛門の名がみえる。

このように、河原新田の所有については、松代藩士の同心によって耕作など具体的に利用されていたことがわかる。

この同心であるが、足軽同心のことを指すと思われ、「主として農民から採用されたが、町人から一部採用される場合もあった」。そして「その大部分は藩の家老、奉行などの要職にある藩士の附同心として同心組に構成されていた」[18]とある。家老や奉行クラスが自身の同心組に対して、割り当てられた河原新田の耕作などを任せていたことがわかる。

また、河原新田に石砂が入ったという記事を見ると、「河原新田明屋敷畑治左衛門御小作地」とあり、ここが「河原新田御年貢地」であると言っている[19]。そして、この「河原新田明屋敷」についてその附札には、「本文砂入荒所百五拾壱坪五合之処、何分私方ニ而本年中開発可仕候、万一開発行届兼候共、右地所御定之御年貢上納仕、私方ニ而只今迄之通、拝借仕度奉存候（後略）」とある。これによれば、河原新田は拝領地であり年貢地であった。そしてその開発もその所有者が行うものであったことがわかる。

同所	下田	師岡源兵衛同心	銀太夫
女田町	中畑	望月主米同心	八右衛門
同所	中畑	上原権右衛門同心	佐七
同所	中畑	師岡源兵衛同心	庄右衛門
同所	中畑	小山田平太夫同心	六郎左衛門
同所・居屋敷	中畑		東寺尾村　金蔵
東寺尾村	上畑		福徳寺
女田町	下田	望月主米同心	八五郎
同所	中畑	大瀬登同心	忠右衛門
同所	中畑	原民部同心	孫左衛門
同所	上畑	健右衛門組	善右衛門
同所	下畑	小山田平太夫同心	茂兵衛
同所	上畑	藤田外記同心	角右衛門
同所	下田	祢津藤五郎同心	彦右衛門
同所	下田	恩田杢同心	吉左衛門
同所	下田	鎌原兵庫同心	伊平治
同所	下田	山寺庄左衛門同心	富三郎

『文政九戌年十二月　河原新田・明屋敷・御小作地　戌御年貢人別帳』（国文学研究資料館　真田家文書　え283）

先に触れた明治時代の史料2によると、その用途については、藩主の前栽用であるとしているので、これら同心によって藩主に届けられる前栽が栽培されていたと考えられる。また、ここでは税が取られており、村請などで村が徴収権を持っていたわけではなく、藩に直接納入するというシステムであったこともわかる。

それでは、ここでの直接的な納入とはどのようなものなのか、次に見ておきたい。

表２　河原新田の所有者（部分的に抜き出した）

所在地名	田畑	同心名	（小作人？所有者？）
同心町	下畑	矢沢帯刀同心	宇野右衛門
同所	下畑	組頭	源弥
同所	下畑	出浦半平同心	清蔵
同所	下畑	望月主米同心	奥右衛門
同所	下畑	大熊五左衛門同心	文蔵
同所	下畑	出浦半平同心	平蔵
同所	下畑	十河嘉兵衛同心	利左衛門
同所	下畑	出浦半平同心	久蔵
同所	下畑	山岸文左衛門同心	与七
同所	下畑	池田右太夫同心	清蔵
同所	下畑	成沢勘左衛門同心	覚右衛門
同所	下畑	出浦半平同心	無札　団右衛門
同所	下畑	出浦半平同心	彦七
同所	下畑	矢沢帯刀同心	無札　市左衛門
同所	上畑	小山田平太夫同心	伊左衛門
同所	中畑	畑兎毛同心	久左衛門
同所	中畑	赤沢多仲同心	又市
同所	中畑	奥村弥一左衛門同心	万治郎
同所	中畑	金井渡太夫同心	藤蔵
同所	中畑	玉川監物同心	平作
同所	中畑	山岸文太夫同心	又右衛門
荒町四ツ屋	上畑		紺屋町　善兵衛
馬場町差口	上畑		孫右衛門
同所・居屋敷	上畑		三郎右衛門
寺地馬場	中畑		真勝寺
同所	中畑		浄福寺
女田町	上畑	片岡志津摩同心	与五右衛門
同所	中畑	小野喜多右衛門	伴七
同所	中畑	前島助之進同心	安右衛門
同所	下田	白河丹治同心	善助
同所	下田	鈴木治部右衛門同心	団次郎
同所	下田	畑兎毛同心	新五郎
同所	下田	奥村弥一左衛門同心	源蔵

二　代官と河原新田

1　代官の職務

松代藩では、村と藩とをつなぐことを担う職務として、郡奉行の配下に代官を置いた。代官は仕事として、直接村とのやり取りをし、そこで作成される文書の管理を行った。この点については以前述べたことがあるので[20]ここでは略すが、各村と密接な関係を持っていたことを指摘しておく。

その代官の仕事として、村との関係が薄い河原新田の管理がある。代官が所持する書類を書き並べた「日記幷其外諸書類[21]」の記載の中に、「河原新田水帳」があることから、そのことが言える。

この「河原新田水帳」については、代官の「年中行事[22]」に次のように見える。

〔史料3〕

一右御勘定帳改済之上、御払物向々証文相揃次第、御勘定吟味役立合、郡方引合印判請申候、尤右御帳類幷河原新田御勘定帳、其外御納戸江上納金銭請取証文、鯉・鴨請取証文相揃、郡切御勘定之節御勘定所江差出申候、

この史料からは、御勘定帳改済のうえ、御払物向々証文がそろい次第、御勘定吟味役が立ち合い、郡方引合印判を請けることとなっている。ただし、御勘定帳類、そのほか御納戸への上納金銭請取証文、鯉・鴨請取証文を揃えて、郡切御勘定の節は御勘定所へ差し出すこととなっていた。

また同じ年中行事のなかには次のような条文も見える。

〔史料4〕

一十二月中河原新田御勘定帳相仕立、御勘定役逼請、御勘定所元〆役改、其上郡方末書印判相済候上、上納取立仕候、

この史料からは、十二月中に河原新田御勘定帳を仕立てて御勘定役が請け、御勘定所元〆役がこれを改め、そのうえで郡方が末書に印判を済ませて、上納を取り立てるとある。

〔史料5〕

一同月《（十二月）》十二日村々残物上納、幷河原新田御年貢共御勘定所江罷出上納相立申候、

十二月十二日には、河原新田年貢は村々残物の上納とともに勘定所へ上納することとなっていた。

このように、城下にある河原新田についてその勘定帳を作成のうえ差し出したことがわかる。十二月にはこれを仕立てていたこともわかる。

村支配の仕事が中心である代官が、城下町周辺に展開する河原新田についての管理を任されていたことは、特筆すべきである。なぜ、町奉行など町にかかわる役所が河原新田を管理せずに、郡奉行の配下である代官が行ったのか。推測するに、田畑にかかわる仕事ということでの割り振りとしか考えられない。また、河原新田御勘定帳を仕立てるので、ここでの税の収納は当然のことながら代官を中心として作業が行われたことが想定される。代官には村支配のほかの業務があったことを知ることができる。

2　代官の役割

ここでは、「河原新田御小作地共田畑石砂入泥水冠見分願一紙」から、代官が河原新田にどのような役割を果たしていたのか、小作人との関係から見ておきたい。

この一件にかかわる主な史料を次に取り上げる。

〔史料6〕(23)

（表紙）「万延元申年　九月

畑方水損不作御書上帳」

（本文略）

右之通畑方水捍不作ニ付、沖附御書上仕候通、高目吟味仕、少茂相違無御座候間、以御情　御見分被成下置候様奉願候、万一不都束之義御座候ハヽ、如何様被　仰付候共一言之儀申上間敷候、以上

万延元申年五月

小作人惣代

栄助(印)

新蔵(印)

新平(印)

荒地御掛

御役所

荒地掛御役所に対して、河原新田のうち畑方の被害、具体的には畑方水捍不作について御見分を願い出たものである。この史料には荒地掛とあるので、おそらくは荒地の管理を担う役所と思われる。卑見の限りこの役所について詳しく知ることができない。私は、荒地御掛御役所はおそらくは代官のことを指すと思う。なお、河原新田には小作人の惣代がいることもわかる。

ここに現れる小作人とはどのようなものかは明確にしえない。これからは類推でしかないが、先ほど見たように、上級武士の同心が土地の名請人となっているので、この同心の下で実際に働く人を指していると思う。そしてこの小作人にも組織があり、小作人惣代を筆頭とした集団がつくられていたと考えたい。

〔史料7〕(24)

(表紙)
「万延元申年九月

田方水損不作御書上帳」

（本文略）

右之通、田方水捍不作ニ付沖附御書上仕候通、高目吟味仕少茂相違無御座候、以御情　御見分被成下置候様奉願候、万一不都束之儀御座候ハヽ、如何様被　仰付候共、一言之義申上間敷候、以上

御小作人惣代

堀切

米助（印）

新馬喰町

新蔵（印）

御厩町

新平（印）

荒地御掛

御役所

これは、田方の不作について申し出たものである。ここでも差出人は小作人惣代である。また、小作人惣代に地名が付されており、帳面に記された所々河原新田の「所々」に当るものと思われる。この史料からは、所々河原新田は、三つのブロック（堀切・新馬喰町・御厩町）で管理されていたことが想定される。表1で示した地名とは違っているが、おそらく開発によって河原新田が増えたことを示すと考えたい。

さて、前の史料6・7と二つの願書を受けて、代官は次のようにまとめる。

〔史料8〕㉕

口上覚

いせ町
高須嘉助持古川敷新田
惣代
東寺尾村
庫之助

一高三拾三石弐斗壱合　田方
内
壱石五斗　田方厚砂入未三年引
壱石七斗三合　願除
残三拾石　見分願
小以

右同人

一高三拾石四斗九舛三合　畑方
内
弐石四斗九舛三合　願除
残弐拾八石　見分願
小以

河原新田惣代
紙屋町
市兵衛

一高三石壱斗弐舛五合
内
弐石三斗四舛五合　願除
残七斗八舛石砂入見分願
小以
右同人
田方
内
壱斗　厚砂入未之年引
壱斗九合　願除
残四石九斗
内
壱斗八舛　去未石砂入壱毛引、引居願
弐斗五舛　石砂入見分願
三石九斗七舛　見分願

小以

河原新田惣代
御厩町
新平

一高弐石六舛九合　田方
見分願

右同人

一高弐石五斗五合　畑方
見分願

荒神町
茂助

中町
名右衛門

一籾拾弐表壱斗
内
壱表三斗五舛　畑方願除
残拾表弐斗五舛　田方見分願

小以

中町
半兵衛

一籾壱表壱斗三舛三合三勺

田方見分願

右之通河原新田御小作地共、田畑石砂入泥水冠見分願一紙如斯御座候、

八月　　中島渡浪

先の史料を受けてのものであることから、万延元年（一八六〇）の出来事であることがわかる。代官である中島渡浪は、田畑石砂入泥水冠見分の願いを出すこととなる。ここで注目されるのが、「いせ町高須嘉助持古川敷新田」は、その惣代が東寺尾村の庫之助であった。高須嘉助が所持していた新田に惣代がおり、地区割以外に、所持者別の新田に惣代のいたことがわかる。また、別に河原新田惣代として紙屋町市兵衛と共に御厩町新平と、地区別の惣代がいたことである。先に三つのブロックを想定したが、それ以外にもさまざまなかたちで惣代が存在しているのである。最後に「河原新田御小作地共」と言っているので、河原新田と御小作地とが別にあったとも想定できる。

もう一つ注目されるのは、縷々述べているように、代官である中島渡浪が城下町内の河原新田の水損地についての見分のまとめ役をしていることである。河原新田の管理の内容をより具体的に知ることができる。

また、河原新田の明屋敷について、その年貢上納が滞っているとのことで、その上納について郡奉行が決裁を仰いでいる(26)。このように、代官は河原新田についての年貢徴収についての職権があったと思われる。

三　八田家文書に見る河原新田

1　馬場形跡新田について

信濃国松代八田家文書（国文学研究資料館蔵）には、河原新田にかかわる史料が含まれている。八田家が河原新田を購入し、これについて税を支払う（この徴収者は代官）というシステムがあったことがわかる。

八田家には、二つの河原新田が確認できる。「馬場形跡新田」と「荒神町裏新田」である。ここにその状況を個別に確認しておきたい。

まずは、馬場形跡新田について見ることとしよう。

〔史料9〕(27)（傍線は筆者）

（端裏貼紙）「弐番

文化四丁卯五月、御高四石九斗四舛、馬場形代金六拾五両、浄福寺　河原新田証文」

売渡申田地証文之事

免弐ツ五分

一高四石九斗四舛

右者馬場跡河原新田御高地之場所、今度無拠義ニ付代金六拾五両ニ売渡申候所実正ニ御座候、御年貢之義ハ当卯年ゟ其御方ニ而御上納可被成候、此御田地ニ付何方ゟ茂構子細無御座候、万一脇々ゟ六ケ敷義致出来候ハヽ、急度埒明可申候、為後日譲渡証文、依而如件

文化三寅年十二月　浄福寺
八田嘉右衛門殿
「表書《裏書》之通致承知候、以上
大嶋多吉　」

ここに馬場(形)跡河原新田という名称があらわれる。文化三年(一八〇六)に浄福寺が八田嘉右衛門に対して金銭によって譲り渡したのである。

この証文の裏書をしている人物は大嶋多吉である。大嶋多吉は、先に確認した大嶋条助と関係を有する人物と思われる。おそらく大嶋家は河原新田に関わりを持ち続けた家であろう。

〔史料10[28]〕

乍恐以口上書奉願候御事

河原新田之内、御馬場形跡新田御高地四石九斗四舛場所私所持仕罷在候処、去卯六月中満水之節関屋川押込不残石砂入ニ罷成候処、去秋中大御検見向御見分之上御年貢向御引方被下置難有仕合奉存候、然処右場所只今之姿ニ而ハ此上少々之出水御座候而も川筋向様至而地ひきて罷成候ニ付、容易開発難仕之趣ニ御座候得共、御大切之地所捨置候も奉恐入候、依之何とか格段入料も相懸り地形置上外ゟ入土を以何分田方開発仕度奉存候、何分御勘弁御情を以奉恐入候得共、此上御年貢向御年限長御差引被　仰付被下置候様奉願候、尚委細之義ハ口上を以申上候、幾重ニ茂御情之　御意奉　仰候、以上

文化五辰年五月
八田嘉右衛門役代
伝兵衛　印

御代官所

伝兵衛代岩村吉兵衛罷出候事

五月十六日御差上御座候

文化五年に出されたものである。このなかで注目すべきは、この河原新田について「御大切之地所」と言っていることである。馬場形跡新田は八田家所有であるものの、藩にとっては大切な土地であることを強調している。

この馬場形跡新田については、八田家の家政機関の人物と思われる伝兵衛が仕切っていた。伝兵衛の配下には、岩村吉兵衛なる人物がおり、この人物が、直接代官の所に出向いて事の実情を伝えていた。八田家にあっては、馬場形跡新田についての職務を担う部署のあったことが確認される。

〔史料11[29]〕

名所馬場形御請書写

一高四石九斗四舛　文化四卯年　荒地田

内

弐石四斗七舛　当辰年ゟ申年迄五ヶ年
御年貢御赦免可被成候旨六ケ年目
酉年ゟ御年貢上納可仕候

弐石四斗七舛　当辰年ゟ丑年迄拾ヶ年之間
御年貢御赦免可被成候間拾ケ年目
寅年ゟ御年貢上納可仕候

小以

右河原新田御高之内、馬場形跡新田四石九斗四舛私所持仕罷在候処、去六月中満水之節関谷川切込不残押掛石砂入荒地ニ相成候所、右押払ニ付別而地底ニ罷成格段入料茂相掛り候義ニ御座候間、御情ニ御年貢向御年限長御差引被下置候様奉願候処、御倹義之上書面之通当辰年ゟ御年貢向御赦免可被成下旨被　仰付難有奉存候、然上者此節より出精開発仕、御年限明年ニ至り急度御年貢上納可仕候、右為御請一札差上申候、以上

文化五辰年五月

八田嘉右衛門役代

伝兵衛

御代官所

先の請願によって、河原新田のうちの馬場形跡新田について、文化四年の水害の報告をしている。関屋川から土砂が入り込み、これを除去するために格段の入料が必要となった。これによって文化五年からの税の免除を願い出ている。これについて御倹義したところ、文化五年からの税の免除が認められたのである。

この文書のあて先は代官所である。馬場形跡新田にかかわる税の免除について、代官からの許可を受けていることがわかる。なお、この水害にあった河原新田についての開発は八田家が独自にすることを付け加えている。

2　荒神町裏

荒神町裏の河原新田については、荒神町裏新田と称し、抱屋敷となっていた。浄福寺の旦那である吉左衛門について次のような事例が見られる。

〔史料12㉚〕

乍恐以書付奉願候

私抱屋敷荒神町裏河原新田ニ罷在候田中村禅宗浄福寺旦那吉左衛門儀、此度妻子召連下田町同心丁芳三郎借家江引越参度熟談仕送書差出、別紙之通返書請取申候、尤唯今迄右箇所組江御詰込被成下、同人肝煎役相勤罷在候処、此度建家畳取外ニ住居仕候者無御座候間、吉左衛門妻子幷箇所共御除帳奉願候以御情願之通被　仰付、同所宗門人別御帳御除被成下置候ハヽ難有仕合奉存候、以上

天保五午年三月　　伊勢町

伝兵衛

御奉行所

伊勢町伝兵衛は、八田家の人物である。河原新田に居住する浄福寺の旦那である吉左衛門について、妻子を召し連れて下田町同心町芳三郎借家へ引っ越すこととなった。このためここでの居住者はいなくなった。吉左衛門妻子と居住していた場所共に御除帳を願い、御奉行所に届け出たのである。

〔史料13㉛〕

右者当御屋敷続河原新田御高地之内、御対談之上御買長屋被成御建候場所、右続絵図面墨引之通承、御買地ニ取結申候、然上ハ当何年ゟ書面小作詰来

御上様御立相場を以、十一月中旬御納可被成段是又取結申候、為後証一札仍如件

年号月　　八田喜兵衛組御内

物兵衛　印

八田嘉右衛門様　御内
　　伝兵衛殿

八田喜兵衛の配下にあった惣兵衛が八田嘉右衛門の配下にあった伝兵衛に提出した文書であるが、「年号月」とあることから、提出にあたっての下書き、もしくは雛形であることがわかる。

内容は、八田嘉右衛門の御屋敷続河原新田については、御対談のうえ、御買長屋となった、この場所について、絵図面への墨引のとおり承知している。御買上の土地であるため、御上様の御立相場をもって、十一月中旬から税を支払うようになった、というものである。八田喜兵衛から八田嘉右衛門にあてて、その方法を示したものと思われる。屋敷続河原新田については、この二者で何らかの関係があったと思われるが、詳細についてはわからない。

次に、年貢皆済目録[32]によって八田家と松代藩（代官）との関係を見ておきたい。

西沢軍治から八田喜兵衛殿役代の惣兵衛にあてたものとして、

「明家敷御年貢」

西沢軍治から伊勢町（八田嘉右衛門殿役代）の伝兵衛にあてたものとして、

「御小作地御年貢」「河原新田御年貢」「明屋敷御年貢」以上三通

がある。このように、八田家の年貢皆済の書類では、御小作地年貢、河原新田年貢、明屋敷年貢の三種類があったことがわかる。この三つの収納については、代官である西沢軍治がその役割を担っていたことも確認できる。

四　河原新田の拝領屋敷・下屋敷化

河原新田から拝領屋敷、もしくは下屋敷に移された事例が、真田家文書のなかに多く残されている。このほとんどが、絵図面によって指示されている。このため、具体的な手続きについてははっきりとしない部分もある。

ただ、こうした空き地については、拝領屋敷を管理する水道奉行が管理していたことは、田町の空き屋敷について堀跡の方へ草が生い茂った際に、水道方に草取りを命じていることからも明らかである(33)。

次に河原新田から拝領屋敷となった事例について史料を掲げる。

〔史料14(34)〕

（端裏書）「堤右兵衛殿　恩田頼母」

此程及存候小頭早川伝兵衛河原新田居屋敷続竹山町之明地之場所、冥加上納拝借囲込度旨願之通承済候、其段可被相心得候、以上

八月廿七日

恩田頼母が堤右兵衛に宛てたものである。天保十二年（一八四一）段階で堤右兵衛は水道奉行(35)となり、拝領屋敷を管理する立場(36)にいた。これは、恩田頼母にかかわる小頭の早川伝兵衛の河原新田居屋敷について冥加上納の土地とするように、との内容である。

一方、河原新田から拝領地に移管されたことを示す絵図面のうちの一つには、「手代　玉川一郎左衛門屋敷地之内江土地河原新田御高地移替跡地(37)」とあり、河原新田から拝領屋敷へその土地高を同じように転換したものであったこ

とがわかる。これは竹山町にある河原新田続きの明家となっているので、拝領屋敷とともに河原新田も加えてのことかと思われる。

また、家臣のなかでも、河原新田から下屋敷に転換された土地を所有する人物もいた。

〔史料15[38]〕

小山田壱岐、先達而被下候下屋敷地三千坪餘御城裏河原新田之内ニ而被下候、例之通被心得取計可被申候、

小山田壱岐は、天保十四年に「下屋敷三千坪余被下[39]」とあり、自身の下屋敷を、御城裏河原新田の中に三〇〇〇坪あまり所有することとなっているので、この史料15は、天保十四年のものであることがわかる。なお河原新田ではないが、恩田頼母が抱屋敷を拝領屋敷とした例が見られる。年貢地を拝領屋敷にしたのである。これと同じように、河原新田という年貢地を拝領屋敷である下屋敷とする事例も見られるのである。

一方、家臣の屋敷地の場所へ河原新田の土地の広さと同じように移す事例が多くある。

〔史料16[40]〕

手代

玉川一郎左衛門屋敷地之内、上納之場所江河原新田御高地引移、

此坪百六拾三坪余

内

拾弐坪五合余　四方壱尺五寸通、畦尺除、

残百五拾坪余　上納坪

手代である玉川一郎左衛門の屋敷地に、河原新田の土地一六三坪あまりの土地と同じ広さを引き移すこととなり、

そのうち一二坪の畔の分を除いて、残りの一五〇坪余について税を納入する土地となったことがわかる。

このように、河原新田のうち御裏河原新田について、下屋敷や拝領屋敷の添屋敷として用途替えが行われている傾向にあることが言える。言い換えるならば、所々河原新田との違いはここにあることも推定できる。

おわりに

本章では、松代城下に成立した河原新田について論じてきた。ここで得られた結論を述べてまとめておきたい。

河原新田は、城下町を流れていた関屋川や松代城の城外の外堀を埋め立てたものである。千曲川の旧流路については、これも埋め立てることによって河原新田が成立して利用された。そして河原新田には旧千曲川流路の「御裏河原新田」と、城下町を流れた関屋川の旧流路・堀跡を埋め立てた「所々河原新田」と、大きく分けて二つの区分があった。「御裏河原新田」は下屋敷や拝領屋敷へと使われる傾向がみられる。また、「所々河原新田」は藩士の同心を小作人として、田畑の耕作を行う傾向がある。

河原新田は全体として藩の直轄領であった。①その用途としては、田方・畑方とがあり、これらは松代藩士の同心が所有(小作地)していた。②八田家や寺院に見られるような所持地となっている、③藩士の拝領屋敷に転化されている。

河原新田の管理は、郡奉行の配下である代官がこれにあたっていた。代官は、河原新田の税収納にかかわる業務についても関与していた。また、河原新田は、個人所有が可能な土地(おそらくは士身分)で、士身分のほかにも八田家が所有していた。これには二つ確認され、馬場形跡・荒神町裏にあったことがわかる。ここでの税の徴収は代官が担っていた。

註

（1）志村洋「城廻り村と家中名請地」（『日本近世史を見通す四　地域からみる近世社会』吉川弘文館、二〇二三年）。

（2）拙稿「松代城下町絵図について」（『長野市立博物館紀要』一四、二〇一三年）。

（3）善光寺地震後、松代藩は課業銭を人別に課したが、河原新田には年貢地ではあるものの家来名目のため課業銭を免除した。このことからも、河原新田は家中名請地であったことがわかる（拙稿「松代藩における代官と百姓」福澤徹三・渡辺尚志編『藩地域の農政と学問・金融』岩田書院、二〇一四年）。

（4）拙稿註（2）。

（5）長野県立歴史館蔵　長野県庁文書「境界争論一件」埴科郡松代町検地・河原新田ノ件ほか（明11／C／17‐2）。

（6）国文学研究資料館　真田家文書　そ3‐1‐8。

（7）拙稿「絵地図から見た寛保二年・戌の満水」（『国立歴史民俗博物館研究報告』九六、二〇〇二年）。

（8）図は、長野市・長野市教育委員会編『庭園都市松代』（一九八二年）による。

（9）国文学研究資料館　真田家文書　い１１７１。

（10）大平喜間多編『松代町史』（一九二九年）。

（11）国文学研究資料館　真田家文書　い一一六九　安永七年五月条。

（12）真田宝物館所蔵「松代の図」。作者は三村自閑斎で寛政八年（一七九六）に死去している。

（13）国文学研究資料館　真田家文書　し００１６８、河原新田地並絵図。

(14) 国立史料館編『真田家家中明細書』(東京大学出版会、一九八六年)。
(15) 国文学研究資料館 真田家文書 い1178 御郡奉行日記 寛政五年八月条。
(16) 国文学研究資料館 真田家文書 う1232。
(17) 国文学研究資料館 真田家文書 え283。
(18) 『更級埴科地方誌』第三巻 近世上(一九八〇年)。
(19) 国文学研究資料館 真田家文書 い1166。
(20) 拙稿「松代藩における地方支配と文書の管理」(『信濃』六五―五、二〇一三年)。
(21) 「御尋ニ付申上控 御役方起源ゟ之事実勤方沿革等之儀 出役所置附」日記其外諸書類(『更級埴科地方誌』第三巻 近世上、一九八〇年、一〇二頁)。
(22) 同右 年中行事項。
(23) 国文学研究資料館 真田家文書 く269。
(24) 国文学研究資料館 真田家文書 く270。
(25) 国文学研究資料館 真田家文書 く272。
(26) 国文学研究資料館 真田家文書 い1284。
(27) 国文学研究資料館 八田家文書 え-2063-25-2。
(28) 国文学研究資料館 八田家文書 え1728。
(29) 国文学研究資料館 八田家文書 え1727。
(30) 国文学研究資料館 八田家文書 え3268。

(31) 国文学研究資料館　八田家文書　え2255-45。
(32) 国文学研究資料館　真田家文書　え3344。
(33) 国文学研究資料館　真田家文書　い1185、『御郡奉行日記』文化七年七月条。
(34) 国文学研究資料館　真田家文書　み12。
(35) 国立史料館編『真田家家中明細書』。
(36) 拝領屋敷と水道奉行の関係については、拙稿「松代藩・国元における行政組織とその場」(国文学研究資料館編『近世大名のアーカイブズ資源研究—松代藩・真田家をめぐって—』思文閣出版、二〇一六年)参照。
(37) 国文学研究資料館　真田家文書　み-13。
(38) 国文学研究資料館　真田家文書　み10-11・み12-11。
(39) 国立史料館編『真田家家中明細書』。
(40) 国文学研究資料館　真田家文書　み-13。

特論１　近世中後期の北信濃から東信濃への木綿の流通形成

―北信濃の綿売り商人と上田城下町方との確執―

藤原　正克

はじめに

本論は、近世中後期の信濃国における木綿の生産地とその周辺に広がる消費地間の流通形成について、検討するものである。具体的には、宝暦～文化期における、北信濃（松代藩領を中心とする生産地）の綿売り商人と、東信濃（上田藩領を中心とする消費地）の上田城下町方両商人間の取引における確執の過程を考察する。

木綿の流通に関する研究は、瀬戸内諸藩を中心に、領主の経済自立化策の一環として、生産地商人、大坂や江戸商人との、共生および対抗関係などが論じられている(1)。ここで領主の経済自立化策とは、財政窮乏対応のための諸政策であり、領主権力が、商品作物ごとの流通形成過程を経済構造の歴史的特質として捉え直したものと考える。したがって、その政策を評価するには、対象商品作物ごとの経済構造の形成過程を、領内のみならず領外の動向も含めて把握したうえで考察することが望まれる。

かかる観点から、松代藩領における諸商品作物の統制に関する先行研究を振り返ると、紬の場合、天保期に松代城下で初市を開くまでは、上田藩領や幕府領の仲買人が村々に入り込んで買い付け、上田城下の紬市で三都商人他へ売り捌いていたとされている。(2) また、嘉永期、松代特産の甘草は上田商人が買い占めたうえ、上田産として全国販売していたこと、安政期、杏仁は生産者による抜荷が横行し、それが上田商人・他領商人に渡っていたことなどが指摘されている。(3) しかし、いずれの研究においても、上田商人が跋扈するに至る要因や背景についての考察は十分とはいいがたい。転じて、木綿の場合、天保期の産物会所政策の一環として、木綿改所の開設に至る経緯・機能・運営上の問題点などは明らかになっているが、従前における領内商人や他領商人の動向、両者の相互の関わりなどの経済構造は、ほとんど論じられていない。(4)

翻って上田藩領の木綿流通に関する研究は、寛政期以降、北信濃からの綿流入を起因とする在方と町方との対立を論じたものが主となっている。(5) そこでは、北信濃の綿売りとはどのような商人で、上田藩領を目指した理由や背景、市場経済におよぼした影響などが、断片的に考察されているにすぎない。本論の課題は、それらを補完して把握し直すことにあるが、生産地側の史料欠如の問題に当面している。そのため、消費地側の史料に着目して考察を試みたい。使用するのは上田城下原町世襲問屋の滝沢家文書（上田市立博物館蔵）他である。これらの史料から、北信濃の綿売り商人が東信濃に向けてどのように流通を形成していったのかを探る。

木綿は、麻からの衣料転換を要因として、十六世紀末頃から畿内を中心に広範囲で栽培されるようになり、北信濃では十七世紀末頃から栽培が始まっている。(6) 北信濃から東信濃への流通の端緒は、松代藩真田家の重臣鎌原桐山筆の『朝陽館漫筆』（随筆）によれば、松代から木綿の荷を上田に出し始めたのは六十年前（宝暦元年頃）からであり、五十年前（宝暦十一年〈一七六一〉頃）からは、よりこ（篠巻）にして出すようになったと記されている。(7) これは、従前から上田藩領に移入されていた畿内綿が、宝暦期以降、松代からの篠巻と競合しはじめたことを含意している（後述）。なぜ松代藩領から篠巻の移出なのか、誰がどのように上田藩領に持ち込み、その結果、上田藩領の綿市場はどのように変化したのか。これらの諸点について先行研究に学びつつ時期を追って考察していく。

なお、木綿の加工工程は、概略、栽培→実綿（種の付いた綿毛）→繰綿（実綿から種を除去）→篠巻（弓打ちして繊維をほぐす）→綛糸（撚りをかける）→布織である。

一　宝暦〜天明期（一七五一〜一七八九）

１　松代藩領の動向

⑴　木綿栽培

近世北信濃の四郡（水内・更級の両郡、および埴科・高井各郡の一部）を領有する松代藩領主真田家（一〇万石）は、行政を「里方」（犀川と千曲川周辺の平野部で「善光寺平」と呼称、七万石）と「山中」（西部山間、三万石）の二つの区域に分けて統治していた。主要な商品作物は、里方（里郷）では木綿、山中では麻であった。(8)

善光寺平の木綿の分布状況は図１の通りで、千曲川両岸や川中島あたりに集中している（菜種と輪作）(9)。ここで綿栽培が進展した理由は、北信濃が陸路による繰綿の経済的供給圏外に位置したこと、「沖積扇状地や千曲川の自然堤防」という綿作の適地条件を備えていたことなどによるとされる。(10)水内郡妻科村では、畑一九九石のうち九五石（嘉永三年〈一八五〇〉）が、更級郡大豆島村では、畑三四七石のうち二〇九石（安政四年〈一八五七〉）が木綿畑である。(11)では、これら各郡の具体的な木綿作はどれくらいの規模であったのか、近世中後期の資料を欠くので、参考までに明治十年代の郡別木綿産出量を示すと、上水内郡三万三九五二貫（一二七トン）、更級郡二万二四一七貫（八四トン）、埴科郡七二九七貫（二七トン）である。(12)

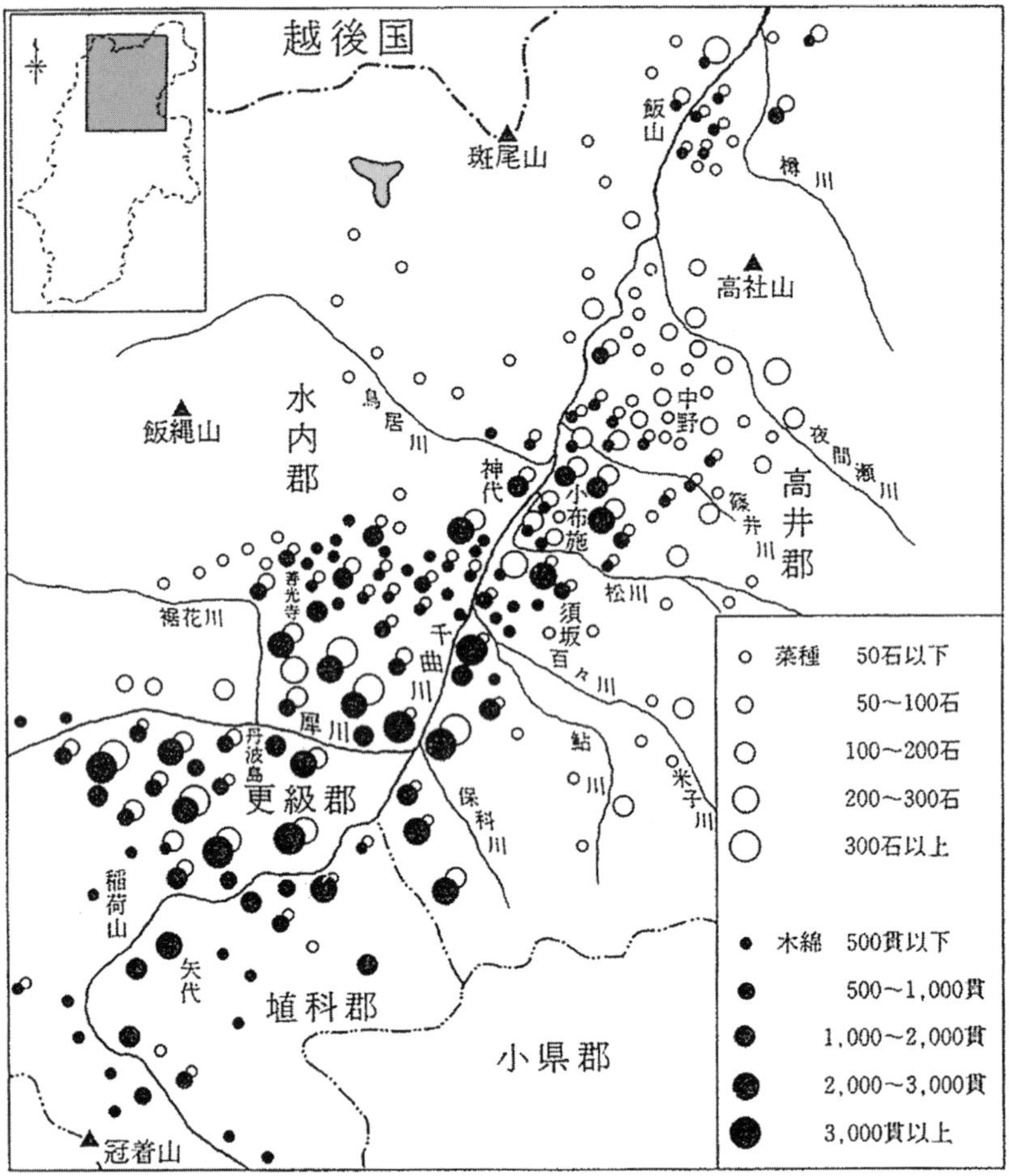

図１　善光寺平の木綿・菜種生産

出典：『長野県史　通史編　第６巻　近世三』253頁より転載

松代藩における木綿の流通実態は不明な点が多い[13]。北信四郡では、栽培から布織工程まで一貫して行う農家があった[14]一方、実綿を繰綿や篠巻に加工することで賃稼ぎする人々もいた[15]。

では、松代藩の役人や村々にとって、木綿はどのような位置付けにあったのか。文化十年（一八一三）に郡方役人が郡奉行に勘定吟味伺をしたなかに、「山中麻下直、大豆・粟・稗不作、里郷第一之木綿不作ニ而甚手詰候様子ニ御座候」と、麻の値下がり、大豆などの不作とともに、里方第一の産物である木綿が不作になり（村々は）たいへん手詰りのようである、と報告している[16]。

また、東寺尾村（埴科郡）の願書を取り継いだ勘定役伺口上書に、「田方穂枯、畑作第一之木綿不作」（文政五年〈一八二二〉八月）とあり、木綿は畑作第一の産物であると認識されている[17]。畑方水冠による不作の場合、「木綿玉腐」として引高積伺が出されたり（文政七年九月）[18]、損耗が著しい場合、「麻不作、麦作水損、畑方木綿格段不作御手充」（文政二年十一月九日）と、不作による手充（救恤）が仰せ渡されたりした[19]。つまり、木綿は、村々の再生産を、藩にとって貢租を支える重要な作物と認識されていた。

⑵　藩政改革

宝暦期、松代藩は、窮乏する財政に対応するため藩政改革を行っている。藩政改革とは、領主支配強化のための諸制度改革で、その主たる目的は経済の自立化である。

真田家の財政状況は、三代幸道の時代に幕府からの課役の影響を受け、四代信弘の代からその立て直しが画策された。さらに、五代信安の戌の満水による損失があった。そのため、六代幸弘治政下の宝暦八年（一七五八）に、藩政改革として月割上納制の導入を領内に布達した[20]。この制度は、貢租の一部を金銭で先納する制度である[21]。諸色高値の影響から江戸への廻米を止めた松代藩は、国許で江戸での入用金を調達する必要があったことが直接的要因である[22]。

では、領民はいかにして金納のための原資を調達したのか。これに関しては、諸先学による種々の論考がある。吉永昭氏は、文化・文政期の養蚕業導入まで、市場での換金は米が主体であったと推定している[23]。中井信彦氏は、養蚕業が未発展の領内に金納を支えるほどの特産物の生産は想定困難とし、この制度は、「現実には照応的基盤を欠いた」と指摘する[24]。柄木田文明氏は、松代城下の経済的機能の弱さ、宝暦期の流通統制の未熟さ、そして領内市場の不存在を指摘し、「藩自らが高利貸的機能を有することによって年貢の年内皆済を実現しようした」のが宝暦改革の政策論理であるとしている[25]。

一方、古川貞雄氏は、月割上納制が、領民におよぼす負担の軽重と換金の可否を問い、これを統括する郡方役人の意識と商品作物との関係を検討した。そして、役人らが「月割上納金の調達にとっては山中の麻、里郷の木綿が「金納第一」の商品作物であった」と状況認識していたことを、明和五年(一七六八)から文化八年(一八一一)の勘定所元〆日記を用いて実証した。また、「里郷において木綿が月割金納にとって最大の金銭取得源であること」が幕府への公式届書に明記されていると断言している[26]。

本論では、古川氏が藩役人の状況認識を実証していることを重視したい。すなわち、宝暦期以降、松代藩領民にとって木綿の上田藩領への移出は、月割上納制がひとつの契機になっていたと考察する。

2 上田藩の動向

(1) 行政機構

元和八年(一六二二)、領主真田信之が松代へ転封し、代わりに仙石忠政が入封、三代続いたのち、宝永三年(一七〇六)、松平(藤井松平系)忠周に引き継がれ、維新期まで松平氏が七代にわたり統治した。五万三〇〇〇石(うち川中島五〇〇〇石、一七二八年以降幕末維新期まで）である。[27]

行政機構は、町方と在方でそれぞれつぎのような支配体制をとっていた。ここで問屋とは、在方の割番のような地位を指している。

町奉行→問屋→町年寄→城下町

郡奉行→割番→庄　屋→在方村々

城下七か町の構成は、つぎのように二分して支配されていた。

海野町・横町・鍛冶町

原　町・柳町・紺屋町・田町

つまり、海野町は横町・鍛冶町を、原町は柳町・紺屋町・田町を支配していた。上田城下は北国街道の宿場町であった。[28]問屋は、海野町（本陣）・原町に一軒ずつ置かれ、前者は柳沢氏、後者は滝沢氏が支配していた。町政は各町の年寄が担った。[29]つぎに、村々は、小泉（一二か村）・浦野（一五か村）・塩田（二二か村）・田中（一九か村）・塩尻（一二か村）・国分寺（一三か村）・洗馬（一〇か村）・武石（八か村）の各組に分けられていた。このうち塩尻組は上田城下の周辺に位置していた。[30]これは、仙石氏の代に城を取り囲む位置に移住させられていたという由緒によるものである。[31]

(2)　経済政策

仙石氏時代（元和八年～宝永三年）の上田藩は、領内経済圏保護のため、他所商人は問屋をとおしてのみ取引を許すという、町方商業・在方農業という幕藩体制下の市場経済原則を堅持していた。宝永三年、仙石氏を引き継いだ松平氏も同原則を維持し、町在とも他所商人に小売りを禁じた。[32]

では、このような上田藩政のもとで、北信濃の繰綿や篠巻は、どのように上田藩領に持ち込まれ流通してきたのであろうか。つぎの史料は、原町年寄が、文政二年に寺社奉行所から命じられて差し出したものである。

〔史料1〕[33]

一奥綿発端之儀者、宝暦之度原町中程ニ而奥綿問屋仕、馬荷ニ而附込候分者右奥綿問屋ニ而売捌候、尤其時節者多分大和綿而已流行仕候而、奥綿者多背負荷商人共宿屋江持込売買仕候、追々奥綿流行仕候、（後略）

これによれば、宝暦期、原町で奥綿問屋を営んでおり、馬荷で入ってくる荷品はこの問屋で売り捌いたという。ただし、その頃は大和綿が主流であったとする。当時、先進地畿内から繰綿・篠巻が、各地方に移出されていたが、上田藩領における大和綿は、絹織物の畿内での売捌きの帰り荷でもあった。[34] つまり、上田藩領では、移入綿を原料として布織するという遠隔地間分業が進展していた。[35] 奥綿は、商人が背負って宿屋へ持ち込んで売買するうちに、やがて受け入れられるようになった。北信濃は上田方面からみると奥に位置するため、北信濃産篠巻を「奥綿」と称した。この奥綿を運んだ商人は史料上「綿売り商人」「奥綿売り」「奥筋商人」などと記されている。

二　寛政期（一七八九〜一八〇一）

寛政三年（一七九一）五月、上田城下の四か町（海野町・横町・原町・柳町）は、在方（とくに城下続きに位置する塩尻組）に多くの他所商人が入り込むため市場に障りありとして上田藩に訴えた。[36] これに対し同年十月、塩尻組村々は、渡世のためであり迷惑であるとの口上書を提出し反発している。[37] しかし、寛政五年三月、上田藩は、領内在方に対し他所商人との売買を禁じた。[38] 同年五月、困った上田城下続きの塩尻組村々の庄屋が、当時の状況を奉行所に宛ててつぎのように説明している。[39]

①塩尻組村々は、田が少なく人口が多いので、農間余業として篠巻・太物（綿織物）商売をして渡世をしている者が多くいる。
②篠巻は、城下町人からも仕入れるが、塩尻組は北国往還の道筋にあるため、松代よりかつぎ商人（荷物を背負った商人、「奥筋商人」の意）が冬中おもに持参し、春になっても追々続くので居ながらに買い調えることができ、手間ひまもかからない。価格も町方より安価ゆえ利益もあがる。
③仕入れた篠巻は、上田藩領および近領の加工業者へ、一人で一日におよそ五、六〇把も配給する。ついで織り上げられた木綿島（縞）・白布は、小諸や上田表の市毎に持ち出して店々へ売り払う[40]。これを主たる渡世とするものや農間に商売する者もいる。
④夏になれば松代篠巻が払底するため、そのときは町方より大坂篠巻を買い入れる。
⑤仕入先を町方に限定すると利益が格段に低下し渡世が難しくなり、これを主たる生業にする者も農間商いする者も難儀する。
⑥他所商いの者や蚕種売りの者は、売上金で篠巻・繰綿などを美濃・尾張・甲州などから買い入れて持ち帰る。
これによれば、上田藩領および近領で木綿布織の加工業が展開されており、寛政期、塩尻組村々によって、奥筋商人から買い取った篠巻が配給されている状況と考えられる。つまり、当該期に至り、篠巻の市場構造が畿内品から奥綿に代替したことにより、商業専一特権を擁護されてきた上田城下町方の既得権益が脅かされていると思われる。

同年十一月、この状況を放置できないとみた町方は上田藩奉行所に訴えた。その結果、藩は他所商人との商売に関し、塩尻組に同八年まで現状維持を認め、以後制限を加えるとした[41]。領主は、従来からの市場経済原則を維持しようと町方に配慮しつつも、台頭する在方を無視できなかった。

当該期、流通する篠巻は、目方不同（量目不揃い）という問題があった。上田藩は、寛政八年十月、木綿の尺幅と篠巻の目方について触をだしている。それによれば、規定の尺を満たさない木綿を一反としたり、六〇目に足りない篠巻を一把として売っているようであるが、以後、幅が九寸五分、丈が二丈六尺に満たない木綿を一反として、六〇目に満たない篠巻を一把にして売ってはならないとしている[42]。

これほどまで木綿の尺幅や篠巻の量目に拘泥するのは、「此度木綿尺幅改申付候上者、篠巻者其根本ニ候へ者[43]」とあることから、篠巻の量目不足が織上げた木綿布の尺幅不足につながり、ひいては売買に影響するためと思われる。すでに寛文四年（一六六四）の段階で、徳川幕府は、織物の丈尺幅について全国令を布達している[44]。上田藩では、元禄七年（一六九四）に規定どおりの長さや幅を満たしているか判屋で判形して売買するとした記録が残されている[45]。木綿布織に特化していた上田藩としては、布の原料として需要が増大する篠巻の粗製品出回りを、なんとしても防止する必要があったのであろう。

三　文化期（一八〇四〜一八一八）

1　奥筋商人仲間の組分け

上田城下には太物（綿織物）仲間が、原町四二軒、海野町二四軒、横町九軒、柳町二三軒、合わせて九八軒あった（文化元年〈一八〇四〉[46]）。文化期においても、四か町太物仲間の焦眉の課題は、篠巻の目方不同対策であった。その動向を、滝沢家文書九六九からみていく[47]。

〔史料2〕

篠巻目方不同ニ付正法ニ商売いたし候様従　御支配様度々被　仰渡候間、奥綿売衆江も厳敷掛合候得共、兎角相崩連取締不申候全者、

（中略）

一文化元子年反物商売之者相談いたし、綿売衆定宿ニおゐて目方改印形居紙札を附出し候様、尤志能巻百四拾把入壱本ニ付改料廿文宛宿屋江出し可申候、

但　売人ゟ　拾文

買人ゟ　拾文

右之通ニ仕候ハヽ、往々目方取究可申与柳町綿屋安兵衛宅江四ケ町太物屋共罷越、松代新四郎江談事候処、仲間之儀も御当地江罷越商ひいたし候へ者、御地之御相談ニ洩候者有之間敷、御尤之御相談之義ニ候間仲間之儀者私引請承知之旨致挨拶候、乍去仲間之外者取締いたし兼候、此段勘弁いたし候様申聞候ニ付、四ケ町太物屋共新四郎殿江申候者、御仲間入無之分者改所ニおいて改札を不附様可致旨及返答候処、新四郎殿申候者、左様之思召ニ候ハヽ、以来善光寺組・川北組・松代組と取究、右組外之商人持参之篠巻者一統御取引不被下様致度旨、幷改場も定宿五軒之外相建不申様熟談いたし置候、

川北組定宿

柳町　澄屋伝四郎

同断

同町　紙屋平吉

松代組定宿

同町　綿屋安兵衛
善光寺組定宿
原町　万屋勘助
福嶋定宿《ママ》
海野町　綿屋兵三郎
右福嶋者松代組之内ニ而文化元子年迄綿屋安兵衛方ニ止宿仕候処、相談之上海野町兵三郎方江相訳申候、尤其節者仲間四五人ニ御座候処、追々人数多く相成申候、
（後略）

概要はつぎのようである。文化元年、反物商売の者（太物仲間）が相談し、焦眉の目方不同対策として、綿売り商人の定宿において目方改・印形・居紙札を付け出すこと、篠巻一四〇把入一本に付き、売人・買人双方から一〇文宛、改手数料を宿屋へ支払うことを申し合わせた。これを四か町太物仲間が、柳町の綿屋安兵衛方に止宿している松代の新四郎を訪れて持ちかけたところ、仲間内への徹底は引き受けると答えた(48)。ただし、仲間以外の者は取り締まれないという。これに対し四か町太物仲間から、仲間以外の者の荷品には改所で改札を付けないと返答した。新四郎は、それならば今後仲間を「善光寺組」「川北組」「松代組」と組分けするので、これらの組外の商人とは取引しないこと、定宿も五軒に限ることを双方が熟談した。

前後するが、福嶋の者は松代組としてこれまで綿屋安兵衛方に止宿していたが、このとき相談のうえ海野町の綿屋兵三郎方へ分けて「福嶋組」を立てている。定宿の内訳をみると、奥筋商人が最初に到着する柳町（三軒）、ついで原町（一軒）、海野町（一軒）と、地理的に原町（柳町支配）側に片寄っており、奥綿商売が原町と柳町にほぼ集中している

ことを示している。原町は、その後もこの地理的優位性を維持する姿勢を続ける。

これまで、北信濃の綿売り商人を「奥筋商人」と総称してきたが、史料２によれば、当該地域には数多の綿売り商人がいること、そのなかで新四郎を惣代として紐帯する仲間の存在があることが窺える。新四郎とは、松代城下の住人であること以外その人物像や選出の経緯などはわからない。仲間を、「善光寺組」「川北組」「松代組」「福嶋組」に組分けしていることから、松代藩領や善光寺領など領主違いを超えた地域の自律的仲間と推定される（以下「組仲間」と表記）。議定の有無などは不明である。新四郎が仲間の組分けを申し出た理由は、太物仲間への奥綿売捌きを「組仲間」で独占し、北信濃に数多蔟生する「仲間之外者」を排除する目論見であったと考えられる。

なお、つぎのような取極めをし、九月十五日より「目方改名前札」を付けて取引するとしている(49)。

一条目　篠巻一把の目方を六〇目とする。ただし、藁二筋結目一寸。
二条目　組の商人が在中へ入り込んだり途中売りは不可。
三条目　目方改場および定宿で、組の綿売りが他所商人および在方綿売りへ直売りは不可。
四条目　四か町太物仲間が店々へ買い取ったうえで、他所および在中へ売り渡すこと。
五条目　奥篠巻改札のないものは買い入れない。
六条目　組に属さない商人から買い取らない。
七条目　繰綿は組に属さない商人とも取引は可。
八条目　市場に行司を置き、組々も行司を置いて諸事を掛け合う。

行司とは、仲間内外の諸問題に対応し円滑な運営を司る役割を負っている人である。ここまでのところ、篠巻の流通経路は、定宿で改料を負担して目方改を受けたあと、改札の付いた荷品を四か町太物仲間が店々へ買い取って他所商人や在方に売り渡すとなる。したがって、「組仲間」の篠巻売捌き先は、四か町太物仲間だけであり、定宿および途上で他所商人や上田藩領在方商人へ売り渡すことはできない。「組仲間」にとって、組外商人の排斥はできたが、売捌き先が四か町太物仲間に限定されてしまっている。

組外となった綿売り商人は、これまでどおり上田城下町に出向いて商売をしたいと領主に訴えた。その結果、文化三年に稲荷山組（上田藩領、定宿は原町の菊屋伝兵衛）、文化五年に川中嶋組（上田藩分地領、定宿は原町の菊屋伝兵衛）が立った。[50]これを知った新四郎は、組外商人とは取引しない約束であったが、「新組相立候儀御談事も無之、右ニ付先年通目方改料不差出様いたし度旨、仲間之ものとも申聞候間」と、相談もなく新組が立ったので目方改料差し出しは断ると申し入れた。この申入れは仲間内で話し合った結果と述べていることから、「組仲間」は合議体と考えられ、新四郎の役割は、合議内容に規定されて交渉の前面に立つことと理解できる。

これに対し、太物仲間は、川中嶋組については、分地領役人から本領に「新組」の申請があり、組を立てるよう仰付けがあったので御請けしたのであり、自分達が相談して新組を立てたのではないと釈明した。したがって、目方改料を廃止することはできないとしたものの、迷惑であるとの意を汲んで、太物仲間一同が話し合い、改料は（二〇文から）一四文にすることを双方で相談して決めている。[51]

滝沢家文書二五〇一に、各組の内訳が記されているので、これを整理して表1に示す。表1から読み取るべきは、新四郎率いる仲間の組分けの基準や分布（地域・人数など）である。「松代組」「福嶋組」は、松代藩領内の綿売り商人と考えられる。「川北組」も文化元年は松代藩領の村名になっているが、同二年になると上田藩本領や分地領と思われる村名が加わっている。「善光寺組」は、善光寺領（水内郡の朱印寺領）の商人の他、犀川を挟んで距離が隔たる布施高田村（更級郡松代藩領）が含まれている。

表１　綿売り商人の組分けと定宿

<table>
<tr><th>年</th><th>組</th><th>村</th><th>商人</th><th colspan="2">定宿</th></tr>
<tr><td rowspan="12">文化元</td><td rowspan="8">川北(含文化２年)</td><td>松岡</td><td>弥惣治</td><td rowspan="8">柳町</td><td rowspan="8">伝四郎
平　吉</td></tr>
<tr><td>上風間</td><td>久右衛門</td></tr>
<tr><td colspan="2">（以下、文化２年仲間入）</td></tr>
<tr><td>中氷鉋</td><td>新七
善左衛門
良助</td></tr>
<tr><td>今井</td><td>左五左衛門</td></tr>
<tr><td>今里</td><td>弥惣吉</td></tr>
<tr><td>小嶋</td><td>庄左衛門
半三郎
政右衛門</td></tr>
<tr><td>四ツ谷</td><td>惣太郎
庄蔵</td></tr>
<tr><td rowspan="2">善光寺</td><td></td><td>利兵衛
伝七
権右衛門</td><td rowspan="2">原町</td><td rowspan="2">勘助</td></tr>
<tr><td>布施高田</td><td>銀左衛門</td></tr>
<tr><td>松代</td><td colspan="2">新兵衛
文三郎
長之助
宇三郎</td><td>柳町</td><td>安兵衛</td></tr>
<tr><td>福嶋</td><td colspan="2">（松代組のうち）</td><td>海野町</td><td>兵三郎</td></tr>
<tr><td>文化３</td><td>稲荷山</td><td></td><td>源之助
平吉
彦右衛門
五郎左衛門</td><td>原町</td><td>伝兵衛</td></tr>
<tr><td>文化５</td><td>川中嶋</td><td></td><td></td><td>原町</td><td>伝兵衛</td></tr>
</table>

出典：滝沢家文書 969、同 2501 より作成。

結局、表1をみるかぎり、組分けに関し何らかの規則性や繋がりのようなものを読み取ることは困難である。ここでは、領主違いの地域を超えた広域の綿売り商人の自律的な仲間組織と推定するに留めざるをえない。定宿の者によれば、太物仲間が、「余り自由に組入出来候ニ付、勝手而已申不取締相成候ニ付、一ケ年ニ両人宛之外其組入不為致趣ニ談候由」[52]と、管理上、組入りの人数を年に二人に制限しているようだと述べている。ここから、表1の組入り商人名・人数は、諸事情などにより随時入れ替わっている可能性が考えられる。

2 宿売り・市売りをめぐる葛藤

文化六年、四か町行司が定宿の者に対し、文化元年に宿売りをしないと決めたがみだりになっているとして、綿売り衆へ申し入れるよう求めた。宿売りとは、綿売り商人が定宿において、誰にでも自由に直売りすることを指していると思われる。宿屋から新四郎に趣旨を伝えたところ、宿売りを差止められては迷惑であるという。つまり、「組仲間」としては、定宿で他所商人へも売り捌きたいということである。これに対し行司からは、宿屋に片寄ると四か町の融通にならず市場の規則に障り、綿に限らず諸商売の差し支えになるので許し難いという。

双方の利害が相反する状況下、困った宿屋が、宿売りは差止め、四か町店々において他の商人と直相対に売買させ、世話料として金一両に付き綿目二〇匁出させてはどうかと図ったところ、「子年取究通、店々にて買入売渡候形ニ候ハ、承知」と、文化元子年の取極めどおりなら承知するという。これを新四郎に持ちかけたところ承知し、差支えが生じれば双方熟談することとなった[53]。

この選択は、のちに「無是非右口銭綿差出商売仕候所、追々多分之損失相嵩、自然与私共商売綿仕入元御百姓江茂相響、難義至極ニ付」[54]とあり、口銭綿(世話料)を負担してきたものの損失が嵩み、仕入れ元の百姓へも影響がおよぶと述べている（後述）。なお、文化八年にも、奥筋商人が再び宿売りしたいと宿屋に申し出ているが、実現していない[55]。

文化十二年二月十五日、新四郎が、宿屋の面々に対し、「市売致度候、譬莚ヲ敷而成共不苦候、罷出候場所御差図被下候様相願候」と、市売りしたい、莚敷きでも構わないので場所を指図してほしい、と申し出た。その理由は、これまで取極めを守ってきたが「外商売之儀者追々相ゆるみ、他所商人江直売出来候趣承候、綿売之儀斗相守差支致迷惑候」と、他の品物では他所商人へ直売できると聞いている。綿売りばかりが制約を受けるのは迷惑ということであった。

この市売りの申出に対し、宿屋共はこれを行司に伝え、翌日太物仲間の寄合いに臨席し新四郎の申し入れを説明した。その後、関係者らで連日会合が持たれるが、海野町が市訳（両町が交互に市を開く）を主張するなど、両町の意見がなかなか一致しなかった[56]。この件は、町役所へ持ち込んで熟談したが一致をみず、六月になって奉行所へうかがいをたてるにおよんだ。その結果、奉行所の利解を得たとして、原町と海野町が五日ごと隔番で奥綿市場を立てることで両町が内済に至った[57]。

3　奥筋商人による訴訟

文化十二年十二月、松代藩の綿商人惣代水内郡風間村[58]の喜惣治が願人として、海野町行司四人、原町行司四人を相手方として、上田藩役所に願い出た。なお、風間村喜惣治を願人としたのは、新四郎が病気のためである[59]。

この訴状から、同年六月、海野・原両町は、五日ごと隔番に市立する条件を奥筋商人に突き付けたこと、そのため奥筋商人が難渋していることが判明する。

〔史料3〕(60)

乍恐以書付奉願上候

真田弾正大弼様御領分

綿商人惣代

水内郡風間村

願人　喜惣治

操（ママ）綿幷篠巻売買之儀、前々仕来ヲ相破新規之儀取極候出入、

当御城下

海野町行司

相手　吉右衛門

同　門蔵

同　七郎右衛門

同　武左衛門

同所原町行司

相手　勇助

同　嘉左衛門

同　万兵衛

同　茂兵衛

右願人喜惣治奉申上候、前々ゟ　当御城下町之内勝手之宿屋江操綿幷篠巻綿持出置、町方其外在々村方小諸より入込之商人江売捌候仕来ニ御座候所、①文化六巳年ニ至、町方反物屋行司海野町勇助・茂兵衛・吉兵衛、原町民之助・要七・治助・三郎右衛門ゟ申聞候者、在々村小諸ゟ入込候商人江宿屋ニ而売捌候儀者不相成、柳町・原町・海野町・横町右四ケ町之内江売渡、尤外々江売渡候ハヽ金壱両ニ付篠巻綿弐拾匁宛為口銭宿屋江差出候様申之ニ付、②新規取極之事ニ候得者納得難仕旨相答候処、右行司之者共ゟ後日至綿商人難渋ニ相成候ハヽ、右取極相止可申段申之候間、私共会得仕候儀ニ者無御座候得共、他所ゟ入込強而不得心之儀申張候ハヽ、双方廉立馴合茂不宜、却而町中之憎を請差当商売之妨ニ茂可相成与当惑仕、無是非右口銭綿差出商売仕候所、追々多分之損失相嵩自然与私共商売綿仕入元御百姓江茂相響難義至極ニ付、③去ル未年中行司海野町嘉平次・友八、原町要助・嘉左衛門・市郎右衛門江新規口銭綿差出之儀前々之通相止不申候ハヽ、　御上様へ御訴詔奉申上度旨及掛合候所、宿屋海野町儀右衛門、原町伝兵衛・勘助、柳町安兵衛・平吉右五人立合、何連共可然取計度右一件預ケ置候様申之候間、任其意置其後度々取計之儀及催促ニ候得共一向埒明不申、連々与是迄延引ニ相成、無拠右之段当二月中相手方之者共江掛合ニおよひ候処、④何之挨拶茂不仕当六月十八日至、此度日《ママ》市取極七月朔日ゟ五日迄海野町六日ゟ十日迄原町之積り、綿荷物之儀茂両町江五日替り持込、外町江決而不取込、其上宿屋売不相成、外店借請売買仕座料相対次第指出、在々幷小諸商人江売渡候ハヽ、右新規口銭綿可差出旨申之ニ付、以来右様之取極ニ相成候而者、⑤第一綿商売之差支者勿論、海野町迄綿荷物持込之義坂木宿ゟ之駄賃茂相増、其上於同町ニ売捌兼候節者尚又原町・柳町迄持返ニ相成、是又乍少分茂運ひ賃相掛り旁以難儀至極ニ奉存候、全躰四ケ町之義者前々ゟ一躰之市場ニ而売買仕来候処、此度綿商斗原町・海野町ニ限、新規之日市取極候儀者難心得候間、前々仕来之通商売相成候様仕度種々及掛合候得共相手方之者無法之儀申立一円納得不仕、右ニ付私共勘弁仕候所前々仕来ヲ相破新規取極仕他所ゟ入込候綿商人差支之義ヲ相企自然与〆買可仕巧与奉存候、左候而者所之商人共　当御城下町ニ而数年来無難ニ綿商売仕、今更不手馴家業茂難相成甚以難儀至極ニ奉存候、以　御慈悲相手方之者共被　召出御吟味之上前文之通去⑥ル巳年以来惣而新規取極之儀相止、前々之通右四ケ町之内私共勝手之宿屋江綿荷物持込置御町方者不及申上在々村幷小諸商人江売捌、向後綿商売之指支ニ不相成候様被　仰付被下置候ハヽ、困窮之私共相助、誠ニ広大之　御救与難有仕合奉存候、幾重ニ茂願之通　御聞済被成下置候様偏ニ奉願上候、猶委細之儀者乍恐口上ニ而可奉申上候、以上

文化十二亥（ママ）十二月

真田弾正大弼様御領分
綿商人惣代
水内郡風間村
願人
喜惣治印
名主代
数右衛門印

松平伊賀守様
上田
御役所

これによれば、松代藩領水内郡風間村喜惣治の主張の大意はつぎのようである。

①文化六年、反物屋（太物）行司らから、宿屋において、在々村や小諸から入り込んでくる商人に宿売りしてはならず、柳町・原町・海野町・横町の四か町へ売渡し、それ以外へ売渡したならば金一両に付き篠巻綿二〇匁を口銭（世話料）として宿屋へ差し出せといわれた。

②新規取極めは納得し難いと答えたところ、後日、綿売り商人が難渋するならこの取極めは止めてもよいと申し入れがあったが種々当惑し、決められた口銭を差し出して商売を続けてきたところ、追々損失がかさみ、仕入元の百姓にも影響し難儀に至った。

③そこで、去未年（文化八年）、海野・原両町の行司らへ、新規口銭綿差し出しを止めないならば訴訟すると掛け合いにおよんだところ、海野町（一人）・原町（二人）・柳町（二人）の宿屋五人が立ち入り、しかるべく取り計らいたく、この件を預からせてほしいというので、任せることにした。

④その後催促しても一向に埒があかず、六月十八日になって、この度、市日を、七月朔日から五日までを海野町、六日から十日までを原町と極めたので、綿荷物も五日替りに持ち込むこと、外の町へは決して持ち込まないこと、宿屋売りは不可、店を借りうけて商売したときは座料を支払うこと、在々村々や小諸商人に売渡したならば、新規口銭綿を差し出すこととされた。

⑤このようなことを取り極められたのでは、綿商売の差支えはもちろん、海野町まで綿荷物を持ち込むには坂木宿からの駄賃が加わる。売れ残った場合、原町・柳町へ持ち返りになり、さらに少々の運び賃がかかる。我々は、以前より四か町は一体の市場として商売をしてきたので、このたび、綿商いばかりが原町・海野町に限定され、新規の市日まで取り極められたのは心得難い。

⑥去る巳年（文化六年）以来のすべての新規取極めを中止し、宿屋へ綿荷物を持ち込み、町方のみならず在々村なら

びに小諸商人へ売捌き、今後、綿商売が差支えにならないように願いたい。

奥筋商人は、従来、上田藩領在方他に奥綿を自在に売捌いていた。文化元年に入ると取引相手を太物仲間とし、彼らの抱える目方不同問題に組分けをして対応するとともに、組外商人の排斥を約した。その結果、売捌き先が四か町太物仲間に限定されるなど「組仲間」側の自由度は低下したが、宿屋で抜け売りを行う仲間もいた。一方の太物仲間もいつの間にか新組の参入を認めていた。新四郎は、太物仲間に対し新組立てを遺憾とし、改口銭廃止を主張した。その後、四か町行司から宿売り禁止のはずがみだりになっているとの申し入れがあったが、なおも宿売りを主張したところ、世話料負担が課された。その後、市売りを願い出たが、新たに市訳《わけ》(両町五日替り)の制約を加えられた。

したがって、喜惣治の起こした訴訟の目的は、利己的要求をつぎつぎに繰り出してくる太物仲間によって「組仲間」が次第に他律化していくことを抑止し、自己主張をすることによって売買の対等性を回復する試みであったと考えられる。

喜惣治に先立つ同年十月、男谷彦四郎支配所埴科郡杭瀬下村の次郎右衛門が、惣代兼願人として上田役所に訴状を提出しているが、次郎右衛門の訴状と喜惣治のそれは同文である。(61) 両者の事前相談の有無は不明ではあるが、領主違いの広範な商人が紐帯する「組仲間」が訴訟にあたり、相談のうえ幕府領と松代藩領に絞ったのかも知れない。

この出訴に関し、上田城下の有力町方は、奥綿一件に付き、このたびは松代御領風間村喜惣治が添翰を以て訴状を出したが、自分たちは何の存念もないと奉行所に申し出ている。(62)

その後、杭瀬下村の次郎右衛門と風間村喜惣治の訴訟は、文化十二年六月に上田城下町方が打ち出した海野・原両町五日ごとに市を立てることの是非が論点となり、海野町はこれを古法に基づくものと主張した。川中島割番(分地領)と塩田組割番(本領)が取扱人として立ち会ったが、最終的に破談となった。(63)

当該訴訟の奉行所裁定について、翌文化十三年三月、両町年寄・問屋らが奉行所に宛てた請書からその結末をみていく。

〔史料４〕[64]

（中略）

然ル処海野町ニ而申立候市場古法之儀申口斗ニ而、是迄申立之処ニ而者御取用可相成証拠茂無御座候へ者、去六月取極候奥綿売捌方之義者、両町申談相究候義ニ者候得共、前書之通古法之証拠も差当り無御座候ニ付而者、其儘被立置候義者御役所におゐても御差支之儀有之候ニ付、右之義不用ニ被　仰付、去六月両町役人連印ニ而差上置候取極証文、此度御差戻被成下、尤去六月以前双方商人相対ヲ以申談置候宿屋売口銭之義者、於御役所御聞届被置候義ニも無之候へ者、此上いつ連共相対次第可仕旨被　仰付、

（後略）

これによれば、海野町の申し立ては、昨年六月に奥綿の取扱いについて両町が相談して取り極めたものであったが、それが市場古法に基づくものであるという証拠を示すことができず、役所から無効を仰せ付けられた。したがって、宿売り口銭（世話料）の件も聞き届けられず、「相対次第可仕旨被　仰付」となった。[65]

海野町は、「組仲間」が原町（支配下の柳町含む）で多くを売り捌いていた実態から、城下町二大問屋として原町との繁栄偏重是正に腐心してきたが、手段を誤まり信用を失った。その後、海野町は、奥筋商人と原町・柳町の太物行司を相手として数度出訴しており、両町が和解に至るのは文政三年（一八二〇）である。[66]したがって、この間、従来から「組仲間」と親和的であった原町との間合いが近くなった可能性があるが、以降の経過については遺憾ながら史料を見出していない。

おわりに

本論で検討した北信濃から東信濃への奥綿流通形成過程を考察してまとめとしたい。

宝暦期、奥筋商人が上田藩領を目指した要因は、松代藩の月割上納制がひとつの契機になったと考察した。上田藩領では、すでに遠距離間の社会的分業による布織加工業が成立しており、これを近距離間の分業に転換していった。

つぎに、奥筋商人が、上田藩領の綿市場構造にどのような影響をおよぼしたのか、寛政期までと文化期以降に時期区分して考察した。

上田藩領および近領では、上田城下町方が取り扱う畿内綿を原料とする布織加工業が広範に展開していた。寛政期に入ると、多くの奥筋商人が上田藩領の在方他を相手に自在に売捌くようになった結果、布織加工業者に配給される篠巻が畿内品から奥綿に転換し、綿の市場構造を変化させた。これにより既得権益が揺らいだ上田城下町方は、藩に対し、在方と領外商人との取引を禁じるよう請願した。しかし、領主権力といえども、もはや在方の台頭を無視できず、その申渡しは制限条件を付けるにとどまった。

上田城下町方は、文化期に入り奥筋商人の囲い込みを画策した。奥筋商人は、この時局を読み取り、以後の取引相手を上田城下町方とし、彼らが提示する取引条件(品質改・改口銭差出し等)に賛意を示すとともに、売買を自らの「組仲間」に限るよう約束させた。しかし、その後、約束に反して新組を立てられ、宿売りを禁止され、市売りでは、海野町・原町の内紛の煽りを受け難題を突き付けられた。すなわち、「組仲間」はいったん相利共生で合意したはずが、その後、両町方の狡猾な策に翻弄されながら次第に片利共生へと変質を迫られた。

では、上田城下町方とくに海野町は、なぜ市訳を主張したのか。仙石氏の時代から、城下町問屋として特権を擁護されてきた海野町・原町であったが、松平氏の寛政期には、在方の進展により両町の特権が揺らぎはじめた。文化期、北信濃の「組仲間」は、地理的利便性から荷品の多くを原町（支配下の柳町を含む）に付け込んでおり、原町はこれを甘受していた。一方の海野町はこの現状に繁栄偏重の危機感を抱いたが、ここに新四郎の求める市売りについて両町の意見が一致しない理由があった。それは奥綿が看過し得ないくらい流入していたことの証左でもあったと思われる。そして、繁栄偏重解決策を模索した結果が市訳であった。海野町には、城下二大問屋の一角に加えて、北国街道上田宿本陣という桎梏が根底にあったのかもしれない。

北信濃から東信濃への木綿の流通形成を総括するならば、北信濃の領主違いを超えて広域・自律的に紐帯した組仲間が、東信濃の消費地である上田藩領の市場経済等の諸動向の変化に合議して対応し販路を切り開いていった過程となろう。換言すれば、「組仲間」は、高い市場経済基盤を有する上田城下町を主たる換金市場とせざるを得ず、それゆえに太物仲間との相利共生の妥協点を模索する過程でもあったといえよう。

今後の課題であるが、上田城下町方と前面に立って交渉した松代新四郎とは何者か、彼が率いる仲間とはどのような組織なのか、奥筋商人は在地において篠巻をどのように集荷するのかなどの解明である。つぎに、天保期に入ると、上田藩・松代藩は、相次いで権力介入して木綿の流通を統制するが、これにより、本論で検討した流通形成過程にどのような影響を及ぼすのかなどの解明があげられる。

註

（1）　北島正元「藩専売制と都市商業資本―紀州綿江戸積出し一件―」（豊田武教授還暦記念会編『日本近世史の地方的展

開』吉川弘文館、一九七三年)、西向宏介「幕末期姫路木綿の流通と大坂問屋資本」(『ヒストリア』一三三、一九九一年)、小野正雄「岡山藩における小倉織物の専売制度―嘉永・安政期を中心に―」(同『幕藩権力解体過程の研究』校倉書房、一九九三年)など。

(2) 吉永昭「紬市の構造と産物会所の機能―信州松代藩の場合―」(『歴史学研究』二〇四、一九五七年)によれば、松代城下に紬市が開設されるまでは、領内で紬を買取る人はなく、上田城下の市へ持ち出して売り捌かれていたとする。藤田雅子「天保期松代藩における国産紬の販売」(吉田伸之編『流通と幕藩権力』山川出版社、二〇〇四年)によれば、上田領や御領の仲買人が村々に入り込んで織元に真綿等を供していたこと、織り上がった紬は上田城下の紬市で取引されたという。

(3) 吉永昭「専売制度についての一考察―松代藩における甘草、杏の専売について―」(『史学研究』六五、一九五七年)。このなかで吉永氏は、八田嘉右衛門(松代城下の有力町人)の言を引用して、甘草・杏仁・生糸・紬・木綿・紙・麻布・蚊帳地などの利益が他領商人に収奪されているとしている(一九頁)。荒武賢一朗「松代真田家の大坂交易と御用場」(渡辺尚志・小関悠一郎編『藩地域の政策主体と藩政 信濃国松代藩地域の研究Ⅱ』(岩田書院、二〇〇八年)。

(4) 拙稿「松代藩の木綿政策―天保期の木綿改所を中心に―」(鈴木直樹・渡辺尚志編『藩地域の環境と藩政 信濃国松代藩地域の研究Ⅵ』岩田書院、二〇二〇年)。

(5) 岡部直樹「近世中後期上田領の町・在関係に関する一考察―綿流通を素材として―」(『論集きんせい』一五、一九九三年)、雨宮由幾「藩流通構造の変化についての一考察―信州上田藩を素材として―」(寶月圭吾先生還暦記念会編『日本社会経済史研究(近世編)』吉川弘文館、一九六七年)、長谷部弘「近世上田における在方市場の形成と展開―「在町商物一件」をめぐって―」(『研究年報経済学』七五―三・四、二〇一七年)。なお、飯島千秋「城下町流通構造と商業紛

争―上田藩の在町商物一件を中心に―」（所三男・徳川義宣編『金鯱叢書　第七輯―史学美術史論文集―』徳川黎明会、一九八〇年）も参照。
（6）古川貞雄「松代藩月割上納制と商品作物」（『信濃』五三―七、二〇〇一年）、市川健夫「長野県における綿作と麻作とについて―産業革命期の土地利用からみた地域構造―」（『信濃』一〇―一二、一九五八年）。
（7）北信郷土叢書刊行会編『北信郷土叢書　巻八』（北信郷土叢書刊行会、一九三五年）。鎌原桐山『朝陽館漫筆』巻之廿八辛未（文化八年）の翻刻版である。
（8）古川前掲註（6）「松代藩月割上納制と商品作物」。
（9）「木綿と菜種の輪作をすることも多かった」（小林計一郎『長野市史考』吉川弘文館、一九六九年、三七九頁）。
（10）市川前掲註（6）「長野県における綿作と麻作とについて」六六頁。
（11）小林前掲註（9）『長野市史考』三七九頁。
（12）小林前掲註（9）『長野市史考』三八〇頁の第１表（明治十年代の『長野県町村誌』による）。
（13）拙稿「木綿鑑札制度成立の構造―文政期の松代藩領政機構の評議過程を中心に―」（『信濃』七五―六、二〇二三年）、同前掲註（4）「松代藩の木綿政策」以外みあたらない。
（14）長野市誌編さん委員会編『長野市誌　第三巻　歴史編　近世一』（長野市、二〇〇一年）五七〇頁。
（15）天保期に松代城下の町方が出した綿問屋許可願による。出典は、信濃国埴科郡松代伊勢町八田家文書あ二四七〇（国文学研究資料館蔵）天保五年七月条。
（16）長野市誌編さん室編『松代藩災害史料一〇　松代真田家文書勘定所元〆日記抄』（一九九九年）九一頁。以下、『松代藩災害史料　番号』と略記。

(17)『松代藩災害史料 一二』(二〇〇一年)二八九頁。
(18)『松代藩災害史料 一三』(二〇〇二年)一三〇頁。
(19)『松代藩災害史料 一一』(二〇〇〇年)二六〇頁。
(20)仁科淑子「松代藩に恩田杢あり「百姓は大切者也」」(『松代』三、一九九〇年)。
(21)金沢静枝「松代藩の月割上納について―年貢金先納の問題―」(『史学雑誌』六五―九、一九五六年)。
(22)柄木田文明「松代藩宝暦改革と月割上納制―中期藩政改革の一類型として―」(『一橋研究』一〇―二、一九八五年)三三頁。
(23)吉永昭「藩財政についての基礎的研究―特に信州松代藩の場合を中心として―」(『史学研究』五五・五七、一九五四年)。
(24)中井信彦「松代藩宝暦改革における月割上納制の実態」(同『転換期幕藩制の研究―宝暦・天明期の経済政策と商品流通―』塙書房、一九七一年)。
(25)柄木田前掲註(22)「松代藩宝暦改革と月割上納制」。
(26)古川前掲註(6)「松代藩月割上納制と商品作物」。
(27)長野市誌編さん委員会編『長野市誌 第十三巻 資料編 近世』(長野市、一九九七年)領主一覧。
(28)上田市誌編さん委員会編『上田市誌 歴史編(八)近世の交通と上田宿』(上田市、二〇〇三年)三四~三五頁。註(29)も参照。
(29)大石慎三郎『日本近世社会の市場構造』(岩波書店、一九七五年)五〇~五一頁。
(30)黒崎千晴「信州上田を中心とする木綿工業に関する地理的考察―原料移入地域の一例―」(『新地理』三―四、一九五五年）一四頁。

(31)　長谷部弘・高橋基泰・山内太編『近世日本における市場変化と共同性―近世上田領上塩尻村の総合研究Ⅱ―』（刀水書房、二〇一二年）一六頁。

(32)　大石前掲註(29)『日本近世社会の市場構造』五五～五六頁。

(33)　伊藤家文書一九「奥綿紬絣糸始末書」（上田市立博物館蔵）。信州小県郡上田原町年寄九左衛門らが連印している。長野県編『長野県史　近世史料編　第一巻(二)東信地方』（長野県史刊行会、一九七二年）七二六（三四八頁）と同じ。以下、『長野県史』番号と略記。

(34)　黒崎前掲註(30)「信州上田を中心とする木綿工業に関する地理的考察」一九～二〇頁。

(35)　E・デュルケーム（田原音和訳）『現代社会学大系　第2巻　社会分業論』（青木書店、一九七一年）、中井信彦『幕藩社会と商品流通』（塙書房、一九六一年）九頁。木綿の藩領内外間の分業は、紀州藩・姫路藩・岡山藩・萩藩等諸藩でも知られるが、その分業形成過程に言及した研究はみられない。

(36)　雨宮前掲註(5)「藩流通構造の変化についての一考察」四一六頁。

(37)　『長野県史』七〇五（二三五～二三六頁）。

(38)　『長野県史』七〇五（二四二頁）。

(39)　『長野県史』七〇五（二四六頁）。この史料の一部は、雨宮前掲註(5)「藩流通構造の変化についての一考察」（四二六頁）、飯島前掲註(5)「城下町流通構造と商業紛争」（四四七～四四八頁）で引用されている。

(40)　雨宮氏は、「買い集めた木綿類を、近領（小諸・佐久・上州辺りまで）へ日通い、あるいは四、五夜泊りで行商する小商人へ卸売することもある」という（雨宮前掲註(5)「藩流通構造の変化についての一考察」四二六頁）。

(41)『長野県史』七〇五(二五三頁)。
(42)滝沢家文書二四二八　寛政八辰年十月「木綿尺幅篠巻目方御触ニ付請印帳」(上田市立博物館蔵)。以下、滝沢家文書・目録番号と略記。
(43)天保期に、上塩尻村の庄屋佐藤礼助が書き留めた「在町商物篠巻一件留」のなかに「此度木綿尺幅改申付候上者、篠巻者其根本ニ候へ者、以来六拾匁ニ不足之品有之候へ者急度相糺(後略)」とある(『長野県史』七四七、三八〇頁)。
(44)拙稿「徳川幕府前期の織物寸法統制について―法令と順守の状況―」(『法政大学　大学院紀要』八〇、二〇一八年)。
(45)『長野県史』七六一(四四五～四四六頁)。
(46)上田小県誌刊行会編『上田小県誌　第二巻　歴史篇下』(小県上田教育会、一九六〇年)六一八頁。
(47)滝沢家文書九六九「篠巻目改始末書　原町」。作成年月日は末尾に「子正月」とある。内容をみると文化元年・同三年・同五年・同六年・同八年と続いて記されていることから、文化十三年と考える。
(48)鈴木泰斗氏によれば、文化元年七月、太物仲間は夷講(太物仲間の会合)において目方改の実施を決め、これを松代・川北あたりの綿売り衆中へ相談した結果、彼らは承知したとしている(鈴木泰斗「仲買仲間の内部構造に関する一考察―信州更埴地方の紬仲買仲間を素材として―」『論集きんせい』一六、一九九四年、四六頁)。
(49)滝沢家文書九六九。
(50)滝沢家文書九六九。『長野県史』七一六(三三〇頁)によれば、文化三年の稲荷山組については、組仲間へも相談のうえとある。
(51)滝沢家文書九六九。
(52)滝沢家文書二五〇一「文化四卯年　御分地綿売新組立度之願書留幷御糺ニ付始末書」。

(53) 滝沢家文書九六九。ただし、新四郎の「承知」の中身や真意については読み取れない。『長野県史』七一六(三三一頁)によれば、新四郎は、宿屋の取り持ちに任せると答え、また、両町行司も世話料徴取については、「如何可有哉難計候」と述べ、やはり宿屋の取り持ちに任せるとしたとある。
(54) 滝沢家文書九七三。これは、文化十二年十二月付の松平伊賀守(上田藩)宛水内郡風間村願人喜惣治の訴状にある。
(55) 滝沢家文書九六九。
(56) 滝沢家文書九四六「文化十二年　松代町新四郎綿売四組為惣代市売仕度段申出候付四ケ町懸合一件　亥三月」。
(57) 滝沢家文書二四六一「奥綿一件町中請書連印」。作成年月日は、「文化　亥六月」とあるが、内容からみて文化十二年と思われる。
(58) 「善光寺町東南」に位置する村である(『日本歴史地名大系二〇　長野県の地名』平凡社、一九七九年)。風間村六九六石余(国立歴史民俗博物館データベース旧高旧領取調帳)。
(59) 滝沢家文書九六八「亥極月六日　御仲間人別」。作成年月日は、内容から文化十二年と思われる。
(60) 滝沢家文書九七三。当史料と『長野県史』七一六(三三五頁)はほぼ同文。この訴状は松代藩の添簡を付して提出されている。
(61) 滝沢家文書九八六。文化十二年十月。
(62) 『長野県史』七一六(三三六頁)。
(63) 滝沢家文書九七二「差上申御受一札之事」文化十三年三月、『長野県史』七二三(三四三～三四四頁)。
(64) 滝沢家文書九七二、『長野県史』七二三(三四三～三四四頁)。
(65) 奉行所の「相対次第」を受けて、両者間でどのように取り決めたのかは不明である。

（66） 上田市誌編さん委員会編『上田市誌 歴史編（7） 城下町上田』（上田市、二〇〇二年）一一五頁、岡部前掲註（5）「近世中後期上田領の町・在関係に関する一考察」三〇～三一頁。

付記 史料閲覧にあたり、国文学研究資料館の皆様、上田市立博物館の久保様に便宜を図っていただきました。感謝申し上げます。

特論２　旧松代藩領の近代と旧藩社会

宮間純一

はじめに

本論は、旧松代藩の旧藩社会を概観しようとするものである。旧藩社会とは、明治四年（一八七一）七月の廃藩以降にみられる旧藩関係者とその子孫らによる社会的結合のことをいう。[1]

一九九〇年代後半以降の華族研究の中で、大名出身の華族（大名華族[2]）と旧藩士らの関係が近代にも続いていたことが指摘されてきた。もっとも早くこのことを明確に論じた柳教烈「華族と地域」は、「主従意識そのものは脈々として明治時代を貫き、さらに大正、昭和の時代までもながれていたのである」と述べている。[3]

その後、特に最近十年ほどの間に、旧藩主家や旧藩士家に伝来した近代文書の公開が進んだことを背景として、旧藩社会の事例研究が積み上げられてきた。それらの成果により、旧藩の規模や大名華族家の経営方針による程度の差はあれども、旧藩を基盤とする社会関係が旧藩領の「近代化」に何らかの形で影響を及ぼしたことが明らかになっている。[4]

一方で、課題も少なくない。そのなかでも最も重要な問題の一つに、近世史研究における藩地域論[5]との断絶がある。[6]

藩の総合研究は、岡山藩や尾張藩、そして松代藩を主なフィールドとして進められてきた[7]。松代藩研究をリードしてきた渡辺尚志氏によれば、これらの研究は、「藩領の内外に展開した多様な社会関係に着目し、かつ藩制・藩政史研究と地域社会論との総合をめざして進められている」という[8]。

近世の藩と廃藩以後の旧藩は、いうまでもなく異質なものである。藩は制度としては消滅しており、旧藩社会は実態のない架空の共同体である。したがって、藩地域論と旧藩社会論は単純に溶接できるものではない。しかし、地域の産業・教育・文化などのさまざまな場面で藩と旧藩の連続・変容を検討してきた旧藩社会研究が、近世史研究の成果を反映できていないことは大きな課題である。一方で、近世史研究の側も、近代史研究で二〇一〇年代から活発化している旧藩社会論を消化できていないのが現状である。

この原因は、そもそもの問題意識の違いから生じていると思われる。藩地域論は、政治史・制度史としての藩研究と地域社会史研究の接合をめざして進められてきた。これに対して、近代史研究者は、華族や士族といった旧支配者層への関心を入り口として、旧藩社会をめぐる問題にたどり着いた。そのため地域社会史的視点が、研究開始段階では薄弱であった。両論が断絶している要因はここにあると考える。だが、研究が進展するなかで、地域史への関心から旧藩時代のさまざまな「遺産」を検証する成果も現れてきた[9]。藩地域論と旧藩社会論の架橋を試みるための基盤は、徐々に整いつつあるように思える。

そこで、本論では、松代藩研究に旧藩社会の議論を参入させることで、藩地域論と旧藩社会論を橋渡しするための布石としたい。ただし、近世松代藩研究の重厚な蓄積に対して、近代の松代における旧藩社会にかかわる先行研究は管見の限りみあたらない。本論のみで、旧藩社会の全貌を提示することは困難であるし、近世と近代の研究量の非対称性に鑑みて、藩地域論と旧藩社会論の融合も容易ではない。本論では、今後両論をむすびつけていくことを見通しつつも、まずその第一歩として松代藩の旧藩社会を概観することを目的とする。

分析にあたっては、国文学研究資料館収蔵「信濃国松代真田家文書（寄託）」[10]に含まれる歎願書を主に用いる。これらの歎願書は、明治期から昭和期にかけて、松代町など旧藩領の町村や住民などから真田家にあてて提出されたものである。その内容からは、旧藩士・旧領民が真田家に期待していたことが読み取れる。

本論では、これらの史料を紹介しながら、旧松代藩領における旧藩社会のアウトラインを示したい[11]。なお、史料中の句読点、中黒、および［　］内の注記は筆者による。欠字は一字分、平出・台頭は二字分スペースを空けた。旧字・異体字は常用漢字に直したところがある。

一　廃藩後の松代と真田家

まず、行論の前提として、廃藩以後の真田家と旧領地の関係を大枠でおさえておく。

明治二年六月、大名は公家とともに華族に列せられた。翌年十一月から東京移住を命じられ、廃藩置県後、国元にいた旧大名もすべて東京に召集された。松代藩知事真田幸民《ゆきもと》（十代藩主）も上京し、東京に居住することになった。これ以降、幸民は主として東京で活動することになる。明治二十年には、大名華族に対して旧領地を含む地方への移住が許可されるが、幸民は松代には戻らなかった[12]。幸民に続く当主幸正・幸治も現役の頃は東京が活動拠点であった。

しかしながら、他の大藩・中藩出身の大名華族と同様に、旧家臣団や旧領地との関係は廃藩以後も継続した。真田家は東京に本邸を構えたが、松代町にも邸宅を所有し、家扶などの家職（華族家の職員）を常駐させていた（以下、東京の本邸を「東京邸」、松代の別邸を「松代邸」という）。また、後述するように真田家は旧領地で続々と土地を取得し、地主化してゆく。

幸民は、明治十七年に華族令が制定されると子爵となり、明治二十四年には明治維新の功績を理由として伯爵に陞爵された。この年の十一月には、墓参のために松代を訪問した幸民を招いて、松代で陞爵の祝賀会が行われている。その席で、旧藩士民からは「閣下ノ［戊辰戦争における］軍功偉勲明治史上ニ顕著ナル、三尺ノ児童ト雖モ之ヲ記憶ス」「我輩旧臣民ハ歓喜ノ極」との祝辞が読み上げられた(13)。

また、松代真田家の九代藩主真田幸教の四男幸世《ゆきよ》は、明治二十九年に分家すると男爵を授与された。幸世も活動の拠点は東京にあったが、松代の人びとと交流を持ち続け、大正十四年(一九二五)に貴族院議員を退いた後に松代邸に移り住んだ。旧藩関係者は、幸民家の当主のことを「伯爵様」、幸世家の当主のことを「男爵様」と呼び分けている。幸民・幸世と旧藩士・旧領民の関係は、東京・松代の双方で維持された。家扶が記した日記のほか真田家の諸記録をみると、正月の拝謁や物品の献上・下賜といった儀礼行為のほか、真田家から旧領地の学校への寄附、日清戦争へ出征した旧藩関係者への慰労など、さまざまな場面での関係性が見て取れる(14)。

ここでは、特に幸民家の当主が松代に帰還した時の模様から、真田家と旧領地の関係を把握したい。幸民家の当主の松代帰還は、旧藩主家と旧領地の関係が表象される場であった。「信濃国松代真田家文書(寄託)」には、明治期から昭和期にかけて、幸民家の当主をはじめとする真田家の人びとが松代に滞在した際の一件記録が含まれている(15)。幸民家の当主の来松記録からは、明治二十四・三十四・四十年、大正七・八・十・十二年、昭和三・十二年の九回が確認できる。これらのなかから、松代真田家八代藩主幸貫(感應院)の五十回忌のために幸世が一時帰還した明治三十四年時の様子を本節では紹介したい。なお、紙面の都合により、明治三十四年分のみの紹介となるが、ほかの来松時にも類似の情景がみられる。明治二十四年の幸世の訪問については、別稿で言及したことがあるのであわせて参照されたい[16]。

明治三十四年六月、真田家の菩提寺長国寺で執行される幸貫の五十回忌法要のため、幸民・幸世は、家扶・家従・家従補を連れて松代へ向かった[17]。一行の来松は、十八日に松代邸へ報じられ、二十四日に松代町の各区長および周辺五か村の村長に対して旧藩士への連絡が依頼された。さらに、二十七日には『信濃毎日新聞』に「告旧松代藩諸君　正三位様・従五位様為御墓参今廿九日松代表へ御着ニ付、拝謁ノ方ニハ来ル卅日并七月一日両日之内午前九時ヨリ午後三時迄ノ内松代町壱番地御別邸へ御出頭有之度候也」との記事が掲載され、旧藩士に幸民・幸世滞在中の拝謁が促されている。

幸民・幸世が、松代に入ったのは二十九日であった。東京を出発してから松代での歓迎までの様子は、次の史料１からわかる。

〔史料１[18]〕

六月廿九日

正三位様・従五位様本日午前五時五分東京新橋御発車、御供久保成、為御見送停車場迄　幸久様幷河原理助・成澤九十九・三村哲夫罷出、先般来上京致居候鎌原仲次郎帰県之ことニテ赤羽駅ヨリ御同乗、御先発ニテ帰国之小山田藤四郎上田駅迄御迎トシテ罷出同駅ゟ御供仕候、午後二時四拾壱分無御滞、屋代停車場へ御着車、埴科郡長濱音之助其他郡吏、各町郡長、旧御藩士等多人数御出迎申上同所寿亭ニテ御休憩、其ゟ御出迎之郡長初メへ謁ヲ賜フ、三時過同所御発松代町長矢澤頼道御先導、久保・長井・小山田・中俣各町村長其他御旧藩士等之順序ニテ扈従ス、警察分署長楠本正慶幷松代役場員、松代町会議員、松代友誼会員、松代尚武会員、各小学校職員・生徒等御歓迎申上候者沿道之両側堵ノ如シ、御道筋馬喰町・紙屋町・紺屋町・伊勢町・中町・旧大手ヨリ殿町ヲ経テ

新御殿御安着、于時午後五時　御玄関先へ多人数罷出候ニ付、　御二方様御旅装之侭太儀之旨御挨拶有之

幸民・幸世の帰還を、旧藩士や地域の要職者、親睦団体、育英事業団体、小学校関係者らが大挙して迎えた様子がうかがえる。旧藩士たちが歓迎行事の中心にいたのはたしかだが、旧領民も巻き込んだイベントであったことがわかる。

到着後は、法要の準備が急ピッチで進められ、七月二日、長国寺にて無事に五十回忌が執行された。幸民・幸世は、法要の前後に旧領地を巡覧した。真田家にゆかりがある寺社を参詣したほか、招魂社・小学校などを訪問している。七月四日、幸民・幸世は寺尾村の南寺尾尋常小学校・北寺尾村尋常小学校などを訪れ、金子を学校の教職員・生徒に下賜した。また、この日には、松代町と佐野村ほか五か村の公職者の主催で開かれた宴会に招かれた。翌日以降には、松代高等小学校・松代尋常小学校・佐野尋常小学校ならびに、東条村・豊栄村・西条村にある学校も訪問した。

七月七日には、真田家主催の宴会と高齢者の表彰を行っている。宴会に招待されたのは、松代町長・佐野村長・西条村長・東条村長・豊栄村長・寺尾村長のほか、松代町役場員・松代町会議員・松代町区長・松代高等小学校職員・松代尋常小学校職員・警察松代分署員・長野区裁判所松代出張所書記・学校組合会議員・松代友誼会委員・埴科郡会議員である。また、松代町役場による調査の結果、八十歳以上の町民三九人（士族・平民）に対して真田家から金二〇〇疋ずつが下賜されている。下賜と対になるかたちでの真田家への献上もみられる。幸民・幸世の松代滞在中には、旧藩士・旧領民や松代町役場などから金品が多数献上された。品物は鶏卵や鴨・野菜・鯉のほか、菓子・ハンカチ・葡萄酒・牛乳など多様である。幸民と幸世が松代を離れる七月十二日までの間、こうした儀礼行為は続いた(19)。

以上のように、真田家と旧領地の関係は、明治期以降も継続しており、それは旧藩主の帰還時に如実に表れた。当主の来松は、日常のなかで続いていた旧藩主―旧藩士―旧領民の関係が可視化される場面であったともいえる。

こうした旧藩のつながりは、松代固有のものではない。たとえば、同規模の藩であった旧佐倉藩の場合にも、旧藩主堀田正倫と旧領地の結びつきは、廃藩後も儀礼・寄附行為などを通じて続いており、正倫の一時帰還時にはそれが地域社会の前面に押し出された[20]。こうした旧藩主家と旧領地の関係は、旧誼つまり精神的なきずなだけで維持されていたわけではなかった。次節ではこの背景を検討したい。

二　松代町からの請願

旧藩領の人びとが、制度上の藩が消滅した後も旧藩主家との関係を維持しようとした背後には、経済的な支援を獲得しようとする思惑があった。本節では、大正・昭和期に松代町から真田家へ提出された請願書三点から、その具体相を確認する。

史料2は、松代町長矢澤頼道の名義で真田家へ提出された文書である。

〔史料2〕[21]

請願書

河東鉄道本町停車場敷地坪数七千弐百九拾八坪、此買収価格参万弐千弐百六拾弐円、建物移転料五万円ハ全部本町ノ寄附負担ニ候処、経済界不況ノ為メ、之ヲ三分シ、大部分ハ各製糸会社ノ寄附ニ仰キ、残額ハ本町外五ヶ村有志ノ寄附ヲ募リ候ト及ヒ町費ノ負担トヲ以テ之レカ完了ヲ期シ度候ニ付、右費ノ内ヘ金五万円三ヶ年賦ヲ以テ御寄附被成下度請願候、何卒特別御詮議ヲ以テ御採用奉願候、敬具

大正十年一月十九日

松代町長矢澤頼道

伯爵真田家御家扶御中

河東鉄道株式会社は、大正九年に設立され、大正十一年六月に屋代—須坂間が開通した。請願書が提出されたのは大正十年のことである。

この路線が敷設される際に、松代にも停車場を開設する計画が持ち上がっていた。「交通運輸不便」の地であった松代では、「地方人の鉄道敷設を切望すること実に大旱の雲霓も啻ならぬ有様」であり、史料2の請願書が出されたのは、鉄道敷設運動がようやく結実しようとしていた段階であった[22]。運動の中心にいた一人が矢澤頼道である。矢澤は、明治期の終わり頃から県会議員として運動を推進していた[23]。その後、町長という立場になって念願であった鉄道敷設が実現しようとしていたのである。

ただし、資金面での問題が残っていた。停車場建設のための土地購入費、建物の移転費は、すべて松代町が鉄道会社に寄付する形で負担することになっていた。だが、「経済界不況」のために、町費だけでは必要な資金を捻出できない。そのため、町の主要産業である製糸業を担い、かつ鉄道敷設の直接的な受益者である製糸会社[24]および松代町と周辺五か村の有志者から、寄附金を募ることにした。結果的に、字殿町の土地約八〇〇〇坪の敷地が町から河東鉄道株式会社に寄附され、停車場が建設されている。

史料2は、真田家にも有志者として五万円を三か年賦で寄附してほしいということを要求した願書である。また、真田家への要求はこれだけではなく、土地の寄附も求められた。停車場に予定されている土地が手狭で拡張する必要があるので、隣接する真田家の所有地を停車場敷地と同じ一坪あたり四円で町に払い下げてほしい。できればその売却価格の半分は、道路拡張費として町に寄附して欲しいという要望であった[25]。

請願者の矢澤頼道は、旧藩の重臣であり、県会議員や町長だけではなく、真田家の「御相談役」も務めていたことが確認できる。つまり、矢澤は町の行政と真田家の家政の両方に深く関与していた人物であった。真田家の意思決定の手続きについては後述するが、寄附の実現に目途が立ったうえでの請願であったと推察される。

次の史料3も松代停車場の建設に関する文書だが、こちらは松代町議員吉野要ら三人から提出されたものである。

〔史料3〕[26]

請願書

今回河東鉄道敷設ニ依リ松代停車場ヲ殿町北ニ建設相成候処、停車場建物ヲ基点トシテ正面ヨリ本町中央地域ニ達スルノ道路線未タ無之、右ハ折角鉄道ヲ利用シテ本町発展ノ将来ヲ期セントスル商工業ノ利便ヲ欠ク事甚大ナルヲ遺憾ト存ジ、本町町会議員大多数ノ賛成ヲ得テ別紙相添候図面ノ通リ新設起画致シ候ニ就テハ、道路敷ニ要スル閣下御所有ノ畑地壱百五十参坪、壱坪当リ金五円ヲ以テ御払下被被〔マヽ〕下度、尚右道路敷地ハ全部買収ノ上松代町ニ寄附致シ、工事相願フ冀望ニ候モノニ有之候間、特別ノ御同情ヲ以テ右之内ヘ応分ノ御同情寄附被成下度、併テ請願奉リ候

大正拾壱年六月日　　松代町

吉野　要　◯〔印影写〕

池田袈裟治◯

長澤　忠作◯

伯爵真田家御家職御中

鉄道が開通したとしても、松代停車場から町の中央部に通じる道路が整備されていないため、十分な効果が期待で

きない。町の商工業の将来が悲観される。そのため、町会議員の大多数の賛成を得て道路の建設を計画した。ついては、真田家の所有地を道路の建設地として払い下げて欲しい。また、その土地のなかから「応分ノ御寄附」を願いたい、と請願している。吉野要らは、町会議員の賛成多数に基づいて行動しており、真田家から買い上げた土地は全て町に寄附すると約束している。そのため、公共事業を実現するための計画の一環として提出された請願書だと考えてよいだろう。

史料4は、松代町長伴雄三郎から真田家当主幸治へあてた請願書である。

〔史料4〕[27]

請願書

松代町殿町一番宅地二千百九十四坪
同町殿町ヌノ一番原野九十七坪
同町殿町十三番イ号畑百八十二坪
同町殿町十三番ロ号ノ一池沼三百五十四坪
同町殿町十四番ノ一畑三百十四坪
同町殿町十五番イ号宅地四百坪
合計三千五百四十一坪
内二百二十五坪、別紙図面ノ通

右御所有土地ハ御邸地塀外ト小学校トノ間ニ介在スル個所ニ有之候ガ、海津城址保存会ニ於テ毎年幾多ノ費額ヲ投シ、公衆ノ遊園経営シツ、アル海津城址ヘノ通路ハ、大手通リ一方ノミニテ他ニ通路無之、然ルニ海津城址ハ四時遊園者絶ヘス、殊ニ象山会ニ於テ保存経営スル有楽町象山誕生地ハ海津城址ト共ニ歴史上著明ナルヲ以テ、他府県ヨリ時々来訪者アルモ通路ノ施設宜敷カラサルタメ曲折迂回等其ノ不便少ナカラス候、然ルニ前記御所有地ノ内二百二十五坪御寄附ヲ願ヒ、之ヲ以テ延長九十間幅員二間半ノ道路ヲ開鑿スルニ於テハ紺屋町・紙屋町境界点ヨリ小学校前ヲ通シ、一路城址ニ達スヘク、向テ象山誕生地御安町聚遠楼址等巡覧スルニ極メテ好都合ト相成、遊覧者ノ便利頗ル大ナルモノニ候条、右道路開鑿致シ、一ハ公衆ノ便ニ供シ、一ハ其ノ工事費ニ依テ不況ニ泣ク窮民ノ一部救済トモ相成ルベク候条、何卒御寄附ノ義御許容被下度、此段請願候也

昭和五年十二月二十日

松代町長　伴雄三郎(印)

伯爵真田幸治殿

「海津城址保存会」が「公衆ノ遊園」を経営しつつある海津城(松代城)址への通路が、現状では整備されていない。海津城址は、佐久間象山の生誕地とあわせて名所化しており、来訪者が少なくなかった。だが、巡覧に便利な通路がなく迂回せざるを得ないため不便している。遊覧者の便のため、「公衆ノ便ニ供」するために道路を開鑿したいので、計画地上にある真田家の所有地を寄附して欲しい、という趣旨の請願である。松代町で観光産業が定着してきたことによる要望である。

本節で取り上げた三点の請願書は、いずれも町のインフラ整備に関するものであった。松代町は、本来行政が負うべき負担の一端を真田家に求めていたことがわかる。言い換えれば、松代町の事業は真田家の寄附を前提に計画されており、真田家の存在があってはじめて成り立っていたということもできる。いまだ未熟であった行政の補塡が、旧藩主家に期待されていたことがうかがえる。

三　旧藩関係者からの要望

前節で取り上げたのは、公共事業にかかわる要望であり、公的立場から出された請願書であった。一方で、民間からの願書も真田家に寄せられている。本節では、真田家との私的な関係を通じて提出された願書三点を検討する。

史料5は、旧松代藩士である長谷川不二夫とその親戚飯島忠夫から、真田家の家扶に提出された文書である。

〔史料5〕(28)

松代融通会社ハ明治七年ノ創立ニテ商法施行ノ際資本金参千円ノ株式会社トナリタルモノニシテ、其株主ハ御家職ノ人々過半数ヲ占メ亡祖父昭道・亡父甲之進等モ其中ニ加ハリ、御家ノ御預金モ二万余円ニ及ブニ至リ、会社ノ業務ハ着々発展ヲ促シ来リ、斯ノ如クニシテ二十余年ヲ経タリ、然ルニ其後漸次御引戻ト云フコトニナリ、茲ニ於テカ会社ハ大ナル苦痛ヲ感スルニ至リ、且ツ是時頃ヨリ次第ニ欠損額ヲ増加シ来リ、明治四拾五年ニ至リテハ更ニ御家ニ対シテ多大ノ御金融ヲ歎願スルノ止ムヲ得サルニ至レリ、斯ノ如キ有様ニテハ到底再ヒ回復スルノ途ナキヲ以テ、大正二年御家ノ御同意ヲ得テ株式名義ヲ他ニ譲渡シ、之ト同時ニ解散ニ赴ク、過渡期ノ便宜上新ニ松代融通合資会社ナル名義ヲ立テテ従前ノ事務ヲ継承シ、亡父儀ハ譲渡当時ノ社長兼取締役タリシ関係ヲ以テ新会社ノ業務担当社員トナリ無限責任ヲ負ヒ、着々解散ノ準備ヲ為シ、大正四年遂ニ社員ノ決議ニ基キ御家ノ御同意ヲ得テ之ヲ解散シ、亡父儀ハ玉川定人ト共ニ爾来是レカ精算ニ従事シタリシガ、本年二月不幸ニシテ病ニ罹リ、遂ニ六月終局ヲ告クルコト能ハスシテ死亡シ、自分儀其残務ヲ継承シ、今ヤ精算ノ順序トシテ家財全部ヲ挙ケテ御家ノ御処分ヲ仰ク次第ト相成候、此ノ場合ニ立至リ候テ特ニ歎願ノ筋申立候モ憚アル事ニ候得共、顧ミレハ亡祖父昭道儀ハ感應公以来引続キ御引立ヲ蒙リ、泰寛公ノ特別ナル御認ニモ相成リ、一家ヲ中興致候モノニ有之候処、不幸ニシテ亡父晩年ヨリ私ノ代ニ及ンテ斯ヽル次第ニ立至リ、亡祖父ノ霊ニ対スヘキ面目モ無之、老母共々昼夜心痛罷在候事ニ御座候、仰冀クハ彼是事情御参酌被成下候上、特別ノ御思召ヲ以テ寛大ナル御取計ヲ奉願度、茲ニ奉歎願候、恐惶謹言

大正六年十一月廿五日

長谷川不二夫(印)

親戚　飯島　忠夫（印）

伯爵真田幸治殿御家扶御中

真田家家職の人びとが株主の過半数を占めた松代融通会社は、創立当初から経営が順調であり、一時期は真田家の重要な収入源の一つにもなっていた。長谷川不二夫の祖父・父は、会社の経営を担いつつ、同時に株主としてこの事業に参画してきた。だが、次第に経営が傾き、明治四十五年には真田家から多額の金銭を借り入れて会社を維持せざるをえない事態に陥っていった。そこで、真田家の同意を得たうえで株式名義を第三者に譲渡し、会社は解散することになった。父甲之進は、松代融通合資会社という名義を立てて準備を進め、大正四年に会社は解散し、玉川定人とともに借金の精算に専念することになった。ところが、その最中に父が死亡してしまったので、不二夫が残務を継承することになる。清算にあたって不二夫は、「家財全部ヲ挙ケテ」真田家の処分を仰ぐ状況にまで追い込まれた。それゆえ、「特別ノ御思召」により「寛大ナル御取計」をお願いしたい、という内容である。

要するに、祖父と父が会社経営のために真田家から拝借した借金を帳消しにしてほしい、ないしは減額してほしい、ということを要望したものである。松代融通会社の詳細は現段階ではつかめていないが、旧藩士である長谷川昭道らが生計を立てられるように、真田家が出資して創設された会社だと推定される。会社経営の中心的役割を担ってきた

長谷川家の当主不二夫は、不意に真田家からの借金を返済する責務を負わされることになった。しかし、借金を返済すれば家計が成り立たなくなる。そのため、旧君臣関係を主張して借金の免除・減免を請願したのである。

不二夫の請願が採用されたのかは不明だが、真田家は松代融通会社の創立時には家職を株主とする形で出資しており、以後も経営振りが困難な時には金銭を貸与していたことからすれば、個々の旧藩士家に対して経済的支援を行っていたことがわかる。こうした事例は、ほかの旧藩でも見出すことができる。ふたたび旧佐倉藩を引き合いに出せば、旧藩士やその子孫が起業や借金のために堀田家に資金提供・名義貸しを求めた例が確認できる。ただし、堀田家では、公共性が低いと判断した場合、申し出を断ることもあったが[29]、真田家が拒絶した事例はまだ発見できていない。

史料6は、土倉文殊堂（現長野市鬼無里土倉）の信徒たちから真田家家扶に宛てた寄附金願いである。

〔史料6〕[30]

寄附御願

長野県上水内郡鬼無里村

土倉文殊堂

右者旧幕時代ヨリ累代藩公ノ御信仰殊ニ厚ク、常ニ多大ナル御援助ヲ蒙ムリ居リ候ハ諸種ノ記録・伝説等ニヨリテ明ナル事実ニ有之候、然ル処今ヤ打廃甚ダシク由緒アル旧蹟モ其ノ面目ヲ維持シ難キ状況ト相成候ニ付キ、曩キニ有志胥計リ、是レガ改修工事及維持金造成ノ目的ヲ以テ長野県知事ヨリ寄附金募集ノ許可ヲ受ケ、目下着々進捗中ニ有之候、就テハ誠ニ恐縮ノ至ニ存候ヘ共、此ノ際旧藩主真田閣下特別ノ御思召ヲ以テ何分ノ御寄附ヲ仰ギ、一ツハ以テ史蹟ニ一段ノ光彩ヲ添ヘ、一ツハ以テ庶民ノ信仰ヲ深カラシムル一助トモ可相成ト奉存候ヘバ、何卒微衷御賢察ノ上、御聴キ届ケ被下様御配意被成下度、別紙従前藩公及藩士ノ御祈願・御信仰ノ沿革抄録相添

へ此段奉願上候也
大正拾四年　月　日
右
長野県上水内郡鬼無里村大字鬼無里一六五一〇イ
文殊堂信徒惣代　川俣〔俁〕武太郎（印）
（作成者四人略）

真田家御家扶殿

信徒惣代川俣武太郎ら五名は、真田家との由緒を根拠として寄附金を要望している。この願書には別紙が添えられており、川俣たちは弘化年間以来の松代藩と文珠堂の深い関係を重ねて主張した。その末尾では、「以上ノ外古キ伝説ニハ往昔ヨリ藩公・藩士ノ御信仰厚カリシトノ事残ルノミニテ、弘化年間以前ノ事ハ記録散佚シテ不詳ナルヲ遺憾トス」と述べられている[31]。一方で、川俣が添えた送付状には、「今回の事業に関しては、大方各位の御賛助に依り、以ての外の事に候、殊に梅谷〔光貞〕知事閣下を筆頭に郡市長相つぎ、又実業家、名望家の御寄附も夫れ〳〵多く御座候」と追って書きがある。ここからは、旧藩主との由緒という観点から真田家に寄附金が要望されたのと同時に、地域とゆかりがある資産家としての真田家に対する要請でもあったと解釈できる[32]。

史料7は、長野県小県郡長村（現長野県上田市真田）の長谷寺住職らから真田幸治に出された願書である。

〔史料7〕[33]

御霊屋御寄進願

当寺ノ儀ハ往古種月庵タリシ後天文八年ニ至リ、真田弾正之忠一徳斎幸隆公之ヲ改メテ一宇ヲ建立シ、真田山種月院長谷寺ト号シ、開山ヲ上州ノ国長源寺伝為晃運和尚ヲ以テ開山トス、二代覚翁瑞林和尚ハ上州ノ国北甘楽郡半田村ニ一宇ヲ建立シ、龍田寺ト号シ開山トナレリ、三代廣山存澤和尚ハ当郡本原村ニ一宇ヲ建立シ、上原山広山寺ト号シ開山トナレリ、後当山六代梵室大乘和尚ノ時元和八年真田信之公封ヲ松代城へ移サル時、公ノ命ニ依リ該地ニ一宇ヲ建テ音相通スルヲ以テ谷ヲ国ト改メ長国寺ト号シ転住セリ、当寺ハ弟子霊室玖虎和尚之ノ後ヲ継キ七代トナル後小本寺タリ、然ルニ宝暦七年八月当山十三代了然獨悟和尚ノ時灰燼ニ帰シ、次テ十四代雄峰性雲和尚ノ代再建シ、歴代亦之ニ加ヘテ諸堂ヲ増築シ、且ツ修繕ヲ加ヘ漸ク檀信徒ノ各位モ心ヲ安スルヤ、又当山十九代根道智源和尚ノ時不幸ニシテ、即チ明治二十三年一月十日ノ夜烏有ニ帰シ一塵ヲモ止メス、只小棟残焼ヲ見ルノミナリキ、翌明治二十四年住職交代シ拙僧トナルヤ日夜精進怠ル事ナク、百慮百計ヲ廻スモ微力及ブ処ニアラス、為ニ時期ノ至タルヲ待ツ事六年ニ垂トスルモ何ソ時期ノ到不到ヲ知ラン、故ニ明治二十八年初春重役幷ニ世話掛ト再三再四談合シ、檀信徒ノ讃成ヲ得テ向フ五ヶ年間継続事業ト決定スルヤ又不幸ニモ日清ノ戦役トナリ、遂ニ時期ヲ失フノ止ム無キニ至リ、其後種々雑多ナル障害及ヒ変遷ニ遭遇シ、為ニ今日ニ及ヒタルモ先昭和四年内務省令ニ依リ、再築ナキ寺院ハ廃寺トノ報導ニ接スルヤ、諸事手続年限ヲ以テ再築ノ誓トイタシタルモ地方引続ク不況時代ニ遭遇シ、諸殿堂ノ再建スル能ハス、前途ノ通リ当山ハ往古ヨリ真田御家門トハ御由緒深キ次第何卒御賢察被成下、松代長国寺裏ノ御霊屋一棟御寄進被成下再築ノ目的成就セシメラレナバ、仏道ノ興隆又寺門ノ幸甚之ニ過ス、拙僧及ヒ檀徒物代ノ連署ヲ以テ此段奉懇願候

昭和六年六月十日

長野県小県郡長村長谷寺住職

宮下　智明(印)

［外三人略］

真田伯爵殿

長谷寺は、真田家の松代入封後に建てられた長国寺の末寺にあたる。元は、種月庵と呼ばれた。史料7の冒頭では、長谷寺開基以来の真田家との由緒が述べられている。長国寺は、真田家の菩提寺として近代にも手厚い庇護を受けていたが、長谷寺は明治二十三年に境内の大半が焼失し、再建のための資金が調達できていなかった。そうしていたところ、内務省が「再築ナキ寺院」は廃寺にするという方針を出したことを耳にした。そのため、長国寺の裏手にある御霊屋を寄進してほしい、ということを訴えている。

文殊堂と同じく、長谷寺も真田家との歴史を訴えながら寄附・寄進を要望している。その後、御霊屋が移設された形跡はないので長谷寺の要望は実現しなかったようだが、真田家との由緒を語ることで自己の願望を実現するための支援を引き出そうとする指向が、個人だけではなく寺院からも確認できる。

以上のように、近代の真田家は、町や村といった行政組織だけではなく、藩時代の関係に依拠した支援を期待される存在でもあった。

四　真田家の対応

ここまで、旧領地から寄せられた請願・要望を紹介してきたが、それらに対して、真田家がいかに対応したのかを検討したい。

1 意思決定過程

まず、真田家における意思決定の過程を確認しておく。真田家の家政機構や家の経営に関する本格的な分析は別稿にゆずるが、「家職一般ノ規則案」では、家令は一名、家扶・家従は各二名置くとされている。[34] 同史料では、「家令以下ノ職員ハ家主ノ命ヲ奉シ、家政ノ事務ニ関シテ忠実勤勉ナル可シ」とその使命が示されたうえで、家職の最高職である家令は「家政ヲ執行シ、家扶以下ヲ指揮監督スルノ責ニ任ス」とその責任が述べられている。この規則案は、大正期に作成されたものと推定されるが、このまま成文に至ったのかは検討を要する。しかしながら、家扶の手になる日記などほかの記録と照らし合わせて考えると、これは一から作った案ではなく、それまでの実績を明文化したものだと考えられる。

日頃の実務は、家令以下の家職が担ったが、家政に関する事項は東京邸では評議員と家扶からなる「家政会議」(「評議員会」とも)で審議された。大正六年に作成された「評議員会決議録」[35]や「決裁簿」[36]から具体的な審議事項がわかるが、真田家の財産処分や寄附に関する事項などが議題とされている。一方で、松代邸には「御相談役会議」がおかれている。大正八年の「松代御別邸御相談役会議録」[37]によれば、松代邸の家職の事務規定のほか「家政会議」と同種の案件が処理されている。「家政会議」「御相談役会議」のどちらも月に二回程度開催された。先に登場した松代町長矢澤頼道は、三名いた松代邸における「御相談役」の内の一人である。

右に取り上げた記録類およびこれ以降で紹介する史料からわかる範囲では、旧領地から寄せられた請願・要望はまず松代邸の家職によって審議されている。その後、「御相談役会議」にて検討され、そこで承認に至った議題が東京邸に送られた。送付後、当主の決裁が得られれば決定となるが、当主あるいは東京邸の判断によって決定が覆った例は、今のところ確認できていない。基本的に、松代邸の判断を東京邸が受け入れていたと考えておきたい。

以下、具体的な案件から採用の判断基準を検討する。

2 公共事業

史料8-1は、松代町長と町会議員が真田幸治に宛てた水道敷設にあたっての寄附金にかかる請願書である。

〔史料8-1〕[38]

請願書

本町ハ従来飲料水不良ノ為メ常ニ困難ヲ感シ居リ候処、近年ニ至リ穿井及河川ノ水量次第ニ減少シ、夏期ニ際シテハ一層甚シク、若シ此ノ侭ニテ歳月ヲ経過候得ハ、人命ニ関係候事ハ勿論、当地唯一ノ製糸業其ノ他ノ生産業ニモ至大ノ影響ヲ蒙リ、年毎ニ衰退ノ状態ニ趣〔赴〕キ、終ニハ本町ノ衰亡ヲ来タスヘキ原因トモ相成可申真ニ不堪憂慮候、一例ヲ申候得ハ一昨年本町ニ於テ腸窒扶斯患者ノ一時ニ五十余名ヲ発生シ、又去月同患者三十名続出候モ其原因ハ全ク飲料水ニ有之候事ヲ確認候、故ヲ以テ将来本町ノ福利ヲ増進セント欲セハ先ツ飲用水ノ改良ト充実トヲ計リ、以テ此ノ悲惨ノ現状ヲ救済スルノ最モ急務ナルコトヲ確信シ、大正十二年・同十三年両年度ニ於テ水道条例ニヨリ本水道布設工事ヲ起シ候事ニ決シ候次第ニ御座候、而テ之ニ要スル工事費総額ハ二十九万二千七百二十円ノ巨額ニ達シ、本町現今ノ財政上二ヶ年度ニ於テ総額町費ヲ以テ支弁候事ハ到底不可能ニ付、右総費額ノ内大正十二年度ニ於テ六万九千円、同十三年度ニ於テ十四万六千円ノ町債ヲ起シ之ニ充ツルノ計画ニ候、以上開陳候事情何卒御賢察賜リ、右町債ニ対シ特別低利ヲ以テ御貸与被成下度、別紙本町水道町債借入及償還規程其他関係書類相添へ町会議員連署ヲ以テ此段奉請願候、希クハ速カニ御採用アランコトヲ、恐惶謹言

大正十二年六月一日

松代町長矢澤頼道
町会議員
吉野　要
（以下、町会議員一七人略）

伯爵真田幸治殿

松代町にとって水道敷設が、「人命ニ関係」する重要事であり、かつ産業にも多大な影響を及ぼしうる急務の事業であることを切々と説いている。そのうえで、経費の不足による町債発行について説明し、「特別低利ヲ以テ御貸与」して欲しい、と依頼している。

次の史料8-2は、この請願に対する松代邸の検討結果が記された文書である。

〔史料8-2〕[39]

本月一日、松代町長矢澤頼道外町会議員一同ヨリ別冊之通請願書幷ニ関係書類一綴差出奉請願候、其要旨ハ本町水道布設ノ大ニ必要ヲ感シ、今回起工致シ度候処、該工事費巨額ニ達シ、本町現今ノ財政上町費ヲ以テ悉皆支弁候事ハ到底不可能ニ付町債ヲ起シ、之ニ充ツルノ計画ヲ立テ、右町債ニ対シ特別低利資金御貸与被成下度請願致し候次第ニ御座候、依テ御相談役会ヲ経テ願書進達仕候間、深ク御賢慮ヲ賜リ、可然御指示相成候様御取計被成下度、請願書相添此段上申候也

大正十二年六月六日

松代邸の家扶北島滝多・成沢九十九は、請願を受けて真田家の「相談役会」に諮り承認を得ている。その後、東京邸家扶竹村虎松・宮下幹に宛てて、これを採用する方向で当主に諮るように申し入れて認められた。このように、真

田家では、旧領地の公共事業に対する寄附については、協力する方針で検討が進められたと理解できる。

3 準公共事業

史料9は、更級郡東福寺村小森区西区長らから真田家家扶に提出された土地下附の願書である。

〔史料9〕(40)

共同墓地通路開拓ニ付土地下附願

今般別紙ノ通当区共同墓地ハ当区南方ニ有之、往古ハ旧道ヲ以テ通路ト致居候処、弘化四年善光寺大地震ノ際、犀川堤防欠潰川中島一面ニ洪水氾濫致シ、其際旧道ハ欠損致シ候為メ、爾来現在ノ畦畔ヲ通路ト致居候処、何分ニモ墓参又ハ葬儀執行ニ際シ、往々過失等モ有之、甚敷不便ヲ感シ候ニ付、今回区民一同協議ノ上、通路開拓仕リ度ニ付、御所有ノ東福寺村大字小森字古犀川第九百六拾七番ノ田東側長サ拾六間半・巾四尺拾壱坪図面相添ヘ候間、御検分ノ上旧来ノ御因故ヲ以テ当小森区ヘ無代御下附被成下度、区長及ヒ関係者一同連署ヲ以テ、此段嘆願仕リ候也

長野県更級郡東福寺村小森区

大正八年二月二十五日

西区長　中村忠治郎(印)

（作成者三人略）

真田家御家扶殿御中

小森区にあった共同墓地は、過去に善光寺地震に見舞われたことにより、墓地に通ずる道が畦畔しかないことから墓参や葬儀の執行に支障をきたしている。そのため、新たに通路を作りたいので、真田家の所有地を寄附してもらい

たい、という内容である。

この願書を受けて、松代邸の家扶は現地を検分し、東京邸の家扶に対して「小森区ニハ御所有田地数多有之、随テ区民ノ内数十戸ノ御小作人ヲ有シ、其人々ノ共同墓地ニ御座候、殊ニ此工事タル公共事業ノ事ニモ候ヘハ、特別ノ御詮議ヲ以テ御寄附之義無余岐（ママ）次第ト奉存候」と申し入れた(41)。大正八年三月二十一日の夜に開かれた評議員会でこれは採決されている。この決定を受けて東福寺村の真田家所有地のうち、田反別一一歩が寄附された。このケースでは、請願者は「旧来ノ御因故」、つまり旧藩時代の関係を請願の文脈で持ち出している。他方、真田家がこれを採択した根拠は請願内容の妥当性、真田家が小森区に土地を多数所有していること、公共性が高い事業であることの三点である。

4　旧藩士家

史料10は、旧藩士矢澤三千太郎が真田家家扶に宛てた願書である。

〔史料10(42)〕

御願　　写

曩ニ　智照院様御在世中私家政整理ノ為メ所有ノ土地家屋是非共売却セサル可カラサル場合ニ立至リ候モ、祖先以来ノ土地ニシテ御縁故モ有之、何分他人ニ所有権ヲ移転セシムルハ残念至極ノ場合ニ付、状ヲ詳細具上特ニ御買上ヲ賜リ候段難有仕合ニ奉存候、其後御蔭ヲ以テ段々整理ノ緒ニ就キ加フルニ相続人及次男モ成年ニ達シ、夫々職業ニ従事罷在候様ニ相成候ニ付、其節願出御許容ヲ賜リ居候通リ、何卒此際御払ヒ戻シ賜リ度奉願出候、右格別ノ思召ヲ以テ願意御聞済被成下候様特ニ御上申被成下度奉願上候也追テ本件御聴許御払ヒ戻シ賜リ候上ハ、其節モ申上候次第ニ御座候間、決シテ他ニ転売等之義仕ラサルコトヲ茲ニ謹テ御誓約申上候、

大正十年六月七日　　矢澤三千太郎　印

真田家御家扶御中

これによれば、矢澤は先祖伝来の土地を売却せざるを得なくなった時に、まったくの他人に譲渡するのは「残念至極」なので真田家に歎願して買い上げてもらった。その後、家政の整理がつき、相続人・次男が成年に達したので払い戻して欲しい、という趣旨である。史料11はこれと類似のケースである。

〔史料11〕[43]

御願書

松代町字殿町八番ノ壱

一、宅地参百六拾五坪　内建家弐棟　此建坪四拾五坪

同町字同所八番ノ弐

一、宅地弐百参拾八坪八合七勺

前記宅地家之儀ハ　大鋒院様御入部当時私祖先拝領仕リ、御厚恩ヲ以テ代々連綿住居罷在候処、数年前家計整理ノタメ　智照院様御代右地家御買上奉願候処、格別ノ思召ヲ以テ御聞済被成下難有仕合奉存候、爾来今日マテ引続キ拝借住居罷在候次第ニ御座候、元来私儀祖先拝領以来永住罷在候義ニ有之候間、他ヘ所有権ヲ移転セシムルハ甚遺憾至極奉存候間、　御上ヘ御買上奉願置、将来時宜ニヨリ御売戻奉願度念慮ニ有之候処、微力ニシテ荏苒今日至リ候義ニ御座候、然ル処時代ノ推移ハ茲ニ一大変革ヲ生シ急速ノ変動ニ逢着憂慮罷在候結果、今回

家政整理方法相立テ度奉存候間、深厚ナル御恩典ヲ以テ右御所有ノ宅地建家相当時価ヲ以テ御払下奉願、将来家政上ノ基礎ヲ相立テ度奉存候間、特別ノ思召ヲ以テ願意御聞済被成下候様、特ニ御上申被成下度、此段奉願候也

大正十年八月三十一日

小山田太郎(印)

真田家御家扶御中

史料10と同じように、旧藩士の小山田太郎がひとたび真田家に買い取ってもらった土地を払い下げて欲しいと願い出ている。

こうした旧藩士からの願い出に対して、松代邸では「小山田家ハ特別ノ深キ御縁故モ被為在、且同家将来家政上ノ基礎ヲ相立テ度志望ニ有之候間、名家存続ノ厚キ思召ヲ以テ特別ノ御詮議ニ預リ願意御聞届」との判断を下している。[44] まったくの私的な願いであったとしても、真田家との由緒によっては家の存続のための支援を行っていたことがわかる。

5 小作人

史料12と史料13は、真田家の小作人から提出された小作料の減免歎願に関する文書である。

〔史料12[45]〕

歎願書

産業界不振之為メ昨年度ハ御当家拝借地小作料之件ニ付懇願致シ候処、早速御引下之義御採用被下難有奉存候、就而者本年度ハ蚕糸業界も相当活気を呈する事と存居候処、却而昨年度より一層之不況を来たシ如何共致シ方無之候ニ付、又々歎願致し候てハ恐縮之至りニ候へ共、目下之現状御視察之上本年度ニ限り(宅地畑地共)小作料三

割之御引下之義御同情を以て御聞済被下度、此段伏而歎願候也

昭和六年七月拾八日

西条村

拝借地管理人　柳島　繁太郎（印）

拝借地人代表　宇佐美安太郎（印）

真田家御中

この歎願書は、松代邸から東京邸に、「西条御所有地小作料引下ケ之義別紙歎願書申出候処、昨年ハ畑地弐割御引下、宅地ハ御引下無之候、因テ御相談役会開催御協議之結果、宅地ハ御引下ケ無之、昨年之通リ畑ハ弐割引被成下候ヘハ、本年ハ願書之通リ被成下度哉（松代町ハ昨年度三割御引）、松代町同様ニ被成下度、殊ニ痩地ニ有之候得ハ御勘考奉願度被存候、而シテ上半期上納期ニ有之候間、至急に御採否御指令被下度願上候」と諮られている。最終的な当主の判断は史料からは不明瞭だが、松代邸は認める方針で動いていたことがわかる。

歎願書に添えられた松代邸家扶の送付状によれば、前年までの小作料は、一般の相場が一坪あたり一〇銭であったところ、真田家の場合は平均で一坪八銭、西条村の痩地は七銭五厘としていた。これを、要求に応えてさらに引き下げ、三割引とした場合、西条村の小作料からあがる利益は松代邸でかかる必要経費と相殺され、今年度本邸に送付できる利益は残らない、との見解が述べられている。つまり、利潤がなくとも小作人の経済事情を慮って小作料を減ずるという判断を、少なくとも松代邸では行っている。

〔史料13[46]〕

別紙小作人ヨリ十年十月末日稲作不熟ニ付、検分出願候ニ付出張検分致シ候処、穂枯レ稈倒レ蒼秕等有之、要ス

ルニ結実ノ候霖雨打続、天候不順ノ為メ、此ノ如キ不結果ヲ来タシ候義ニ御座候、然ル所収穫ノ期ニ至リ刈入致シ候所、収穫大ニ減少ノ故ヲ以テ別紙歎願書差出候、依テ調査致シ候所、小作人三ツ井正長ヲ除クノ外ハ概シテ一割五分内外ノ御減ケ願之向ニ御座候、三ツ井正長ノ拝借耕地ハ東条村加賀井区ニシテ盆地沮洳ノ場洪水ノ際ハ溜水トナリ容易ニ減水セズ、勿論一毛作地ニ御座候、特ニ昨年植附ノ際ニハ溜水多ク、為メニ植付大ニ後レ加フルニ天候不順ニシテ収穫大ニ減少相成、多大ノ御減少ケ歎願仕候次第ニ御座候、以上ヲ一括シ御相談役会ノ御評議ヲ経、茲ニ願書進達仕候間、特別ノ御詮議ヲ以テ御許可相成候様仕度、此段奉願候、以上

大正拾壱年壱月

史料13は別のケースだが、史料12と同種の事例である。不作であったことを理由として小作料の減免を願い出た小作人に対する対応について、松代邸の見解が述べられている。ここでも、減免を承認する方針がとられている。

前述したとおり、真田家は明治期以降、旧領地で土地を集積しており、家政を支える収入源の一つとなってゆくが[47]、それらの土地の小作人からの要望に対してもこのように応じていた。旧藩士の事例と同じく、私的な領域に属する事柄であっても、旧領地の士民の家を持続するための要望に対してはある程度受け入れていた様子がうかがえる。

おわりに

本論では、真田家と旧領地の関係を中心に旧松代藩の旧藩社会の輪郭をとらえようとしてきた。その結果をまとめると左のようになる。

廃藩以降も真田家と旧領地の関係は継続しており、特に当主が帰還した際にそれが地域社会の前面に現れた。こう

した関係が維持された理由は、心性面のみには求められない。旧領地の人びとは、公私にわたって経済的な支援を真田家に求め、また真田家も一定の基準をもってこれに応えていた。旧領地から寄せられるさまざまな請願・要望に対して、真田家では公共性が高い事業か否か、真田家との歴史的関係の深浅、旧藩士・旧領民の家の存続などを考慮して判断を下していた。

旧領地の人びとにとって、生活・生存にかかわる場面での真田家の経済的援助は必須であった。そのため、自らの要望に応じてもらえる限り、旧藩士・旧領民は、制度上は消滅した架空の「藩」を持続しなければならなかった。これは、政府が未成熟であったため、行政の手が届かない部分の補填を大名華族家に期待したことによる結果でもある。

他方で、真田家側からみれば、右のような旧領地からの要望に応えなければならない、あらがいがたい社会的要請があったともいえる。旧領地からの要望に応えつづけることで真田家は大名華族としての役割を果たしていると評価され、「殿様」として振る舞うことができた。この点、大川啓が近代の地域における被災者救済の経済的負担を富裕層が負ったことについて、「社会的圧力」があったと指摘していることが参考となる。(48) 一般の富裕層と封建領主であった大名華族を同列に論じてよいのかは検討の余地が残るが、行政の補完が富裕層に求められるという構造は同じであるように見える。

本論は、藩地域論と旧藩社会論の架橋をめざして、その第一歩として旧松代藩社会の概要を叙述した。今後、本論で論じたことを基盤としながら個別の問題を掘り下げていきたい。

註

（1）　旧藩社会の定義は、論者によって若干の揺れがあるが、本論では、旧藩主・旧藩士・旧領民とその子孫などによる社会的結合、という程度の意味で用いる。旧藩社会の定義については、宮間純一「旧藩社会と旧藩意識」(『歴史評論』八六四、二〇二二年)で私見を述べたことがある。

(2)「武家華族」ともいうが、大名出身の華族であるということを明示するため、本論では「大名華族」と表記する。

(3)柳教烈「華族と地域—明治憲法体制の確立期を中心に—」(『神戸大学史年報』一〇、一九九五年)。

(4)旧藩社会に関する研究成果は、二〇一〇年以降多数発表されている。ここですべてを紹介することは避けるが、代表的な成果として真辺将之「明治期「旧藩士」の意識と社会的結合—旧下総佐倉藩士を中心に—」(『史学雑誌』一一四—一、二〇〇五年、同『西村茂樹研究—明治啓蒙思想と国民道徳論—』思文閣出版、二〇〇九年所収)、内山一幸『明治期の旧藩主家と社会—華士族と地方の近代化—』(吉川弘文館、二〇一五年)をあげておく。研究動向の詳細は、『歴史評論』八六四(二〇二二年)の特集「近代社会の形成と旧領主」に収載された内山一幸「旧藩主家と旧藩社会」および拙稿前掲註(1)「旧藩社会と旧藩意識」参照。

(5)藩地域論と並んで、藩社会論・藩世界論とよばれる概念もあるが、明確な差別化はなされていない。これらを呼び分けることは困難なため、本論では便宜的に藩地域論で統一する。

(6)このことは、拙稿前掲註(1)「旧藩社会と旧藩意識」でも指摘した。

(7)岸野俊彦編『尾張藩社会の総合研究』(清文堂出版、二〇〇一年)、渡辺尚志編『信濃国松代藩地域の研究』(岩田書院、二〇〇五年)、岡山藩研究会編『藩世界と近世社会』(岩田書院、二〇一〇年)ほか。

(8)渡辺尚志「藩地域論と地域社会論—松代藩の事例から—」(『歴史評論』六七六、二〇〇六年)。

(9)平下義記「近世近代移行期における福山義倉の質的変化」(『広島経済大学経済研究論集』三九—一・二、二〇一六年)、今村直樹『近世の地域行財政と明治維新』(吉川弘文館、二〇二〇年)、濱田恭幸「近代移行期における水利秩序と地方行財政―旧加賀藩領を事例に―」（『ヒストリア』二九五、二〇二二年）など。ただし、これらの研究は、旧藩社会論を意識したものばかりではないし、藩と旧藩の連続・変容・断絶の論じ方にも差異がある。

(10) 国文学研究資料館収蔵の「信濃国松代真田家文書」は寄贈分と寄託分に分かれているが、近代文書は寄託分に集中している。このほかに、真田宝物館の真田家文書中にも会計書類などの近代文書がある。

(11) なお、本論で利用する史料の一部（史料2・3・8-1）は、宮間純一「生存のための〈歴史〉―旧藩社会の記憶から考える―」（『歴史学研究』一〇四二、二〇二三年）でも取り上げたことがある。

(12) ここでいう中藩は、明治政府の分類による。明治元年に政府は、四〇万石以上を大藩、一〇万石以上四〇万石未満を中藩、一〇万石未満を小藩と区分した。同三年に、一五万石以上を大藩、五万石以上一五万石未満を中藩、五万石未満を小藩と改めた。真田家は、近世初期を除けば表高一〇万石の大名である。

(13) 「為御墓参松代表江御出御一件記」明治二十四年十一月二十七日条（「信濃国松代真田家文書（寄託）」三三一〇）。

(14) 基本史料として、「信濃国松代真田家文書（寄託）」には、家職が作成した明治四年以降の日記が残されている。

(15) 「信濃国松代真田家文書（寄託）」の分類のうち、「二二家職」の「一五松代滞在」に配された二七点の記録。

(16) 前掲註（11）「生存のための〈歴史〉」。

(17) 「感應院様五十回御忌御法事ニ付正三位様従五位様松代表江御出一件記」（「信濃国松代真田家文書（寄託）」三三一一）。以下、特に断らない限り明治三十四年の来松に関する記述は同史料による。

(18) 「感應院様五十回御忌御法事ニ付正三位様従五位様松代表江御出一件記」明治三十四年六月二十九日条。

(19) 「信濃国松代真田家文書（寄託）」五二二四。

(20) 佐倉藩は表高一一万石。宮間純一「地域における明治維新の記憶と記録」（『日本史研究』六七九、二〇一九年）参照。

なお堀田正倫は、明治二十三年に佐倉へ移住しているため、それ以後の関係の持ち方については松代の場合と相違する。

(21)「信濃国松代真田家文書(寄託)」八八一。

(22) 大平喜間多編『松代町史 下巻』(松代町、一九二九年)一三七頁。

(23) 前掲註(22)『松代町史 下巻』一三七〜一四二頁。

(24) 鉄道敷設は、「松代の特産物である生糸業の消長発達に重大なる関係を及ぼす」(前掲註(22)『松代町史 下巻』一三七頁)と認識されていた。

(25)「信濃国松代真田家文書(寄託)」八八一。

(26)「信濃国松代真田家文書(寄託)」八八一。

(27)「信濃国松代真田家文書(寄託)」九六三。

(28)「信濃国松代真田家文書(寄託)」九六八。

(29) 前掲註(20)「地域における明治維新の記憶と記録」。

(30)「信濃国松代真田家文書(寄託)」七六〇―一。

(31)「信濃国松代真田家文書(寄託)」七六〇―一。

(32)「信濃国松代真田家文書(寄託)」七六〇―二。

(33)「信濃国松代真田家文書(寄託)」九五四。

(34)「信濃国松代真田家文書(寄託)」九五四。

(35)「信濃国松代真田家文書(寄託)」六五三。

(36)「信濃国松代真田家文書(寄託)」六五四。

(37)「信濃国松代真田家文書（寄託）」六五五。
(38)「信濃国松代真田家文書（寄託）」九六二。
(39)「信濃国松代真田家文書（寄託）」九六二。
(40)「信濃国松代真田家文書（寄託）」八八一。
(41)「信濃国松代真田家文書（寄託）」八八一。
(42)「信濃国松代真田家文書（寄託）」八八一。
(43)「信濃国松代真田家文書（寄託）」八八一。
(44)「信濃国松代真田家文書（寄託）」八八一。
(45)「信濃国松代真田家文書（寄託）」九七七。
(46)「信濃国松代真田家文書（寄託）」八八一。
(47) 真田家の地主経営についても別稿を要するが、大正期の財産目録によれば松代町のほか、更級郡東福寺村・雨宮縣村などに土地を所有していたことがわかる。「信濃国松代真田家文書（寄託）」九五四。
(48) 大川啓「近代日本における「慈善」と「不穏」―一八九〇年の秋田市における米価騰貴への対応を中心に―」（『歴史学研究』八〇四、二〇〇五年）、同「明治期の都市火災と地域社会―地方都市秋田を事例として―」（『史苑』七三―二、二〇一三年）ほか。いずれも大川『「慈善」と「不穏」の近代社会史』（有志舎、二〇二四年）所収。

付記　本論は、JSPS科研費「地域社会史の視座に立った旧藩社会の総合的研究―「旧藩地域社会論」をめざして―」（課題番号21H00571）による成果の一部である。

終章

渡辺尚志

本書各章の概要については既に序章で述べられているが、あらためて私のほうでもまとめておきたい。

第一章「近世後期における山論の江戸出訴と内済」（野尻泰弘）は、旗本松平氏知行所今井村と、松代藩領小松原村との山論の一部始終を検討したものである。この争論は幕府評定所で吟味され、最終的には内済で解決した。その過程では、評定所留役によるかなり詳細な尋問や厳しい追及がなされた。幕府役人は吟味を積極的に主導したが、それは幕府による裁許を目指したからではなく、内済による解決を促進するためであり、実際この争論は内済によって決着した。一方的専断でも民間への丸投げでもなく、幕府役人の積極的関与と内済による解決が構造的に連関しているところに、近世の裁判制度の特質を見出すことができる。

また、本章では、内済証文に記された内容とは別に、当事者間で金銭の授受がなされていたことが示された。内済には、幕府の把握する合意内容と、幕府の関知しないところでの合意内容の双方が含まれていたわけである。また、合意内容とは別に、多額の訴訟費用や労力の負担という問題もあった。争論における当事者双方の最終的得失は、そうした諸要素全体をみたうえで判断すべきものであり、後世のわれわれがそれを行うには、相当周到な配慮が必要であることが再認識できる。

第二章「支配違いの山論にみる松代藩の訴訟対応―天保期の飯縄山一件を事例に―」(黒滝香奈)は、戸隠社と飯縄社という神社同士の争論を取り上げたものである。そこに双方の社領の山を利用する村々が絡んで、争論は山論という性格も有した。第三章(斎藤一)でも明らかにされているが、現地で地改を行う幕府役人の報告内容は、裁判の帰趨に大きく影響する。そのことは、百姓も藩もよく承知していた。松代藩は「百姓公事」原則があるため、地改役人が現地に赴く前に、江戸での工作に力を入れた。ただし、その前に、松代藩領村々の出府惣代が、藩の江戸留守居に地改役人への働きかけを依頼していた。百姓たちは、地改の重要性と、藩による地改役人への工作の必要性を十分認識しており、裁判の裏面で積極的に動いたのである。

天保期の争論では、寛文・明和期の裁許内容が覆された。ただし、そうなるまでには複雑な過程があった。幕府は、基本的には以前に下した裁許内容を踏襲する。そうしなければ、幕府の無謬性に傷がつき、権威が揺らぐからである。ただし、この争論の場合、寛文の裁許では寺社縁起が証拠として重視されたが、その後、公事方御定書によって寺社縁起の証拠採用には慎重であるべきとされた。そのため、天保期の争論では、以前の裁許内容を重視するか、公事方御定書の規定を重視するかという難しい問題が生じた。そこに藩の裏面工作の影響なども加わった。そうした諸要因が複合的に作用した結果として、寛文・明和期の裁許内容が覆されたのである。本事例は、最終的な裁許に至る過程での関係者たちのさまざまな動きと、そこにはたらく多様な要因を総合的に捉えることの重要性を教えてくれる。

第三章「論所地改と藩・地域社会―龍洞院・稲荷山村争論の展開と結末―」(斎藤一)は、争論の論所地改に来た幕府検使をめぐる、関係者たちの対応を詳細に跡付けたものである。検使は、身分的には代官の手付・手代といった下級の幕臣であるが、彼らによる論所見分の報告内容が裁判に大きく影響するため、関係者たちは検使を手厚く遇し、自らに有利な報告をしてもらうべく懸命の努力をした。藩の奉行クラスが、わざわざ検使に挨拶に行ったほどである。

地改が行われる時空間は、いわば非日常的な世界であり、平常時の身分序列が一時的に変容して、検使の権威が大きく上昇した。本章で、それが具体的に示された点が興味深い。

また、近世の地境論は「百姓公事」として扱われるのが原則であり、領主はそこに表立っては関与できなかった。しかし、裏面では、領主が自領の村・村民の勝訴のためにさまざまな便宜や援助を与えていたことが、従来から指摘されてきた。本章の事例では、検使が現地で藩役人と面会し、争論に関係する領主たちの幕府内での政治的地位をも勘案して、内済での決着が望ましいとの意向を伝えている。ここからも、実際には、領主のあり方が「百姓公事」の帰趨にさまざまなかたちで影響を与えていたことが理解できる。

第四章「一九世紀の新田開発にみる村と領主―瀧本新田割地一件を事例として―」（渡辺尚志）は、一九世紀における新田開発について検討したものである。開発の結果成立した瀧本新田は、戸数一〇戸以下という小規模な新田であり、耕地の開発も順調には進んでいなかった。それにもかかわらず、新田百姓たちは、自らの利益に反する問題に関しては、開発世話人や郡奉行の意向に対して頑強に抵抗した。そして、それが郡奉行の左遷につながったのである。小さな新田村であっても、郡奉行という藩の要職にある者に対して、正しいと思うことは強く自己主張し、藩もそれを無視できなかった。そこから、幕末期に支配関係・社会関係が大きく変容している姿を見て取ることができる。また、そうした百姓たちの姿が、真田家文書や依田家文書などの武家文書のなかから浮かび上がるところに、松代藩地域研究の可能性が示されている。

第五章「幕末期松代藩における代官支配の構造と特質―代官野本力太郎を事例に―」（鈴木直樹）は、幕末に代官を務めた野本力太郎の日記等から、代官の職務の実態を解明したものである。そこからは、村方から代官に提出される書類が、代官側の意向に沿った形式をとって作成されるようすがうかがえる。代官が、百姓が藩に提出する文書を細かく添削することによって、文書が藩に受理されやすい条件を整えていくのである。それは反面で、百姓たちの要求が、藩が許容する枠内へと落とし込まれていくことをも意味した。いずれにしても、百姓や村と直接対峙する代官の役割は重要であり、代官研究は松代藩地域研究の要の一つであるといえよう。

また、藩の政策実施に際しては、村々の実状を知悉した代官の提言が採用されることが多かった一方で、代官への附人の人数は、藩全体の奉公人配置方針に基づいて削減された。代官の意向が藩上層部に尊重される場合もあれば、意見が採用されない場合もあったのである。幕末期に代官所の業務量が増大し、村々の統治が困難さを増すなかで、代官の意向に反する人員削減がなされたため、代官は厳しい状況下で職務を遂行していくことになった。

第六章「松代城下の河原新田の性格とその管理」（原田和彦）は、松代城下町に含まれる、河原新田という特殊な土地の性格を分析したものである。河原新田とは、河川の流路跡が耕地や屋敷地になったものであるが、そうした成立経緯と存在形態の特異性もあって、城下町にありながら、町奉行ではなく、代官や水道奉行の管轄下にあるという特徴的な土地であった。本章によって、河原新田の特徴がかなりの程度明らかになったが、今後は、代官・水道奉行・名請人・小作人・屋敷拝領者など、河原新田に権利・権限をもつ各主体の性格と相互関係が、さらに詳細に解明されることが期待される。

特論1「近世中後期の北信濃から東信濃への木綿の流通形成—北信濃の綿売り商人と上田城下町方との確執—」（藤原正克）は、一八世紀後半から一九世紀前半を対象時期として、北信濃の松代藩領などから東信濃の上田藩領に向けて出荷された木綿関連商品の流通構造について検討したものである。そこでは、奥筋商人（北信濃の商人）・上田城下町商人・上田藩領塩尻組村々・上田藩などの経済的利害が絡み合い、上田城下町商人たちの内部も一枚岩ではなかった実態が示された。松代藩地域研究の視点からは、奥筋商人の組織構造、個々の商人の具体的存在形態、生産者と商人との関係などの具体像解明が今後の課題となろう。

特論２「旧松代藩領の近代と旧藩社会」（宮間純一）では、旧松代藩領の旧藩社会の基本的構図が描かれている。そこでは、近世に淵源をもつ真田家・旧藩士・旧領民の関係が、近代以降も形を変えつつ存続していたことが示された。その関係性は、心情的なつながりのみによって維持されていたわけではなく、旧藩士・旧領民の側からは真田家に対して公私にわたる経済的援助が求められた。真田家がそれに応えることで、旧藩士・旧領民の真田家に対する尊崇・敬慕の念が維持・再生産されたのである。真田家には、旧藩主として、また近代の名望家として、それにふさわしい地域貢献の実を示すことが求められたといえよう。

宮間氏は、これまでも佐倉藩などを対象として旧藩社会論を展開してきたが、氏の研究では、近世の藩研究との接続を意識している点と、旧藩社会の基底をなす旧領民と彼らがつくる地域社会の動向を重視している点がきわめて重要である。本章を第一歩として、氏によって、さらに旧松代藩領の旧藩社会について多角的な分析が進められることを期待したい。

本書の核心的テーマについても一言しておこう。本書は、「幕府・藩役人の動向と藩地域」を核心的テーマに設定しており、その意図は序章で詳述されているとおりである。山野や新田開発をめぐっては、近世を通じて全国で膨大な数の訴訟や訴願が繰り返されてきた。松代藩領も例外ではない。そこには、村・町と百姓・町人や、寺社、複数の領主、幕府など多様な主体が複雑に関わった。関係する人々の身分が多様であると同時に、訴訟・訴願の対象となる空間も藩領域を越えて広がっている。

したがって、山野・新田をめぐる訴訟・訴願の分析からは、領主―百姓関係、幕府―藩関係、藩―藩関係、諸身分間の関係などの、多彩な諸関係のありようが具体的にみえてくるのであり、近世の政治・社会の特質と全体像に迫る重要な切り口になり得るのである。訴訟への着目は、松代藩地域研究の初発からの特徴だが、本書はそれをさらに発展的に深めたものといえよう。松代藩地域研究の進展のために、本書にもさまざまなご意見をお寄せいただければ幸いである。

本書の刊行にあたっては、岩田書院の岩田博氏にたいへんお世話になった。第一論集以来二〇年にわたって、松代藩地域の共同研究の成果を刊行してくださっている岩田さんに、あらためて厚く御礼申し上げたい。

鈴木　直樹（すずき　なおき） 1983年生
一橋大学大学院社会学研究科博士後期課程修了　博士（社会学）
一橋大学大学院社会学研究科講師
『近世関東の土豪と地域社会』（吉川弘文館、2019年）
「文政・天保期における地域社会の再編と直上納・地押改」
（『藩地域の環境と藩政―松代論集Ⅵ』岩田書院、2020年）
「近世後期土浦藩の備荒貯蓄政策と地域社会」（『茨城史林』45、2021年）

原田　和彦（はらだ　かずひこ） 1963年生
國學院大学大学院文学研究科博士前期課程終了
長野市観光文化部　長野市立博物館　専門員
「定額寺制試論」（『信濃』46-5、1994年）
「平安時代の御願寺」（『日本古代の国家と祭儀』雄山閣出版、1996年）
「絵地図から見た寛保2年・戌の満水」
（『国立歴史民俗博物館研究報告』96、2002年）

藤原　正克（ふじわら　まさかつ） 1946年生
一橋大学大学院社会学研究科博士後期課程修了　博士（社会学）
「徳川幕府前期の織物寸法統制について―法令と順守の状況―」
（『法政大学大学院紀要』80、2018年）
「松代藩の木綿政策―天保期の木綿改所を中心に―」
（『藩地域の環境と藩政―松代論集Ⅵ』岩田書院、2020年）
「木綿鑑札制度成立の構造―文政期の松代藩領政機構の評議過程を中心に―」
（『信濃』75-6、2023年）

宮間　純一（みやま　じゅんいち） 1982年生
中央大学大学院文学研究科博士課程後期課程修了　博士（史学）
中央大学文学部教授
『戊辰内乱期の社会―佐幕と勤王のあいだ―』（思文閣出版、2015年）
『国葬の成立―明治国家と「功臣」の死―』（勉誠出版、2015年）
『歴史資源としての城・城下町』（編著、岩田書院、2021年）

【編者紹介】

野尻　泰弘（のじり　やすひろ）　1974 年生

学習院大学大学院人文科学研究科博士後期課程単位取得退学　博士（史学）
明治大学文学部専任教授
主要論著
『近世日本の支配構造と藩地域』(吉川弘文館、2014 年)
「近世初期における境目争論と「天平元年」の古文書」(『駿台史学』158、2016 年)
「近世初期における日本海沿岸地域の社会構造と生業」
（『明治大学人文科学研究所紀要』88、2021 年）
「民衆運動からみる幕末社会」
（『日本近世史を見通す 3　体制危機の到来―近世後期―』吉川弘文館、2024 年）
「近世初期、支配違いの山論における乱闘事件―所領替え・生業・解死人―」
（『福井県文書館研究紀要』21、2024 年）

渡辺　尚志（わたなべ　たかし）　1957 年生

東京大学大学院人文科学研究科博士課程単位取得退学　博士（文学）
一橋大学名誉教授　松戸市立博物館長
主要論著
『信濃国松代藩地域の研究』I〜VII(編著、岩田書院、2005〜2023 年)
『日本近世村落論』(岩波書店、2020 年)
『近世の村と百姓』(勉誠出版、2021 年)
『川と海からみた近世』(塙書房、2022 年)
『百姓の力―江戸時代から見える日本』
（柏書房、2008 年。のち角川ソフィア文庫、2015 年）

【執筆者紹介】掲載順

黒滝　香奈（くろたき　かな）　1995 年生
一橋大学大学院社会学研究科博士後期課程修了　博士（社会学）
一橋大学大学院社会学研究科ジュニアフェロー
「井奉行の職掌―十郷用水の管理・運営を担う人々―」
（『若越郷土研究』66-1、2021 年）
「天保期の福井藩用水改革と地域社会」(『歴史評論』889、2024 年)
「近世用水組合における中間層の家格意識とその変容―越前国十郷用水の井奉行を事例に―」(『史学雑誌』133-12、2024 年)

斎藤　一（さいとう　はじめ）　1950 年生
一橋大学社会学研究科博士後期課程修了　博士（社会学）
滋賀県東近江市森の文化資源調査員（木地師分野）
島根県会計年度任用職員などを兼務
『近世林野所有論』(岩田書院、2024 年)
「寺社領林野の特質と藩・地域社会―龍洞院と稲荷山村の争論から―」
（『藩地域の環境と藩政―松代論集 VI』岩田書院、2020 年）
「近世西中国山地の木地師集団―越境する移動と定住の実態―」
（『島根史学会会報』62、2024 年）

幕府・藩役人の動向と藩地域　信濃国松代藩地域の研究Ⅷ

2025年(令和7年)4月　第1刷　350部発行　定価[本体5900円＋税]
編　者　野尻 泰弘・渡辺 尚志

発行所　有限会社岩田書院　代表：岩田　博　http://www.iwata-shoin.co.jp
〒157-0062 東京都世田谷区南烏山4-25-6-103　電話 03-3326-3757　FAX 03-3326-6788
組版・印刷・製本：株式会社 三陽社

ISBN978-4-86602-185-0 C3321　￥5900E

岩田書院 刊行案内（30）

			本体価	刊行年月
999	おおい町教委	土御門家陰陽道の歴史	1000	2023.03
157	萩原　大輔	中近世移行期 越中政治史研究	8200	2023.04
158	青木・ミヒェル	天然痘との闘いⅣ東日本の種痘	8000	2023.03
159	村井　早苗	変容する近世関東の村と社会	5000	2023.05
160	地方史研究会	「非常時」の記録保存と記憶化	3200	2023.05
161	徳永誓子他	論集 修験道の歴史１　修験道とその組織	5800	2023.06
162	渡辺　尚志	藩地域論の可能性＜松代７＞	7800	2023.07
163	浅野・村川	近代中流知識層の住まいと暮らし＜近代史25＞	5900	2023.09
164	川崎・時枝他	論集 修験道の歴史３　修験道の文化史	5600	2023.09
165	松尾　公就	尊徳仕法の展開とネットワーク＜近世史56＞	6600	2023.10
166	山下　真一	鹿児島藩の領主権力と家臣団＜近世史55＞	11000	2023.10
167	中野　達哉	近世三河と地域社会	8800	2023.10
168	厚地　淳司	近世後期宿駅運営と幕府代官＜近世史57＞	9200	2023.10
200	飯澤　文夫	地方史文献年鑑2022	25800	2023.11
169	福井郷土誌懇	越前若狭 武将たちの戦国＜ブックレットH32＞	1500	2023.11
170	清水紘一他	近世長崎法制史料集４＜史料叢刊16＞	17000	2023.12
201	杉本　泰俊	若州管内寺社由緒記・什物記＜若狭路18＞	3000	2023.12
171	見瀬　和雄	中近世日本海沿岸地域の史的	13000	2024.01
172	斎藤　　一	近世林野所有論＜近世史58＞	6900	2024.01
173	伊藤新之輔	卯月八日	7400	2024.02
174	松本　四郎	城下町の民衆史	3800	2024.03
202	福原　敏男	祭礼と葬送の行列絵巻	12000	2024.03
203	藤原喜美子	川を守る人びと	6900	2024.03
175	谷口　耕一	以仁王の乱＜中世史38＞	9800	2024.04
176	長谷川・時枝他	論集 修験道の歴史２　寺院・地域社会と山伏	5700	2024.07
178	澤村　怜薫	近世旗本知行と本貫地支配＜近世史59＞	8600	2024.09
179	上野川　勝	古代山寺の考古学	6900	2024.09
180	田中　宣一	エビス神信仰の研究	9400	2024.10
205	多久島澄子	渭陽存稿	3000	2024.10
206	飯澤　文夫	地方史文献年鑑2023	25800	2024.12
181	糸賀　茂男	常陸中世史論集	6300	2024.12
182	山路　興造	民俗芸能に残る古猿楽の芸能	1800	2025.01
183	木本　好信	外記日記逸文集成＜史料選書9＞	2200	2025.01
184	西島　太郎	松江藩の基礎的研究 続＜近世史60＞	8800	2025.01
185	吉岡・岩橋	寛政期の感情・倹約・制度	8900	2025.02
186	小林輝久彦	中世後期三河吉良氏の研究＜戦国史21＞	9900	2025.02
187	荒武・野本	仙台藩の組織と政策	5200	2025.02

信濃国松代藩地域の研究　　　　（価格は税別）

Ⅰ	**藩地域の構造と変容**	渡辺編	8400円	2005.07
Ⅱ	**藩地域の政策主体と藩政**	渡辺・小関悠一郎編	7900円	2008.07
Ⅲ	**近世後期大名家の領政機構**	渡辺・荒武賢一朗編	6900円	2011.05
Ⅳ	**藩地域の農政と学問・金融**	渡辺・福澤徹三編	5400円	2014.04
Ⅴ	**藩地域の村社会と藩政**	渡辺編	8400円	2017.11
Ⅵ	**藩地域の環境と藩政**	渡辺・鈴木直樹編	7900円	2020.12
Ⅶ	**藩地域論の可能性**	渡辺尚志著	7800円	2023.07